LE DESSIN
À L'ÉCOLE PRIMAIRE

APPLICATION MÉTHODIQUE

du Programme Officiel du 27 Juillet 1908

par

J. LEGROS

INSTITUTEUR
PROFESSEUR À L'ÉCOLE DES ARTS INDUSTRIELS, À LIÈGE

AVEC PRÉFACE

de

M. DELAVOIX

INSPECTEUR PRIMAIRE

Dessin et Composition, Perspective, d'Observation,

Croquis coté, ...

PRIX : ...

Chez J. LEGROS, à Liège, Rue du Commerce

LE DESSIN

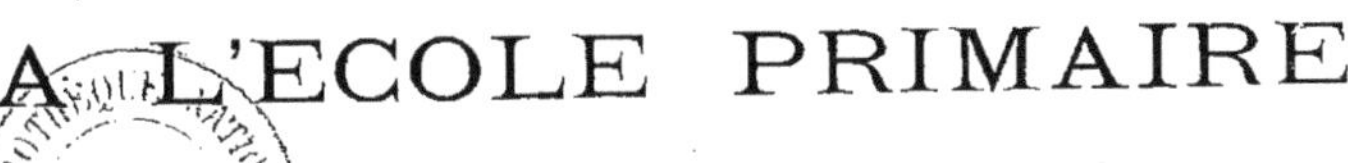

A L'ECOLE PRIMAIRE

APPLICATION MÉTHODIQUE

du Programme Officiel du 27 Juillet 1909

PAR

J. LEGROS ☙

INSTITUTEUR,

PROFESSEUR A L'ECOLE DES ARTS INDUSTRIELS, A REIMS

AVEC PRÉFACE

DE

M. DELAVOIX (I. ☙)

INSPECTEUR PRIMAIRE, A REIMS

Dessin et Composition, Perspective d'Observation,

Croquis coté, 720 figures

Je vous remercie bien vivement pour la marque de confiance que vous m'avez donnée par votre souscription.

Vous trouverez dans l'ouvrage que je vous présente, de nombreux exercices groupés avec méthode, selon une progression réelle.

Ces exercices et le texte qui les accompagne sont seulement destinés à vous guider ; ils vous fourniront la matière de vos leçons, et vous aideront à rendre celles-ci attrayantes et profitables.

Je désire que ce modeste travail vous plaise et vous soit réellement utile. *J'aurais voulu lui donner un aspect plus agréable, le doter d'une impression plus belle,* mais il eût fallu pour cela que je fusse assuré de couvrir les débours énormes de l'impression, de la gravure des figures. Les souscriptions ont été trop peu nombreuses pour me le permettre — (il en eût fallu plusieurs milliers) — et j'ai dû employer pour réaliser la reproduction, des moyens imparfaits.

Si, comme je l'espère, vous reconnaissez à ma brochure une certaine valeur, *je vous prie de la recommander autour de vous, de la faire connaître, de demander son inscription sur la liste des ouvrages adoptés dans votre circonscription. Vous pourrez aussi provoquer l'achat de quelques volumes pour la Bibliothèque pédagogique.* Et comme, d'autre part, *on peut toujours faire acheter un ouvrage par une caisse communale pour la bibliothèque scolaire, ou l'acquérir au moyen d'un prélèvement sur une recette faite en faveur de l'école,* je pense épuiser bientôt les volumes qui me restent.

Dans le cas où les demandes dépasseraient le stock tiré, je ferais faire, *s'il y avait lieu,* un second tirage aussitôt que je serais assuré de la vente de la 2ᵉ édition. En vue de cette réédition, *je serai reconnaissant à ceux d'entre vous qui voudront bien m'envoyer leurs appréciations sur mon ouvrage.*

Merci encore.

J. L.

Préface

de Monsieur Delavoix, Inspecteur primaire à Reims.

Le dessin est, avant tout, une excellente gymnastique des sens, propre à « rendre l'œil juste et la main flexible. » (J. J. Rousseau)

Il est d'ailleurs incontestable que la pratique du Dessin, — par le Maître ou par les élèves — introduit dans toute leçon, quel qu'en soit l'objet, plus d'intérêt, plus de précision, plus de vie, et que le travail de l'esprit devient ainsi plus facile et plus fécond.

En outre, la connaissance du Dessin, ou, plus simplement, une certaine aptitude à dessiner, constitue souvent dans la vie, pour quiconque en est doué, un avantage positif fort appréciable.

Enfin, en développant ou en disciplinant l'imagination, et en cultivant le goût, le Dessin peut élever certains esprits jusqu'aux jouissances esthétiques les plus pures, et éveiller chez tous le sentiment de l'art.

Ainsi, le Dessin est un puissant facteur

d'éducation physique, intellectuelle et morale; son utilité pratique, soit au point de vue individuel, soit au point de vue économique et social, ne saurait être discutée. Sa place est donc naturellement marquée dans les programmes de l'Enseignement à tous les degrés.

Mais si nous envisageons l'Enseignement primaire et que nous mettions en regard, d'un côté la brièveté du temps de scolarité, d'autre part la multiplicité et l'étendue des connaissances dont les enfants doivent poursuivre l'acquisition; — si nous considérons de plus que certaines matières d'importance primordiale (lecture, écriture, français, calcul, sciences usuelles, etc.) ont droit à une place prépondérante et qui ne saurait être réduite; — si nous n'oublions pas, enfin, que durant les premières années du séjour à l'école, la plupart des enfants se montrent peu capables d'attention soutenue et de véritable activité intellectuelle, — nous nous trouverons amenés à conclure qu'il serait chimérique d'attendre des résultats fort remarquables d'un enseignement du dessin, si bien entendu qu'il soit.

Les enfants manifestent de bonne heure pour le Dessin, sinon une réelle aptitude, du moins un goût assez marqué. Soit qu'ils inventent, soit qu'ils imitent, ils se plaisent à figurer, avec toute la gaucherie et la naïveté de leur âge, les êtres ou les objets dont l'image, la couleur, l'usage, l'aspect général, ou certaines particularités ont excité leur intérêt.

Ces dessins du premier âge révèlent invariablement, outre une maladresse inévitable, le souci de ne rien omettre d'essentiel ou de caractéristique, et, par suite, une tendance à exagérer certains détails ou à commettre de grossières erreurs. Les enfants se préoccupent peu d'observer de près la réalité et les modifications d'aspect que subit un objet suivant la position qu'il occupe, suivant l'époque, etc. Pour eux, un homme, même vu de profil, doit nécessairement être pourvu de ses deux yeux ou de ses deux bras ; une cheminée ne peut manquer de vomir des torrents de fumée ; un arbre ne saurait aller sans un ou plusieurs nids, — et quels nids !

Quant à leur imagination elle est, sauf exception, ou très courte et indigente, ou incohérente et sans goût. Le plus ordinairement, les enfants livrés à eux-mêmes reviendront indéfiniment à leurs sujets de prédilection, les répéteront sans les varier beaucoup, en laissant subsister certaines fautes, une première fois commises.

Mais dès que la pédagogie entend pénétrer

dans ce domaine de la libre fantaisie, imposer le choix des sujets, discipliner et contrôler l'exécution, exiger la correction, le dessin devient pour l'enfant un exercice scolaire et se trouve soudain dépouillé de son attrait.

Ce sont là des constatations importantes, quoique banales, et il convient de s'en inspirer si l'on veut élaborer une méthode rationnelle d'enseignement du dessin à l'école primaire.

Jusqu'en 1909, les enfants qui arrivaient à l'école étaient invités à tracer, en guise de dessin, des lignes de forme, de longueur et de position variables, des angles qu'il fallait agrandir ou diminuer ou encore diviser en parties égales ; à combiner des éléments pour obtenir des carrés, des rectangles, etc. Le dessin n'est-il pas un moyen de traduire la pensée, une sorte de langage, dont il convient d'étudier la grammaire ? Soit ! — Mais procéder ainsi, c'était aller à l'encontre du goût déterminé qui pousse les enfants vers la réalité, la vie, le mouvement, la couleur, c'était oublier qu'ils n'aiment guère ce qui est abstrait et qu'ils n'y appliquent pas volontiers leur esprit, c'était, par le chemin de la monotonie et de l'ennui, les conduire fatalement au dégoût du dessin.

Sans doute, en pédagogie, on doit toujours procéder du simple au composé, et c'est bien là ce que prétendait faire la méthode dite "géométrique"; mais il n'est pas moins indispensable de partir du concret pour arriver à l'abstrait s'il y a lieu. Et les enfants, qui ne travaillent utilement que s'ils travaillent avec plaisir, ne pouvaient trouver beaucoup de charme à tracer des lignes qui n'évoquaient en leur souvenir aucune forme intéressante ou familière.

L'arrêté du 27 Juillet 1909 vint réagir contre cette erreur fondamentale et, en même temps, contre la sécheresse esthétique de l'ancienne méthode. Il réalisa une réforme comparable à celle qui substitua, pour l'étude des langues vivantes, la méthode directe à la méthode grammaticale. Mais cette réforme, pour le dessin, est peut-être plus radicale encore, et, en tout cas, bien qu'excellente dans son principe, elle soulève, en pratique, de sérieuses difficultés d'application.

D'abord, elle exige de la part des Maîtres une compétence en dessin et une sûreté de goût qu'ils ne possèdent pas toujours, ce dont personne ne saurait s'étonner. — Ensuite, elle ne tient pas assez compte du peu de temps dont nous disposons pour l'enseignement du Dessin, et qu'à mon avis on ne doit pas étendre ; enfin la tâche des Instituteurs est singulièrement alourdie par le grand nombre d'élèves ou par les divers groupes d'élèves que renferme chaque classe.

Chose plus grave encore : si la nouvelle méthode a le mérite de nous ramener à la vie, qui seule plaît aux enfants, à l'étude des formes concrètes, souples, infiniment variées qu'offrent à notre choix la nature et les objets qui nous entourent, — elle a, par contre, le tort de ne fixer aucune progression logique pour la suite des exercices de dessin. — Elle semble ne pas admettre qu'il faille aborder graduellement les difficultés par le moyen d'un choix judicieux des modèles. — En un mot, si la nouvelle méthode, contrairement à l'ancienne, se cantonne résolument dans le monde concret, elle ne se préoccupe plus assez de procéder du simple au composé.

Il ne paraît pas impossible de concilier ces deux nécessités, et le présent ouvrage en apporte la preuve.

L'auteur ne s'écarte jamais du domaine de la réalité pour le choix des modèles.

Ce sont des objets réels, et autant que possible familiers, dont les enfants observeront la

forme générale, les proportions, les détails, la couleur (éducation de l'œil);

Qu'ils tenteront ensuite de reproduire exactement comme ils les voient (éducation de la main);

et dont ils s'inspireront pour combiner
des arrangements décoratifs simples, d'abord
sous la direction du maître, ensuite d'après
leur propre inspiration (éducation du goût et
de l'imagination).

Mais une méthode rigoureuse préside
au groupement et à la succession des modèles
proposés, se règle sur les aptitudes moyennes
des enfants par rapport à leur âge, et suit
pas à pas les progrès réalisés par eux.

Même au début du cours, alors-
qu'il faut bien habituer les élèves à tenir un
crayon et à tracer une ligne, Mr Legros
trouve autour de lui et indique un grand nombre de sujets qui pourront plaire aux enfants.
Et afin de ne pas revenir par un chemin dé-
tourné à la méthode géométrique, afin de laisser aux enfants la satisfaction de travailler
avec une liberté relative, il montre de façon
précise combien il est aisé de faire servir les
plus modestes objets et les moins pittoresques,
à des combinaisons que chacun imaginera.

Voici par exemple de vulgaires dominos. — Vus de face, leur forme est celle d'un rectangle de proportions très simples, et les enfants, sans grand effort d'observation, auront bientôt remarqué à cet égard tout ce qui importe. Mais, d'abord les points qui distinguent les dominos les uns des autres sont en nombre et en positions variables; ensuite on peut ranger une série de dominos de bien des façons différentes; — enfin rien ne s'oppose à ce que le maître, s'il le croit possible et utile, invite ses élèves à imaginer eux-mêmes une disposition à leur gré. (voir fig. 18, 24, 25, 26)

Le simple boulier-compteur, — encore un rectangle que des tringles parallèles divisent en bandes égales, — offrira, grâce à ses boules mobiles, la possibilité de nombreux groupements symétriques.

Un bateau en papier, d'abord confectionné, puis dessiné par les enfants, constituera, par répétition sur quelques lignes sinueuses, une bordure qui plaira aux enfants et leur suggérera probablement le désir d'en inventer une à leur tour (voir fig. 118 et 119, chapeau de gendarme et bateau en papier)

Disposons au tableau noir et parallèlement, deux bandes de papier de même couleur,

Montrons aux enfants, par de nombreux exemples, que d'autres bandes plus petites et de couleur différente, habilement placées entre les deux premières, forment des motifs agréables à l'œil. (f. 17) Invitons-les à en indiquer d'autres eux-mêmes. — Puis laissons-les travailler seuls. Soyez assurés qu'ils y apporteront beaucoup d'ardeur et d'émulation, surtout s'ils ont des crayons de couleur, et, sans nul doute, un assez grand nombre arriveront à de bons résultats.

D'ailleurs, à cette période d'initiation, plus ou moins longue suivant les milieux et suivant les Maîtres, succédera le plus tôt possible, une autre série de travaux, toujours très élémentaires, mais plus intéressants encore. — Les feuilles, certaines fleurs, des fruits isolés ou en groupe, une branche avec ses bourgeons, etc, peut-être même quelques formes animales simples, en apporteront la matière. —

Ici, l'effort d'observation devra être plus caractérisé, surtout avec les élèves d'un âge déjà avancé. — L'enfant, en effet, conforme volontiers son dessin à un type général et un peu conventionnel, et ne s'attache pas, si l'on n'y veille, à rendre la physionomie exacte du modèle même placé sous ses yeux. — Une feuille de lierre, un papillon, une cerise, une branche d'arbre, lui paraîtront à priori ne différer en rien d'une autre feuille de lierre, d'un autre papillon, etc. Donc, pour le convaincre du contraire et de la nécessité de bien regarder y, amenons-le, par nos questions à faire lui-même certaines remarques en ce sens; nous y réussirons sans trop de peine en procédant par comparaison, c'est-à-dire en lui présentant simultanément, deux ou trois feuilles par exemple, et en lui faisant observer que ces feuilles diffèrent dans leur forme générale et dans leur détail. Naturellement, il faudra répéter plus d'une fois l'expérience avant de parvenir au but — mais l'effort même qui sera fait ainsi et le chemin parcouru, ne seront pas tant s'en faut du temps perdu, même au point de vue de l'éducation générale —.

Ai-je besoin de dire que les applications du dessin aux besoins de la vie ont retenu l'attention de Mᵉ Legros ? Les Institutrices trouveront dans l'ouvrage de nombreuses et sûres indications à ce point de vue, et les élèves de nos écoles de garçons n'auront pas en vain appris que les dispositions symétriques ou correspondantes, que les groupements habiles de formes répétées sont d'un heureux effet : l'artisan, le commerçant, le cultivateur même et le jardinier en pourront bénéficier plus tard –

Mais, à cet égard, notre ambition ne saurait être très grande. Nous ne prétendons, à aucun degré, former des artistes : nous n'en avons ni le temps, ni les moyens. Aussi, attachons-nous une importance considérable au dessin à vue et au croquis coté, plus accessibles dans le présent, et plus fréquemment utilisables dans l'avenir – Dans l'ouvrage de Mr Legros, une large place leur a été réservée. L'auteur a même pensé, avec raison selon moi, que la connaissance de certains principes généraux et très simples de perspective élémentaire n'étaient pas superflus. Au surplus, si certains Maîtres étaient d'un avis différent, et jugeaient préférable d'utiliser pour la perspective de procédés mécaniques d'ailleurs mentionnés, – ils auraient encore tout avantage à étudier pour eux-mêmes les chapitres consacrés au dessin perspectif.

Mr Legros n'a pas songé un instant à fournir une suite intangible d'exercices et une nomenclature de modèles tout préparés. C'est surtout une méthode, une progression dans le travail, une orientation des efforts qu'il a entendu présenter. Autrement, après avoir eu le souci de respecter la liberté d'interprétation des élèves en face d'un modèle (par l'arrangement facultatif des formes et des couleurs) il aurait méconnu la liberté des maîtres, dont l'effort personnel sera, ici comme ailleurs, le plus sûr gage de succès.

En tout cas, il me semble que l'auteur a su très habilement combiner cette liberté dont l'arrêté du 27 Juillet 1909 proclame avec raison l'importance capitale pour l'éducation, avec la nécessité d'une méthode précise répondant aux exigences de l'enseignement collectif dans nos écoles ou dans nos classes primaires. Il a su, en artiste avisé — extraire de la théorie tout ce qu'elle renferme d'excellent, et, en Instituteur expérimenté — le concilier avec les difficultés de l'application pratique.

Le problème était ardu. Mʳ Legros a eu raison de ne pas s'en effrayer puisqu'il l'a fort heureusement résolu.

P. D.

Introduction.

L'arrêté ministériel du 27 Juillet 1909 modifie complètement la méthode d'enseignement du Dessin.

Il remplace l'étude des éléments géométriques qui formait la base de l'ancienne méthode, par l'observation directe et personnelle.

On ne saurait nier que l'enseignement du dessin ainsi compris, doive paraître beaucoup plus intéressant aux écoliers. Donné de cette façon, il offrira en effet une plus grande variété dans les exercices, il récréera l'œil et satisfera mieux le besoin de crayonner qui est inné chez les enfants.

Cependant cette modification si importante cause à beaucoup d'Instituteurs et d'Institutrices une certaine appréhension. Obligés de renoncer à un programme et à des procédés qui leur étaient familiers, ces Maîtres demeurent hésitants dans l'application des nouvelles instructions. Le choix et la gradation des exercices, les directions et conseils à donner aux enfants, la part d'initiative qu'il convient de leur laisser, les moyens à employer pour éveiller, stimuler, discipliner leur imagination, pour cultiver et former leur goût, pour orienter le dessin vers les nécessités pratiques de la vie, sont autant de questions qui se posent et fort délicates à résoudre.

D'autre part, s'il est désirable qu'une certaine liberté soit laissée aux élèves pour le choix et l'interprétation de leurs modèles, et pour l'exercice de leur esprit d'observation personnelle, il faut bien concilier cette conception avec les exigences de l'enseignement collectif, surtout dans les écoles ou dans les classes nombreuses. Il est également indispensable que le Maître se soit tracé un programme très précis, abordant successivement les difficultés, procédant graduellement à l'éducation indispensable de l'œil et de la main, faute de quoi nos efforts pourraient demeurer stériles pour la majorité des élèves. Tout cela, bien entendu, sans s'écarter des prescriptions essentielles de la nouvelle méthode, et sans retomber dans les fastidieux exercices d'autrefois.

M'inspirant de ces diverses considérations, j'ai essayé de grouper un certain nombre de sujets d'études à proposer, et de les présenter de telle sorte que, tout en se recommandant de la méthode actuelle, les exercices réunis soient aussi en concordance avec la marche progressive suivie dans les anciens programmes.

Ceux de mes Collègues qui me feront l'honneur de parcourir ce recueil et de s'en inspirer dans leur enseignement, verront facilement que l'ordre adopté présente une gradation absolue, et que leurs élèves ne rencontreront aucune difficulté sérieuse à le suivre.

Les exercices destinés particulièrement aux classes enfantine et élémentaire sont donnés, comme le veut l'arrêté ministériel, sous forme de dessins à vue; ils sont choisis de façon à conduire sûrement les élèves qui les auront pratiqués, à aborder avec fruit des travaux plus relevés dans les cours moyen et supérieur. Ils comprennent en outre, des indications précises qui permettront aux Maîtres de ces classes, d'habituer peu à peu, leurs tout jeunes écoliers, à la composition très élémentaire qu'on peut leur demander.

Au cours moyen, il sera bon de revenir sur les travaux donnés dans le cours élémentaire; puis, méthodiquement, il faudra, en pratiquant le dessin à vue d'objets usuels simples, amener les dessinateurs, par une observation constante, à acquérir une intuition des règles essentielles de la perspective.

Cela est nécessaire, car ce serait pour les Maîtres chargés du cours supérieur – (préparation directe au certificat d'études) –, une tâche trop complexe que d'enseigner tout à la fois les notions de perspective et le croquis coté, et de faire exécuter en même temps des exercices de composition ; le temps dont ils disposent est d'ailleurs trop limité pour qu'ils puissent mener à bien cette triple étude. Au contraire, si les élèves sortant du cours moyen ont déjà des connaissances rudimentaires en perspective, il n'y aura plus, au cours supérieur, qu'à continuer dans cette voie ce qui aura été commencé, en perspective aussi bien qu'en composition, et à aborder l'étude pratique du croquis coté.

Suivre la marche qui vient d'être esquissée à grands traits, n'empêchera pas les Instituteurs des différents cours, de faire exécuter des séries de dessins libres choisis à leur convenance, et des croquis appropriés se rapportant aux leçons faites, ou destinés à illustrer certains devoirs. J'ai laissé de côté dans ce recueil, ce genre de travaux, que les Instituteurs sauront choisir judicieusement, de façon à les mettre en rapport avec leurs différents enseignements et à les vivifier, — de façon aussi à exercer les facultés imaginatives ou observatrices de leurs élèves.

Avant de terminer cet exposé, je dois faire encore une réflexion dont mes collègues sauront tirer profit.

Je n'ai pas cru devoir établir de démarcation tranchée entre les exercices particuliers aux différents cours. On remarquera en parcourant ce recueil que beaucoup des procédés qui y sont expliqués peuvent s'utiliser dans les trois — cours; tels sont les moyens employés pour construire ou esquisser, ou encore les procédés de répétition, d'alternance ou de renversement — usités en composition.

On verra aussi que nombre d'exercices peuvent, directement, ou à l'aide de modifications faciles à imaginer et à produire, être présentés à des élèves de force différente; voici du reste quelques indications à ce sujet:

— 1º — Une combinaison de plusieurs figures peut être proposée à de jeunes élèves sous la simple forme linéaire — (f. 244 et 245; 259 à 265) —; on peut aussi la faire réaliser par de grands élèves, en leur demandant de la compliquer avec des éléments divers, pour lui donner un caractère

ornemental assez marqué, celui d'une bordure décorative par exemple. C'est ainsi que la fig. 244 peut
devenir la combinaison montrée par la fig. 244 bis,
ou autre chose encore.

f. 244

f. 244 bis

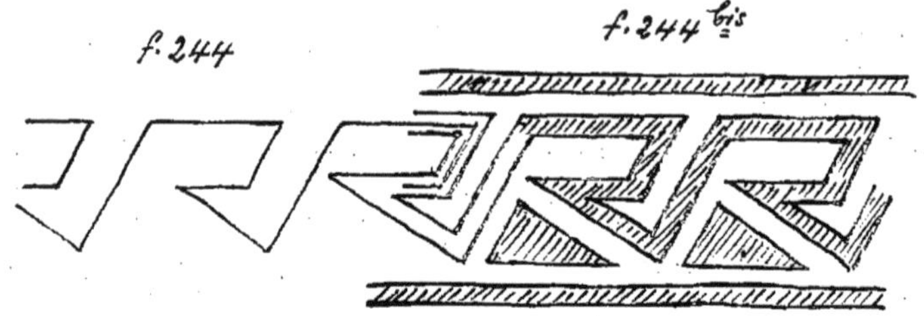

— 2° — A la suite d'une observation perspective
faite dans une classe élémentaire, les élèves traceront sommairement, avec plus ou moins d'exactitude, un simple quadrilatère montrant qu'ils
ont observé l'apparence d'un carré fuyant ; dans
un cours supérieur, la même observation donnera
lieu à un tracé plus exact, dans lequel s'insé-
reront des figures décoratives qui accentueront
l'effet perspectif. — fig. 73, 2° partie. —
— 3° — Une bordure composée par répétition
dans un ordre déterminé — (f. 323 à 326) — peut être
très simple si elle doit être effectuée dans un cours
élémentaire ; mais on peut demander à des élèves
assez habiles d'introduire dans sa disposition
générale des éléments complémentaires, et de
les traduire par un coloris moins simpliste

que celui qui pourrait être demandé à de tous jeunes enfants.

_ 4º _ Le dessin d'un écran décoré avec le gui (fig. 513 à 515) peut être donné dans une classe de préparation au certificat d'études ; on peut aussi demander à des élèves plus jeunes (9 à 11 ans) _ de dessiner le même écran et de l'orner d'un simple filet encadrant un ornement central ; étoile quelconque à imaginer.

_ 5º _ Il est possible de décorer une surface par répétition d'une simple feuille, comme dans la fig. 374, qui reproduit une disposition de l'ailette du sycomore, ou par répétition d'une fleur plus difficile, bouton d'or fig. 484, ou pavot fig. 532.

_ 6º _ Une composition pour tissu peut s'obtenir dans un cours élémentaire par la disposition de simples filets verticaux et horizontaux (f. 84) ; la difficulté du dessin augmente si l'on demande une disposition oblique ; elle devient encore plus grande si on fait traverser les filets perpendiculaires par d'autres lignes ou filets qui les couperont obliquement (f. 134).

Ces quelques exemples suffisent à montrer que beaucoup des exercices proposés peuvent subir l'adaptation qui permettra de les faire exécuter dans des cours différents. Il n'y a d'ailleurs nul doute que les Instituteurs ne sachent choisir eux-mêmes dans cette collection de sujets d'études, ceux qui leur conviendront, et les adapter au degré d'habileté des élèves à qui ils les destineront. De plus, il est excellent que des Maîtres fassent montre d'initiative; aussi je n'ai pas eu l'intention en réunissant ces indications, de tenir aucun d'eux en d'étroites lisières. Je livre simplement ce modeste travail à mes Collègues, et je suis persuadé qu'ils sauront en dégager ce qui leur sera nécessaire pour vivifier leur enseignement du dessin, tout en restant d'accord avec les principes d'une saine pédagogie.

Enfin Mesdames les Institutrices trouveront dans cet ouvrage, un certain nombre de canevas spéciaux de compositions, destinés particulièrement aux fillettes.

Je termine en disant que je m'estimerai heureux si j'ai pu rendre service à mes Collègues, et c'est là tout mon désir, ma seule ambition.

Première partie.

Dessin, Invention et Composition.

Chapitre I.

Dessin à vue se rapportant aux horizontales, verticales, obliques, parallèles —

Expliquer ce que sont ces différentes droites, en donner de nombreux exemples

— Exercices. —

1º Faire dessiner la règle plate dans différentes positions:

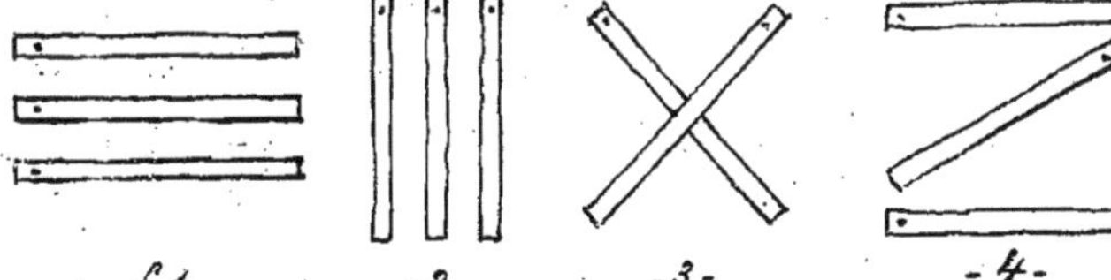

f. 1.   -2-   -3-   -4-

2° <u>Canne placée verticalement, hori-zontalement, obliquement, dans des positions diverses à chercher, et au moyen desquelles on fera remarquer comme il est facile de pro-duire des dispositions agréables pour l'œil</u> _ 5 à 7.

3° <u>Bande de papier pliée, fixée verticale-ment, horizontalement</u> _ f. 8 et 9.

4° <u>Papier plissé, fixée au tableau noir</u> _ 10.

5° <u>Mètre pliant</u>: combinaisons diverses de lignes
f. 11 _ 12-13.

6° <u>Plusieurs objets suspendus à des ficelles fixées au tableau noir</u>, _ des ballons en baudruche de cou-leurs diverses, et attachés à des fils, donneront des

séries de verticales à dessiner. — Si les fils sont
de hauteurs différentes ou fixés à des niveaux
divers, on pourra produire des effets variés. 14 à 16.

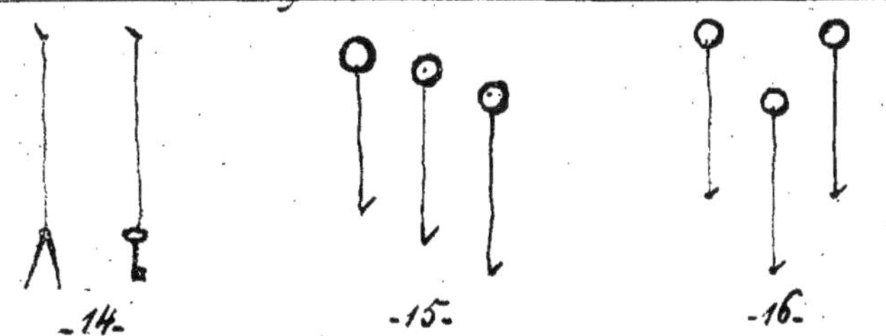

7° Décorer un ruban avec des verticales, des
obliques, des points disposés transversalement.
L'exercice est facile, mais le Maître pourra
faire un croquis indicatif sur le tableau noir,
l'accompagner d'explications, montrer que le bon
effet de la composition dépend uniquement de la
disposition des ornements apportés à des distances
constantes, et se répétant dans le même ordre.

Pour faciliter ce genre d'exercices à de jeunes
élèves et leur permettre de faire des compositions plus correctes, on les leur fera exécuter sur
du papier quadrillé. — (f. 17).

Chapitre II.

Dessin à vue se rapportant à la division de la droite en parties égales.

— Exercices. —

1° Faire dessiner des dominos à des distances égales, à des distances doubles de la longueur du domino, à des distances égales à la demi-longueur du domino. — Bien faire observer l'égalité d'éloignement entre les points de la marque. — f. 18.

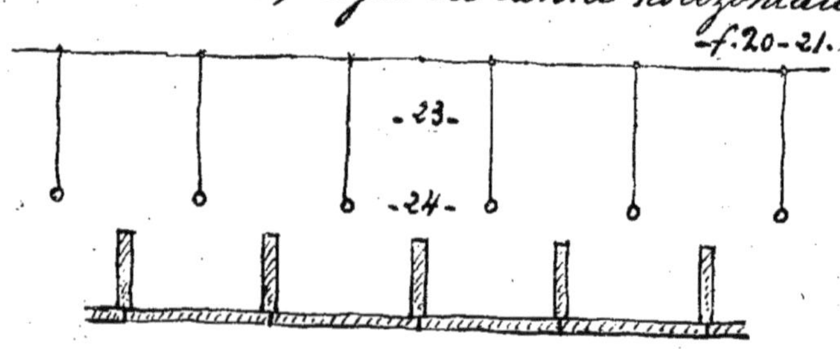

2° Bande de papier, règle plate, canne placée verticalement, et traversée en son milieu par une autre bande, règle ou canne horizontale. — f. 20-21. —

3° _Faire traverser une règle horizontale par plusieurs règles verticales, faire dessiner un fil à plomb à distances égales sur une lon-gueur donnée_ – f. 22 et 23 –

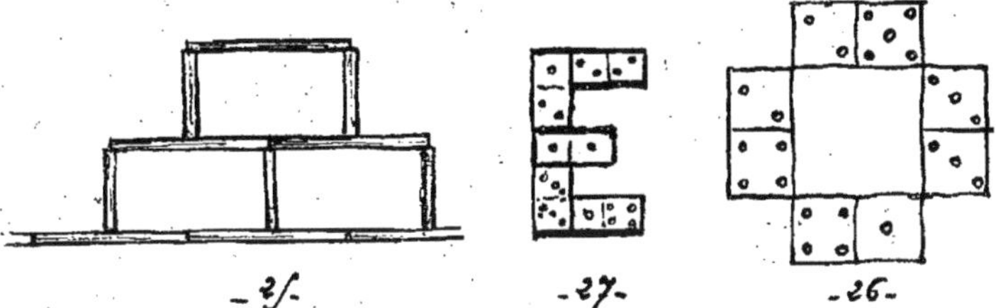

_– 25 –_   _– 27 –_   _– 26 –_

4° _Sur une rangée horizontale de dominos vus en épaisseur, placer à égalité d'éloignement des dominos verticaux, et faire dessiner l'ensemble._

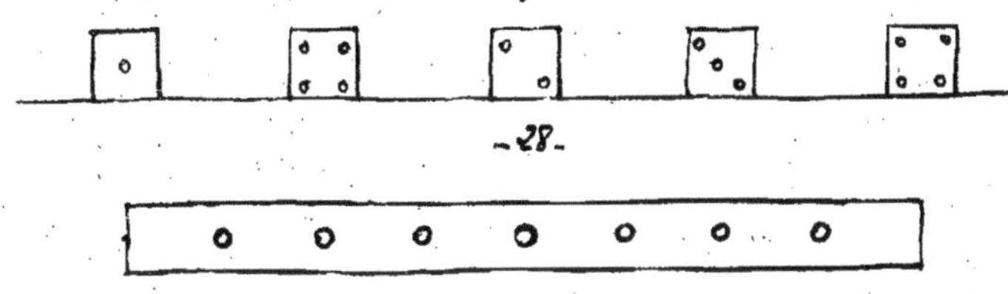

_– 28 –_

_– 30 –_

5° _Des dispositions multiples peuvent s'obte-nir avec des dominos, des dés ou des bâtonnets. Faire dessiner ces dominos, dés ou bâtonnets, de mémoire, après les avoir présentés aux élèves_. 25 à 28.

6° _Faire dessiner des pains à cacheter placés à distances égales sur une règle plate_, f. 30 –

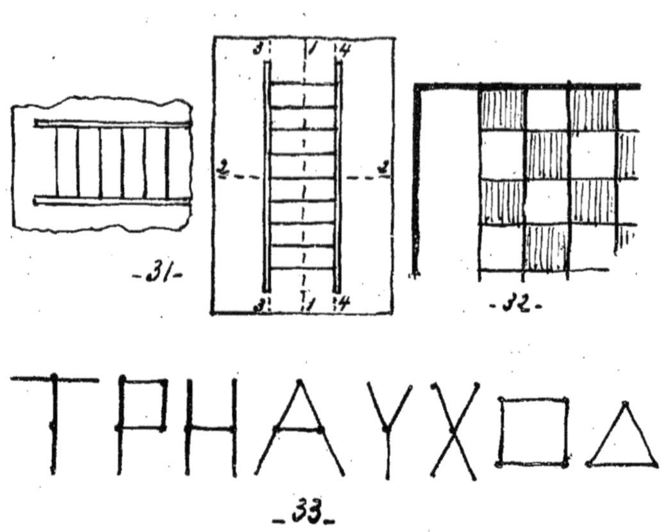

TPHAYX□△

_33_

7° <u>Échelle verticale ou horizontale</u> — Expliquer
le procédé à employer pour mettre l'échelle au
milieu de la feuille : 1° Tracer les axes 1-1,
2-2 ; 2° Tracer les deux verticales 3-3, 4-4, à
égales distances de l'axe 1-1. 3° Doubler les verticales 3-3, 4-4, pour former l'épaisseur
des montants ; 4° Placer les barreaux, (recommander de les espacer bien également)-31.
8° <u>Damier</u> placé au milieu de la feuille, et
dessiné en observant les égalités de mesures (f. 33).
9° <u>Le mètre pliant</u> peut donner un certain
nombre de <u>silhouettes</u> de lettres, de chiffres ou de
figures qui, dessinés à vue, obligeront à chercher

des égalités de mesures. f. 33.

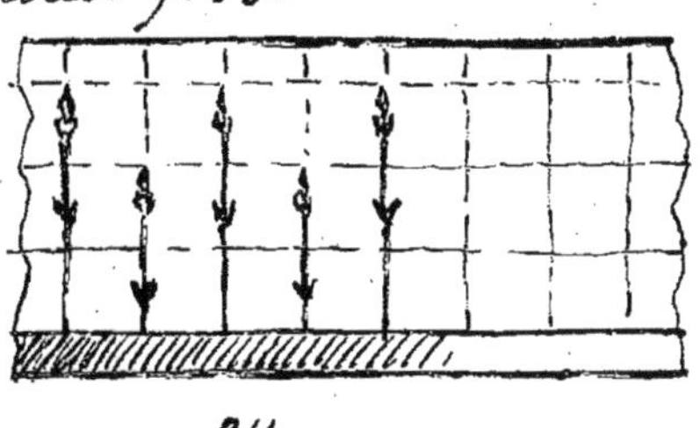

— 34 —

10º _Arrangement décoratif_ — Une bande horizontale étant donnée, diviser sa longueur en es
paces égaux, et se servir des divisions pour y ré.
péter une branche de marronnier avec bour.
geons qui aura été dessinée d'abord isolément.
Former ainsi un motif décoratif simple composé à volonté. — Tracer au tableau quelques
schémas montrant plusieurs dispositions di.
verses que les élèves pourront choisir et mo.
difier à leur gré ; profiter de l'occasion
pour leur montrer tout l'effet qu'on peut
produire, en décoration, avec des éléments très
simples, répétés ou alternés. — f. 34 à 37 —

— 37 —

— 35 —

— 36 —

Quelques dessins sortant d'une classe préparatoire ‹›.‹›.

Les petits dessins qui figurent ici ont tous été exécutés par des enfants de 6 à 7 ans, et je puis en garantir l'authenticité; ils sont intéressants et montrent que, même à vue, on peut obtenir quelque chose en dessin avec de jeunes enfants. Ces dessins ont été faits avec des crayons de couleurs diverses.

1º – Règle plate fixée sur le tableau noir et répétée trois fois à des niveaux différents. fig. 38

2º Bande de papier plissée, rendue assez justement, avec le souci de représenter les ombres propres et portées – fig. 39 –

3º Drapeau coloré – fig. 40 –

4º Combinaison de deux drapeaux – fig. 41 –

5º Assemblage de dominos: bon travail – fig. 42 –

6º Porte figurée avec des bois de construction, et dessinée habilement – fig. 43 –

7º Équerre isolée, bien dessinée – fig. 44

8º Quatre équerres, correctement placées dans la feuille – fig. 45 –

9º et 10º – Bandes de papier pliées, dessinées avec des effets assez justes d'ombres propres et portées – fig. 46 et 47 –

11°_ Un A formé avec le mètre pliant ; dessin
suffisamment proportionné _ fig. 48
12°_ 13°_ 14°_ Carrés de papier obtenus par
pliage, et dans lesquels des découpages partiels
ont été pratiqués ; ils sont dessinés, surtout
le n° 49, avec le souci de l'exactitude. fig. 49, 50, 51.
15°_ 16° Chapeau dit de gendarme et bar-
que en papier ; dessinés d'après les modèles
obtenus par le pliage _ fig. 52, 53 _
17° Moulin en papier, plié et dessiné, fig. 54_

Chapitre III

Perpendiculaires et angles droits. Reproduction,
évaluation et division des angles.

Expliquer ce que sont les perpendiculaires, l'angle droit, l'angle à 45°_ Le
faire comprendre et retenir au moyen d'exemples nombreux, faciles à trouver autour
de soi, et, au besoin, à imaginer.

— Exercices —

1° Faire dessiner un compas ayant les
branches étendues suivant une même

ligne droite. — le faire dessiner plusieurs fois suivant des dispositions diverses — fig. 55.

2º Un compas étant ouvert à angle droit,
le dessiner de façon à produire des combinaisons variées — fig. 56 à 59

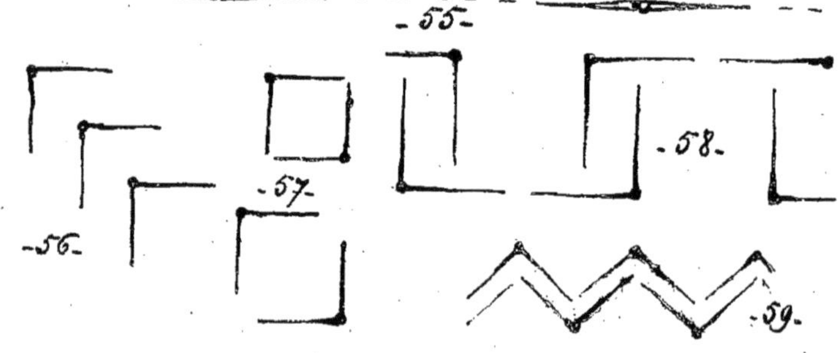

3º Les mêmes exercices peuvent se faire avec
un compas ouvert à 45°, avec un canif à 45°,
90° et 135° — Dispositions variées à chercher — fig 60
à 63.

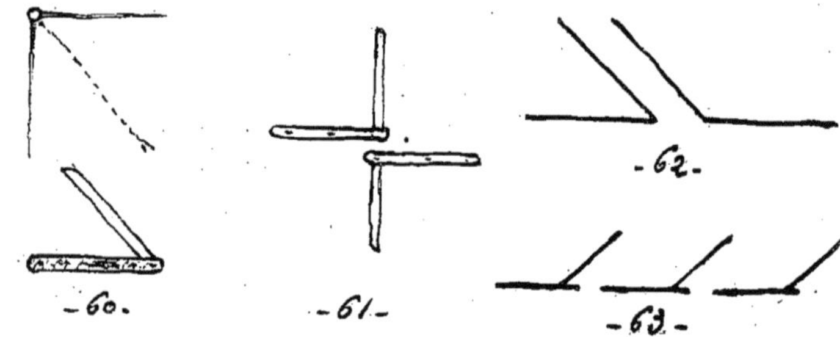

4º L'équerre à 45°, la règle plate, le té du
dessinateur fourniront, ensemble ou séparé.

ment, un certain nombre d'exercices. — fig. 64 à 68

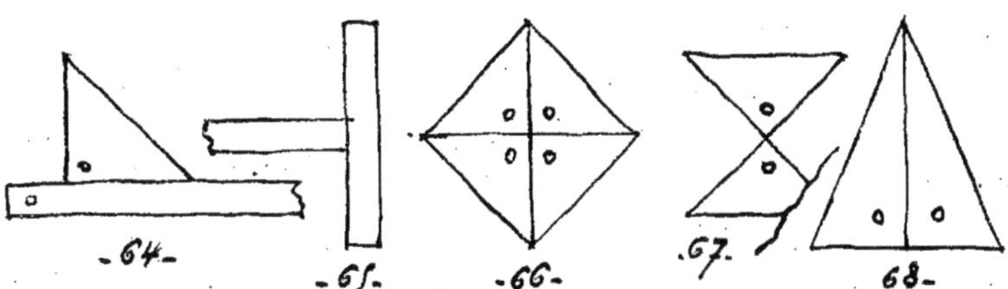

-64-   -65-   -66-   .67.   68-

5° L'équerre du menuisier, le niveau du maçon, la scie, le boulier de la classe, et tous
objets présentant des perpendiculaires, pourront
être utilement dessinés dans des positions diverses — fig. 69 à 72 —

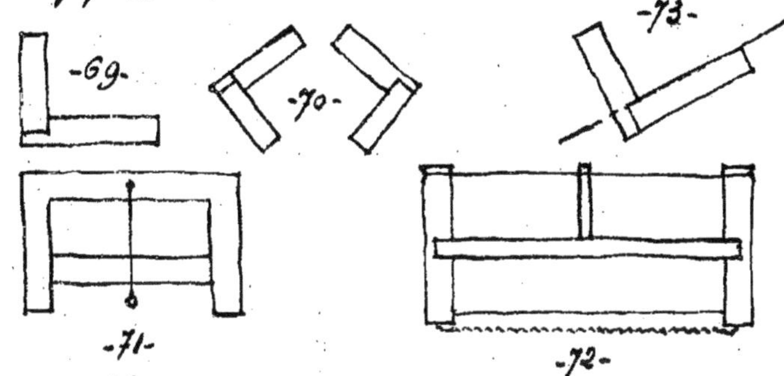

-69-   -70-   -73-
-71-   -72-

Une oblique étant donnée, tracer contre elle
l'équerre du maçon, fig. 73. — Le boulier
compteur produira des modèles intéressants,
en raison des positions que l'on peut faire
prendre aux boules sur les traverses qui
les portent.

6° Faire dessiner une échelle accrochée obli-

quement, en observant que les barreaux doivent être
perpendiculaires aux montants — fig. 74

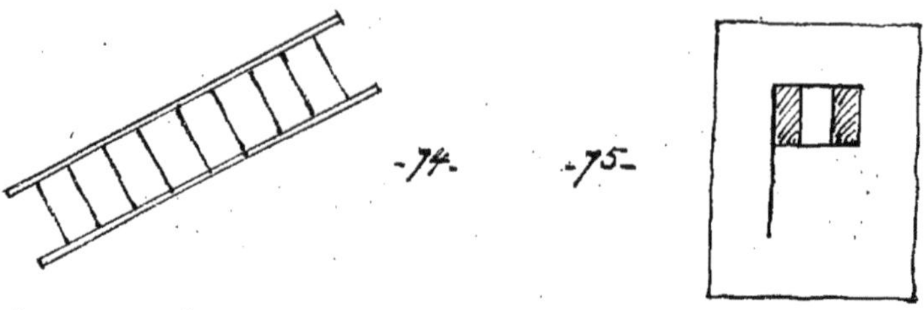

7° — Le modeste petit drapeau qui sert de
jouet aux bébés se prête à des exercices fructueux.

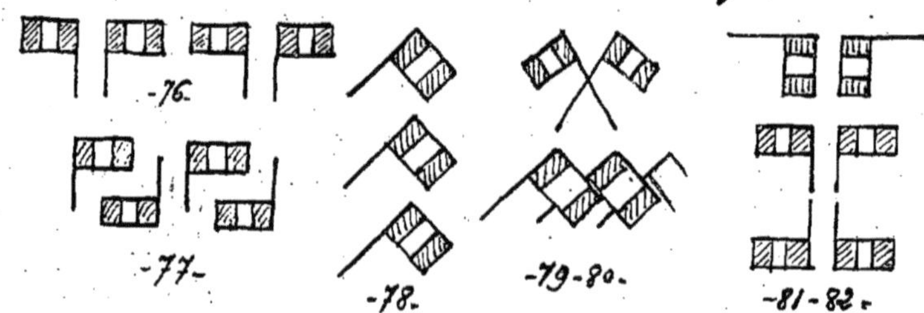

À défaut de drapeau, il est possible d'en faire
confectionner un aux élèves à l'aide d'un rectangle en papier divisé en trois zones coloriées
aux crayons bleu et rouge, et passé ensuite dans un bâtonnet fendu. Ce simili-dra-
peau peut être dessiné de bien des façons
que le Maître trouvera, indiquera, et va-
riera lui-même. Il peut être isolé au milieu de la feuille (f. 75), adossé (fig 76),
puis disposé comme l'indiquent les fig. 77 à 82.

Enfin on formera des répétitions ou des alternances de drapeaux ordinaires, fendus, ou de couleurs différentes, de fanions triangulaires ou d'autres formes, qui rendront le travail plus intéressant.

8º _Invention_. Avec des lignes et des bandes tracées à distances variables, composer le dessin d'un tissu _écossais_. Employer de

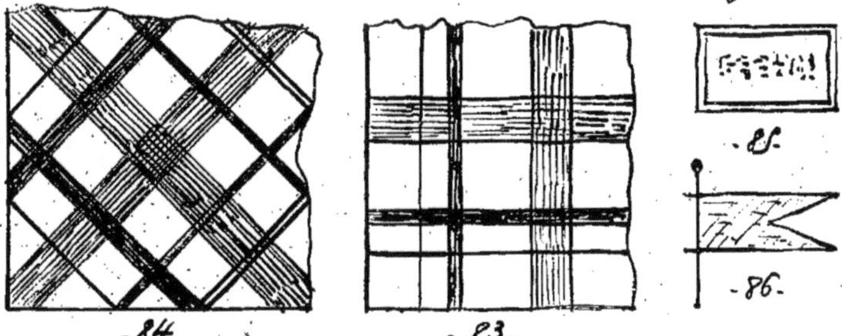

-84-   -83-   -85-   -86-

préférence les crayons de couleur pour produire des nuances d'un effet aussi heureux que possible - fig. 83, 84.

9º — Des objets présentant, dans leur conformation, des directions perpendiculaires: _plaque indicatrice_, fig. 85, _girouette_, f. 86, etc, pourront aussi être dessinés.

10º Dessiner des _briques_ ordinaires, _isolées_ ou _groupées_, des _briques creuses_ vues en bout et montrant leurs trous; tous ces tracés donneront des droites se coupant à angle droit. Ces briques peuvent se dessiner isolément,

ou groupées à volonté et se répétant en combinaisons
variées; elles peuvent enfin être posés d'aplomb
sur une de leurs faces ou obliquement, f. 87 à 89.

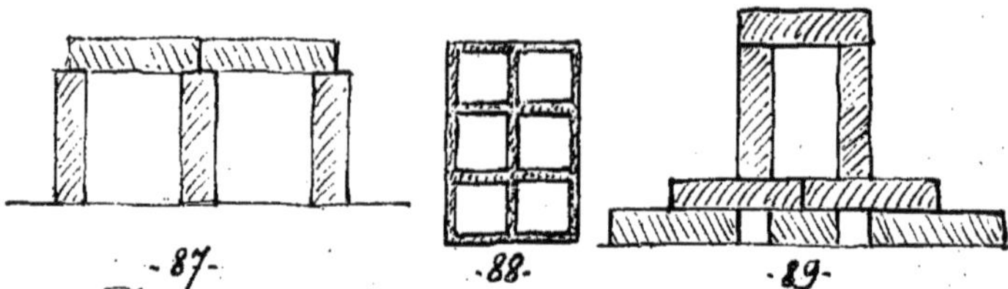

-87-   -88-   -89-

— 11º. — Réunir dans une caisse une collection de
cubes, de demi-cubes à section triangulaire,
de parallélipipèdes à section carrée et de longueurs
diverses — (on pourra les scier à bon compte dans
des réglettes provenant de rognures fournies par le
menuisier) — De temps en temps, en distribuer
un certain nombre aux élèves, et les inviter à faire de petites constructions qu'ils dessineront en-

-90-   -91-

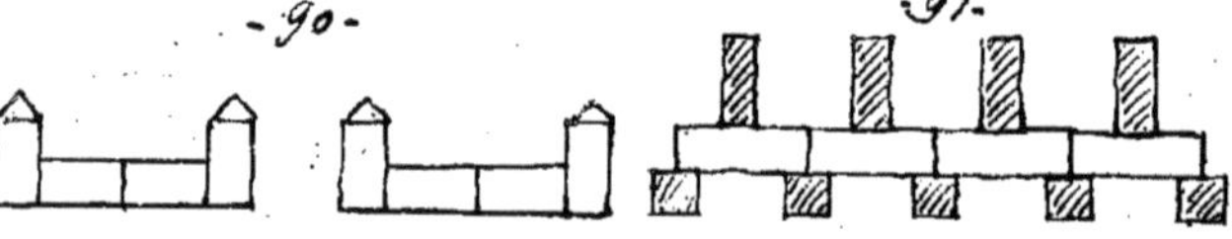

suite. Il y a là, matière à nombre de dessins
combinés librement, grâce auxquels les enfants
exerceront tout à la fois leur imagination, leur
goût, leur œil et leur main, f. 90 et 91. S'il
était trop difficile de réunir un grand nombre de cubes et de morceaux de bois, il suffirait
d'en avoir un certain nombre d'assez forts

grosseur, et de faire effectuer à la vue de tous, et par des élèves choisis à tour de rôle, les constructions qui seraient dessinées ensuite par tous les écoliers.

_12º_ _Dessins libres._ _ Dessiner des panneaux de maçonnerie, avec briques de couleurs différentes, de façon à former des dessins variés, fig. 92 à 93. _ Ces dessins libres, faciles à com-

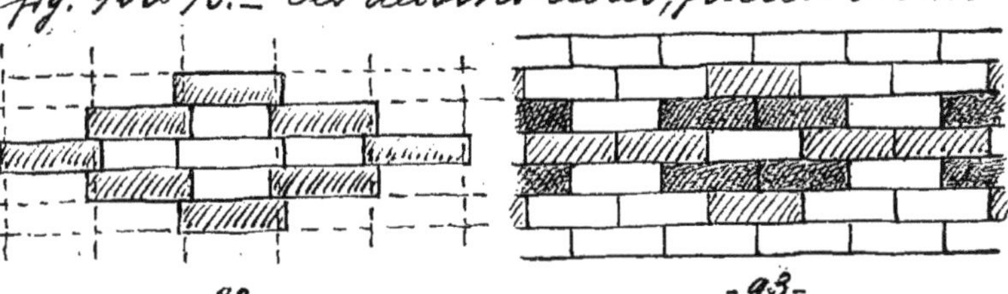

-92-   -93-

poser, plairont à de jeunes enfants ; ils y trouveront matière à exercer leur ingéniosité, et à satisfaire leur penchant marqué pour l'emploi des crayons de couleur.

_13º_ _Alignements et dispositions de boutons, jetons, pions, pains à cacheter, fig. 94 à ª99, formant des combinaisons diverses. — Pour

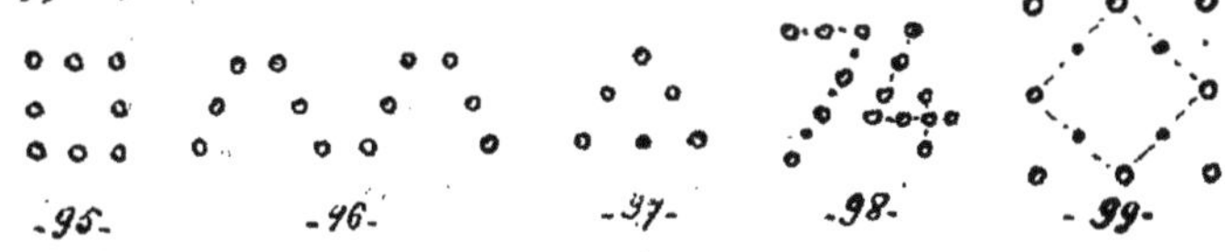

-95-   -46-   -97-   -98-   -99-

éviter de donner aux élèves des quantités de pions ou boutons,   -94-   on pourra coller à l'avance sur carton, des pains à cacheter formant les dessins à reproduire à vue. — ~ ~ ~ ~

_14º._ _Les travaux de pliage et tressage_, combinés avec l'enseignement du dessin, contribuent à l'éducation de l'œil et de la main. — Ils exigent peu de matériel: une ardoise quadrillée au centimètre carré, des bandes de papier de couleurs diverses et ayant un centimètre de large. — (il est facile de couper un grand nombre de ces bandes en peu de temps, en tranchant plusieurs feuilles à la fois, au canif, sur une feuille de verre ou une plaque de marbre) —

_100_

Soit par exemple à plier, et à dessiner ensuite la lettre U. Le Maître trace en grand, au tableau noir, sur un quadrillé préparé, la forme à donner au pliage; il explique aussi la manière de l'effectuer et le confectionne devant les élèves. Ceux-ci, munis de leur ardoise et de leur bande de papier, plient cette dernière en s'aidant du quadrillé de l'ardoise — (en plaçant la bande de papier sur le quadrillé et en la pliant suivant les carrés de celui-ci). — Le pliage terminé, le Maître attire l'attention sur la direction perpendiculaire des branches verticales de l'U, par rapport

à la branche horizontale ; il fait aussi apprécier,
à l'aide du quadrillage qui a déjà facilité le

pliage, les proportions de la lettre obtenue, et
celle de la largeur des bandes par rapport à
l'ensemble. Et les élèves dessinent ensuite l'U,
en tenant compte des proportions observées, autant qu'ils le pourront — fig. 100.

Presque toutes les lettres, les chiffres, certaines surfaces (fig. 101 et 102), des bandes, des denticules et motifs divers, faciles à trouver, peuvent s'exécuter ainsi. La seule précaution à
prendre, c'est d'étudier à l'avance les formes
des lettres, chiffres ou motifs, afin de les proposer
en graduant les difficultés, en allant du simple au compliqué.

15° — <u>Savoir évaluer un angle et le reproduire exactement</u> est d'une grande importance
en dessin ; il faudra y exercer en toute occasion
les jeunes dessinateurs. Voici un genre de
travaux qui leur fera acquérir une certaine

habileté dans cette recherche.

Au moyen de pointes, de crochets à angle droit, faire composer des ensembles, en disposant les pointes et les crochets suivant l'inspiration ; on obtiendra ainsi des motifs qui, dans une certaine mesure, plairont aux yeux et seront décoratifs.

Les élèves dessineront ensuite ce qu'ils auront imaginé l'instant d'avant pour le placement de leurs pointes ; ils devront ainsi apprécier la mesure d'une quantité d'angles afin de les reproduire de leur mieux, et l'exercice ne sera pas sans profit.

Voici quelques indications qui guideront les Maîtres et Maîtresses, et les aideront, pour ce genre d'exercices, à fournir des directions à leurs auditeurs ; mais on peut aisément trouver nombre d'autres dispositions. Celles-ci sont données dans un ordre choisi à dessein pour montrer que :

—a— la répétition d'angles —(comme, d'ailleurs, celle de tout motif, si simple soit-il), donne à elle seule des éléments décoratifs qui, pour être simples, ne manquent pas d'agrément, fig. 103 à 105

—b— L'alternance rend ces mêmes combinaisons d'autant plus intéressantes, fig. 106 et 107.—

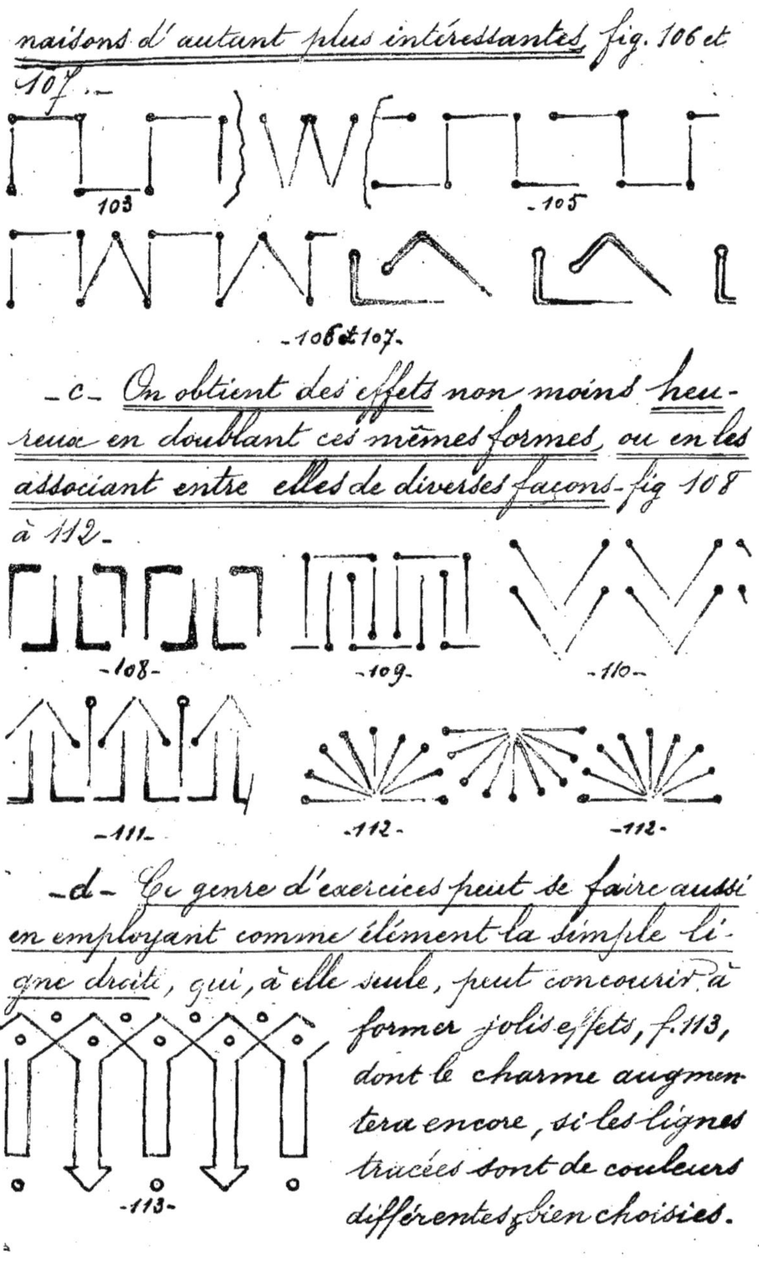

-103-

-105-

-106 et 107.-

—c— On obtient des effets non moins heureux en doublant ces mêmes formes, ou en les associant entre elles de diverses façons- fig 108 à 112.—

-108-

-109-

-110-

-111-

-112-

-112-

—d— Ce genre d'exercices peut se faire aussi en employant comme élément la simple ligne droite, qui, à elle seule, peut concourir à former jolis effets, f.113, dont le charme augmentera encore, si les lignes tracées sont de couleurs différentes ſ bien choisies.

-113-

La seule précaution à prendre pour réussir ces combinaisons, c'est d'observer une régularité absolue dans les proportions des divers éléments employés, et aussi dans leur placement ou dans leur écartement.

— 16° — Dessins libres et d'invention : bandes ornées par répétition, alternance ou doublement de lignes et d'angles, lesquels pourront être associés à des points convenablement placés dans l'ensemble. — Dispositions à obtenir suivant un schéma ou canevas indiqué grosso-modo au tableau noir, ou à chercher librement, sans aucune indication préparatoire, et suivant la fantaisie de l'élève.

— a — Faire dessiner (fig. 114), en classe, un tire-bouton isolé et le donner comme élé-

ment pour la composition d'un motif obtenu par la répétition de ce même tire-bouton en une combinaison à chercher (fig. 115 à 117.)

— b — Faire confectionner, avec une feuille

de papier, le simple chapeau de gendarme
que tout le monde connaît, ou la petite nacelle que les bébés ont tant de fois construite.
Les faire dessiner l'un et l'autre, d'abord isolément, et inviter ensuite les élèves à s'en servir
comme élément principal d'une frise décorative . (Indiquer une disposition schématique,
ou laisser, au choix, une liberté entière dans
la composition). Deux exemples, fig. 118 et 119,
sont donnés

— c — Faire de même pour la flèche en
papier qui se confectionne aussi par pliage,
de la façon suivante : 1 — Plier une feuille

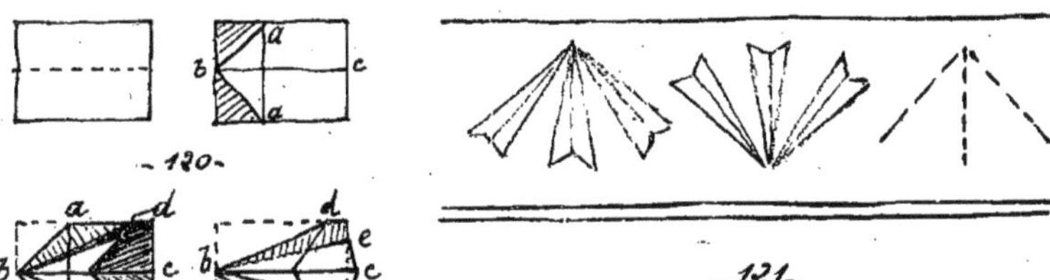

— 120 —

— 121 —

de papier suivant sa médiane et lui faire
reprendre sa forme rectangulaire. — 2 — Rabattre deux angles à 45° — 3. Rabattre en deux
contre la médiane l'angle a b c pour obtenir
d, b, c . — 4 — Plier de même en deux l'angle
d b c pour obtenir e b c. — 5 — Plier en deux suivant la médiane et de façon à laisser les

plis à l'extérieur. — 6 — Relever les deux plis extérieurs et la flèche est obtenue. fig. 120. — La fig=
121 donne un exemple de disposition à chercher
en utilisant la flèche ; d'autres combinaisons sont possibles.

Dans tous les exemples qui viennent d'ê-
tre proposés en a; b; c, le Maître pourra s'en
tenir au dessin de l'objet isolé, s'il le juge à
propos, en raison de l'âge ou du peu d'habileté des élèves. — Mais je pense que de jeunes enfants peuvent faire de véritables trouvailles et combiner des motifs ingénieusement.
C'est tout ce qu'il faut leur demander ; on doit
s'estimer heureux s'ils y réussissent, et être

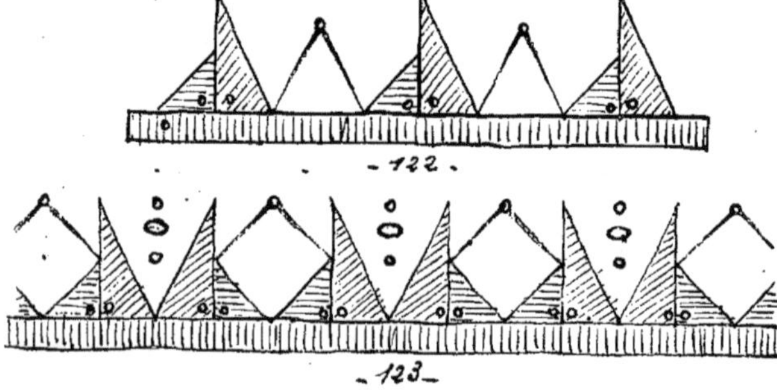

— 122 —

— 123 —

fort indulgent pour leur manque d'adresse
dans le rendu de leurs compositions.

— d — Composer, avec la règle, l'équerre à
45°, l'équerre ordinaire, le compas, un ensemble décoratif pour tête de chapitre. — L'Ins-

L'Instituteur expliquera que la règle devra former la base de la composition dans laquelle elle tiendra lieu de filet inférieur, et que les élèves devront dessiner au-dessus, en les répétant plusieurs fois, dans le même ordre —(celui qu'ils auront choisi)—, les instruments désignés. Les exemples donnés —fig. 122 et 123— sont des indications. Au lieu de tracer un schéma explicatif, le Maître pourra inviter quelques élèves à appliquer et à maintenir sur le tableau noir les instruments indiqués, de façon à former sur ce tableau des exemples sensibles, et ce, sans aucun tracé. Les objets ayant disparu du tableau, le dessin sera effectué par chaque élève selon la disposition qu'il aura choisie. D'autres combinaisons que celles des fig. 122 et 123 sont possibles; il est facile d'en former de simples comme, par exemple, au moyen d'un compas et d'une équerre alternés, d'une équerre ordinaire et d'une équerre à 45°, se suivant régulièrement, etc.

L'emploi de l'équerre, dans ces exercices, aura fourni l'occasion d'expliquer ce que c'est qu'un triangle, et les élèves l'auront compris et retenu.

—e— Employer la canne comme élément décoratif. Prendre plusieurs cannes que l'on aura fait apporter aux élèves; les leur présenter de diverses façons; ils travailleront ensuite à réaliser une disposition qui leur plaira, f. 124. — Faire

— 124 —   — 125 —   — 126 —   — 127 —   128 —

de même
fouets; il   *— 129 —   — 130 —   — 131 —*   avec plusieurs
de trouver   sera très facile
riés de présentation, f. 125 et 126 — Combinaisons diverses obtenues par les mêmes procédés
avec des parapluies, des diabolos, des bêches,
des marteaux, des pelles et pioches, f. 127 à 131.

— f — Dessin d'étoffe obtenu par la rencontre de perpendiculaires. — On peut, à volonté,
combiner des horizon-
tales et des verticales
ou donner aux lignes
— 133 —   — 132 —   formant la disposition, une certaine inclinaison (f. 133) tout en les
maintenant perpendiculaires entre elles. On
peut aussi associer ces mêmes lignes de façon
régulière, avec des obliques diverses, f. 132 et 133. —

Le dessin donné, f. 134, a été exécuté suivant
ce canevas par un élève, des meilleurs, dans la
section élémentaire; à part le manque de vivacité

dans la coloration, il est d'un effet assez satisfaisant.

Chapitre IV.—

Décalque de feuilles.

Le moment est venu d'introduire dans l'enseignement qui nous occupe, un élé-ment nouveau qui aura beaucoup d'attrait pour les jeunes élèves. Le décalque de feuilles figu-rant au programme du cours enfantin, il fau-dra initier les écoliers à la pratique de ce genre de travail.

On leur donnera, pour commencer, des feuilles de formes très simples, et, avec un crayon finement taillé, ils devront s'appliquer, dans leurs décalques, à en suivre les contours aussi exactement que possible.

Ils opéreront d'abord sur une feuille seu-le, puis ils la décalqueront plusieurs fois, en la répétant de façon à produire un ensemble harmonieux, bande ou bordure; ils suivront pour cela un mode de placement indiqué sché-matiquement par le Maître, ou, si le travail est libre, celui que leur aura dicté leur seule fan-taisie.

46.

En décalquant ainsi des feuilles qui se ré-
pèteront, les enfants se rendront compte du parti

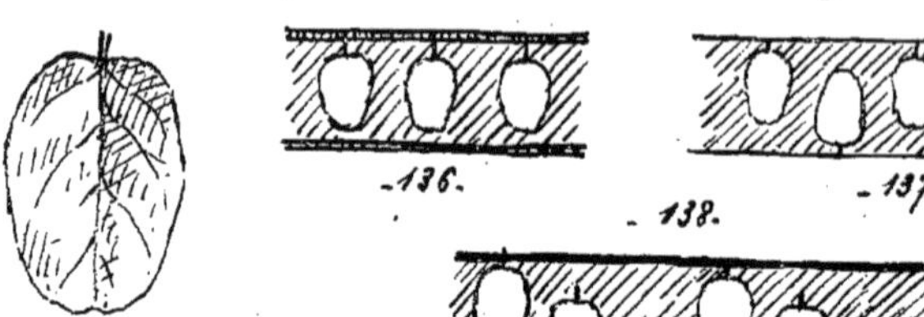

-135-   -136-   -138-   -137-

qu'il est possible de tirer de la répétition et de
l'alternance en décoration. Ce genre d'exercices leur sera utile à ce point de vue, et il leur
fera acquérir en même temps une certaine
dose d'habileté manuelle.

Pourront être utilisées au début, comme étant de formes assez faciles : la foliole
détachée de l'acacia, les feuilles de capucine,
de laurier, de sagittaire, de lilas, de trèfle.
Voici quelques indications sommaires destinées à guider les Instituteurs quand ils

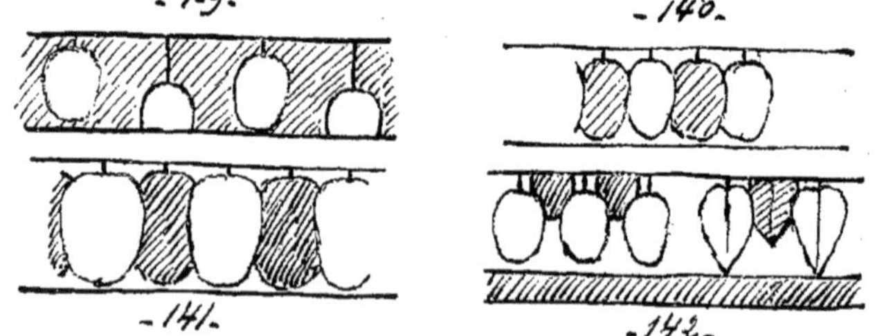

-139-   -140-   -141-   -142-

voudront imposer un travail suivant une
donnée ; mais en dehors de ces exercices, fig. 135

à 146, il sera bon que les élèves en fassent beaucoup d'autres librement.

Les répétitions pourront aussi se faire
suivant des lignes d'inclinaisons diverses et
déterminées, fig. 143 à 146; elles seront ainsi
des exercices d'<u>évaluation</u> et de <u>reproduction
d'angles</u>.

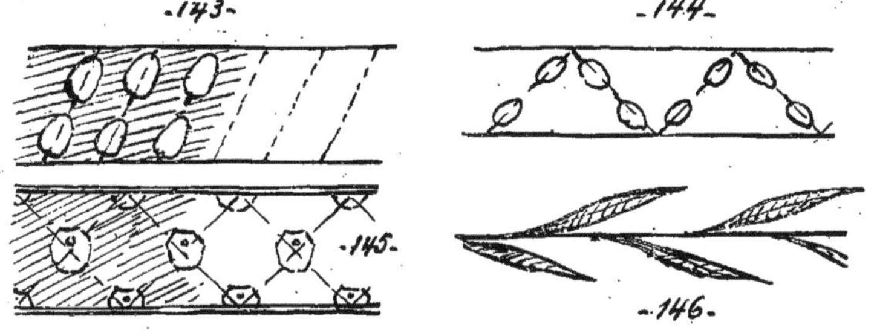

Pour leurs décalques, les élèves pourront se
servir, comme ils le font dans leurs essais enfantins de composition, du papier quadrillé:
ils obtiendront ainsi plus de régularité dans
la présentation de leur travail.

Chapitre V

Initiation perspective et préparation méthodique au dessin à vue.

J'ai dit dans l'introduction qui précède ce recueil que le dessin à vue doit être

enseigné _méthodiquement_ dès la seconde classe (2ème année du cours moyen), afin que les élèves soient amenés progressivement à acquérir,
avant leur entrée en 1ère classe (préparation
directe au certificat d'études), une _intuition_
des _règles essentielles_ de la perspective.

Je vais plus loin et je pense que, pour
faciliter le résultat à obtenir, l'initiation
perspective peut commencer dès la 8ème année.
Et elle peut en effet être abordée à cet âge et
être faite parallèlement aux autres exercices
de dessin.

Prenons au début de ce recueil, les premiers des chapitres consacrés au cours élémentaire.

Il est facile, en faisant dessiner les
modèles qui y sont mentionnés, de présenter, par exemple, deux ou plusieurs objets
semblables tenus à des éloignements différents, et de provoquer les remarques des enfants. Ceux-ci s'apercevront bien vite que
les cannes, les règles, _paraissent de plus en
plus petites en raison de leur éloignement,_
la plus éloignée paraissant la plus petite.

L'observation faite, les élèves tireront
d'eux-mêmes la conclusion qui s'impose
et qui s'ancrera dans leurs jeunes intelli-

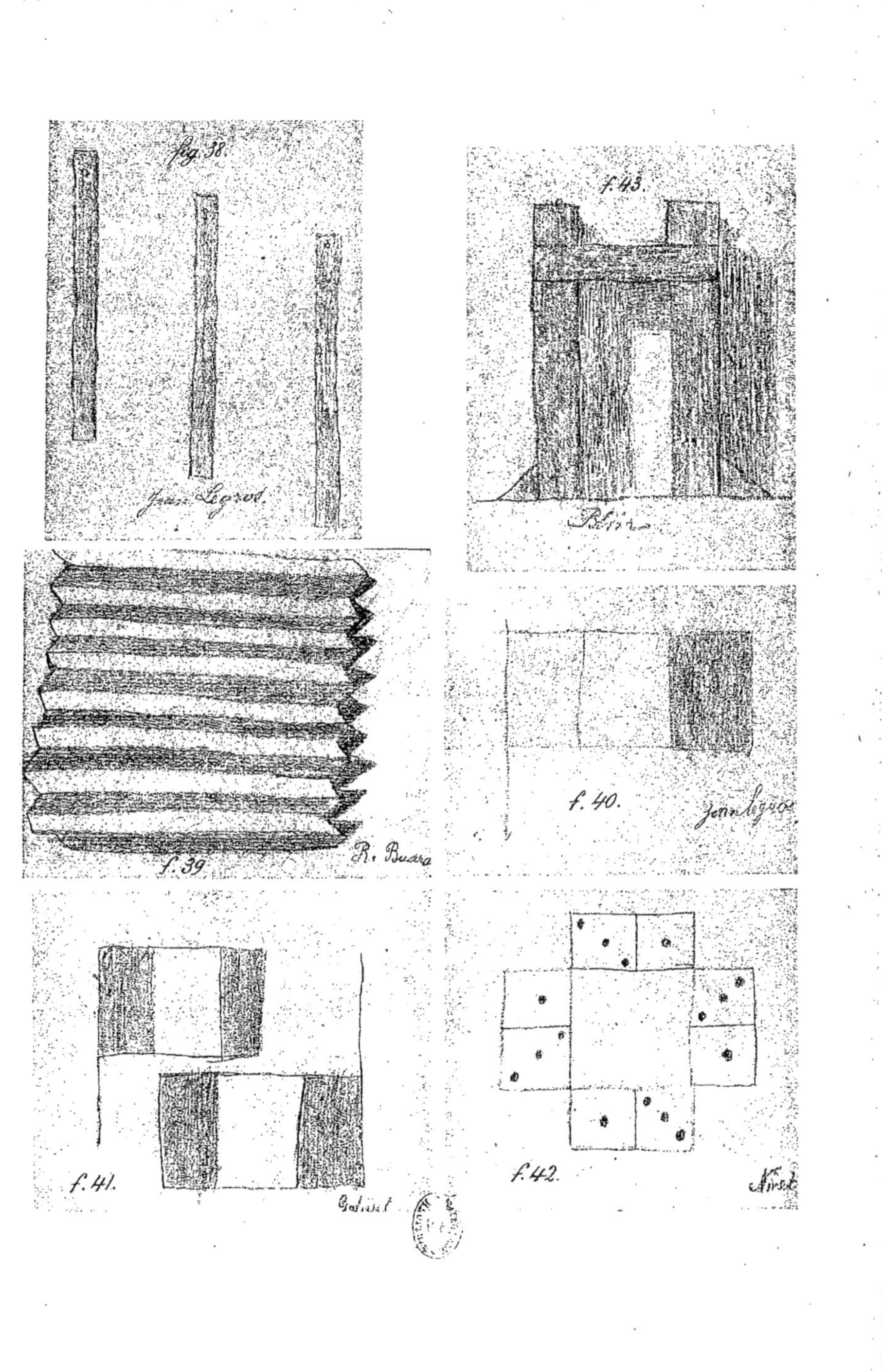

fig. 38.
Jean Legros.
f. 43.
Blin
f. 39
R. Buara
f. 40.
Jean Legros
f. 41.
Gabriel
f. 42.
Nivet

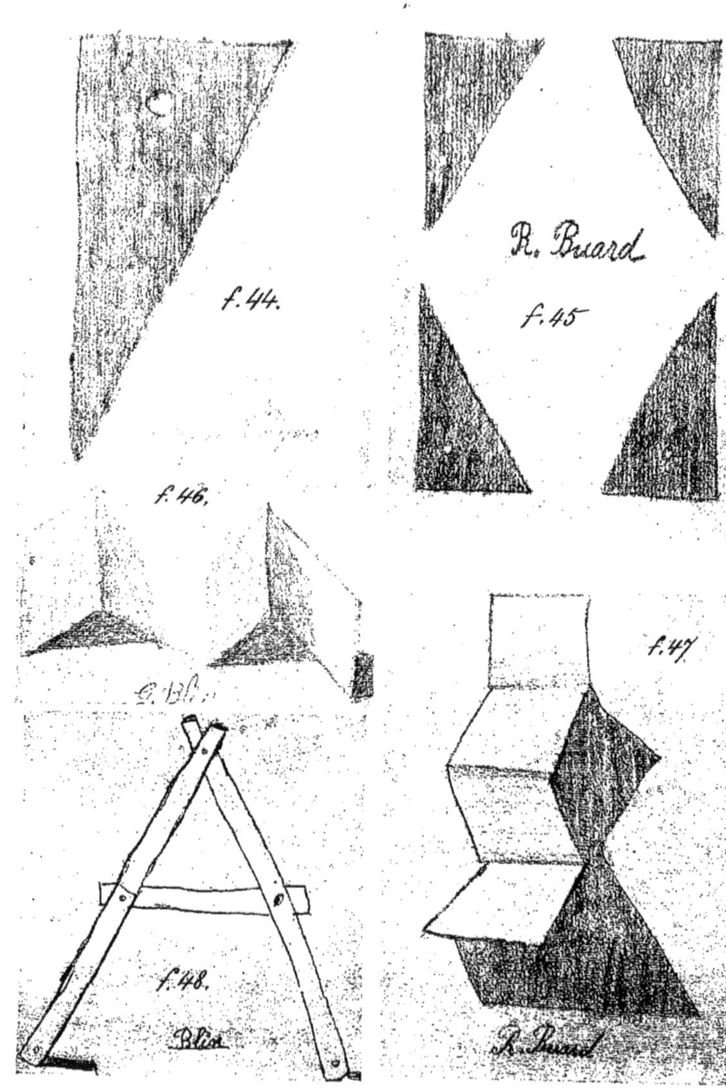

f. 44.
R. Buard
f. 45
f. 46.
f. 47.
G. Blin
f. 48.
Blin
R. Buard

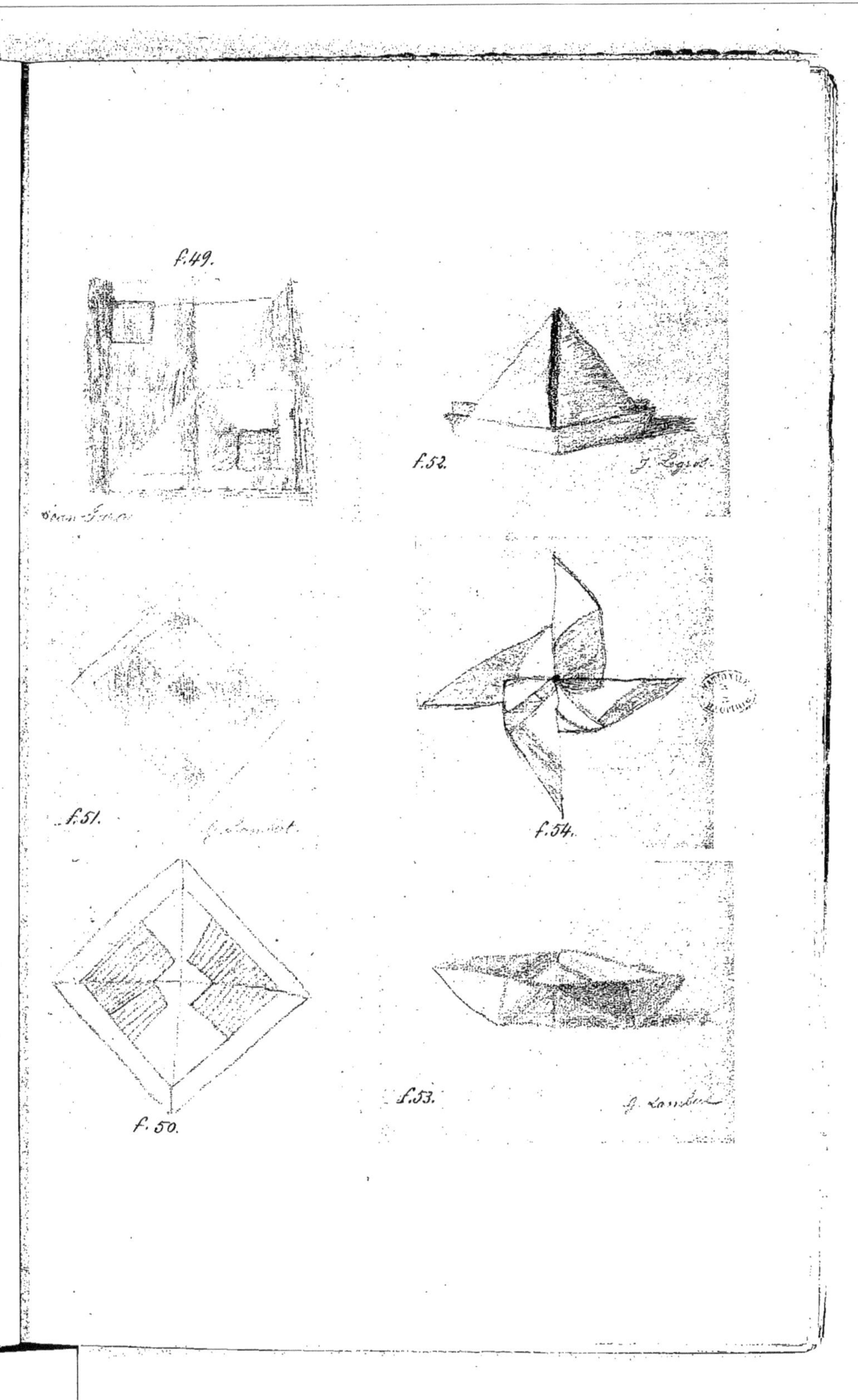

f.49.

f.52.

f.51.

f.54.

f.50.

f.53.

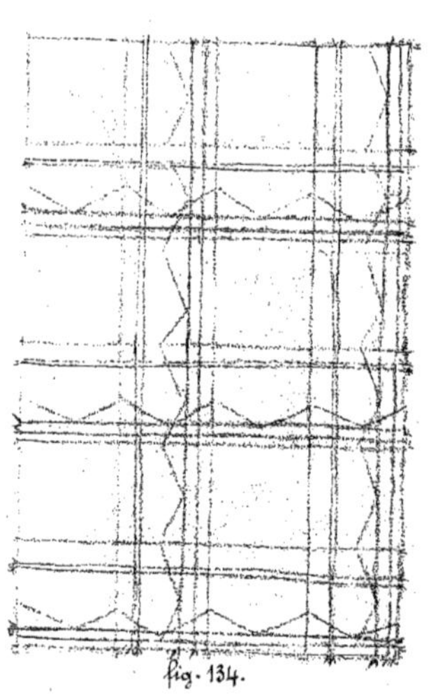

fig. 134.

fig. 147.

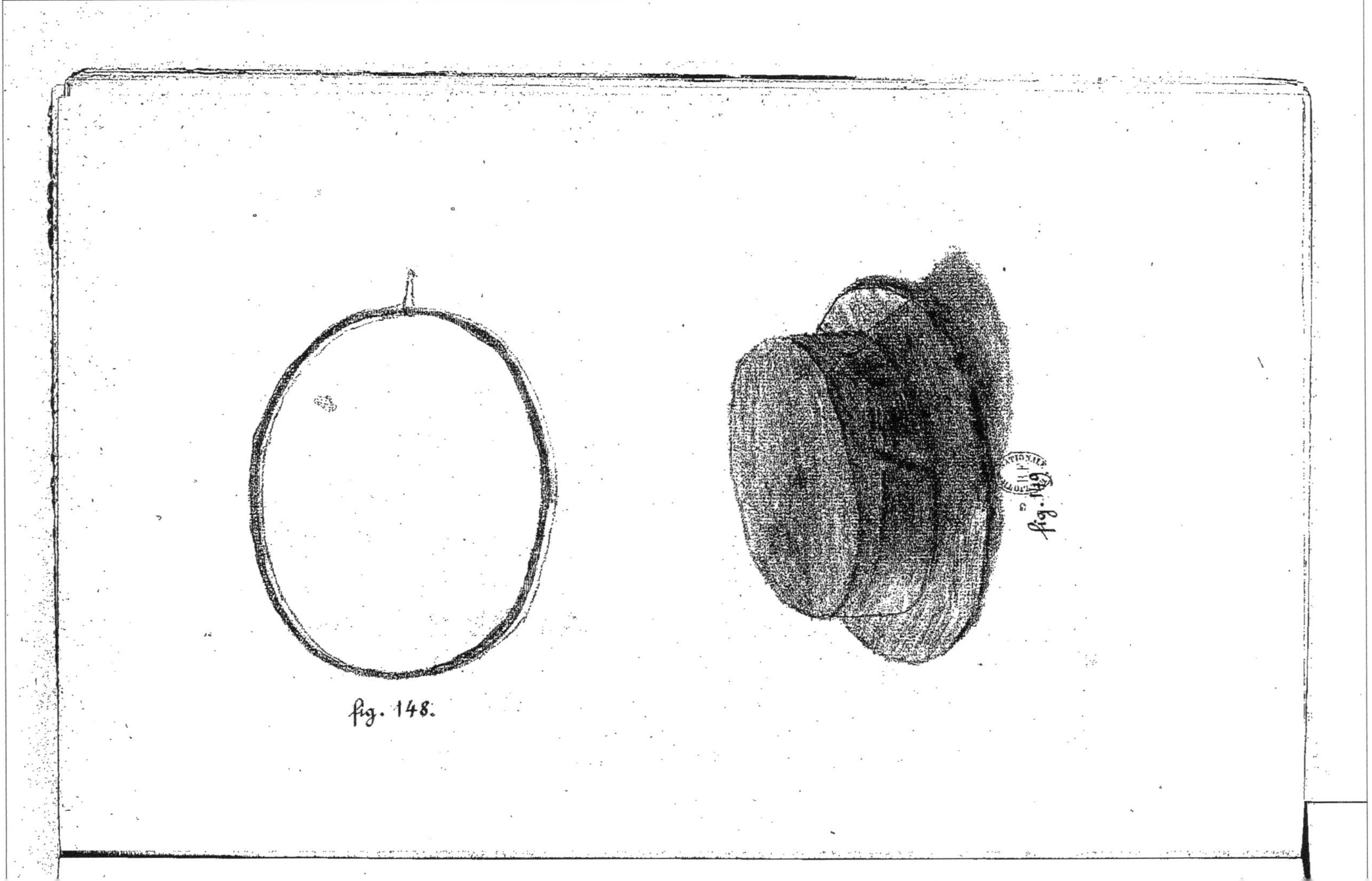

fig. 148.
fig. 149.

fig. 227.

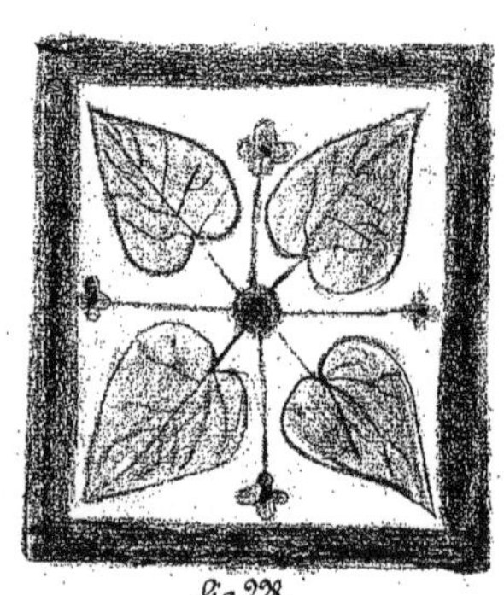

fig. 228.

RUE BUIRETTE

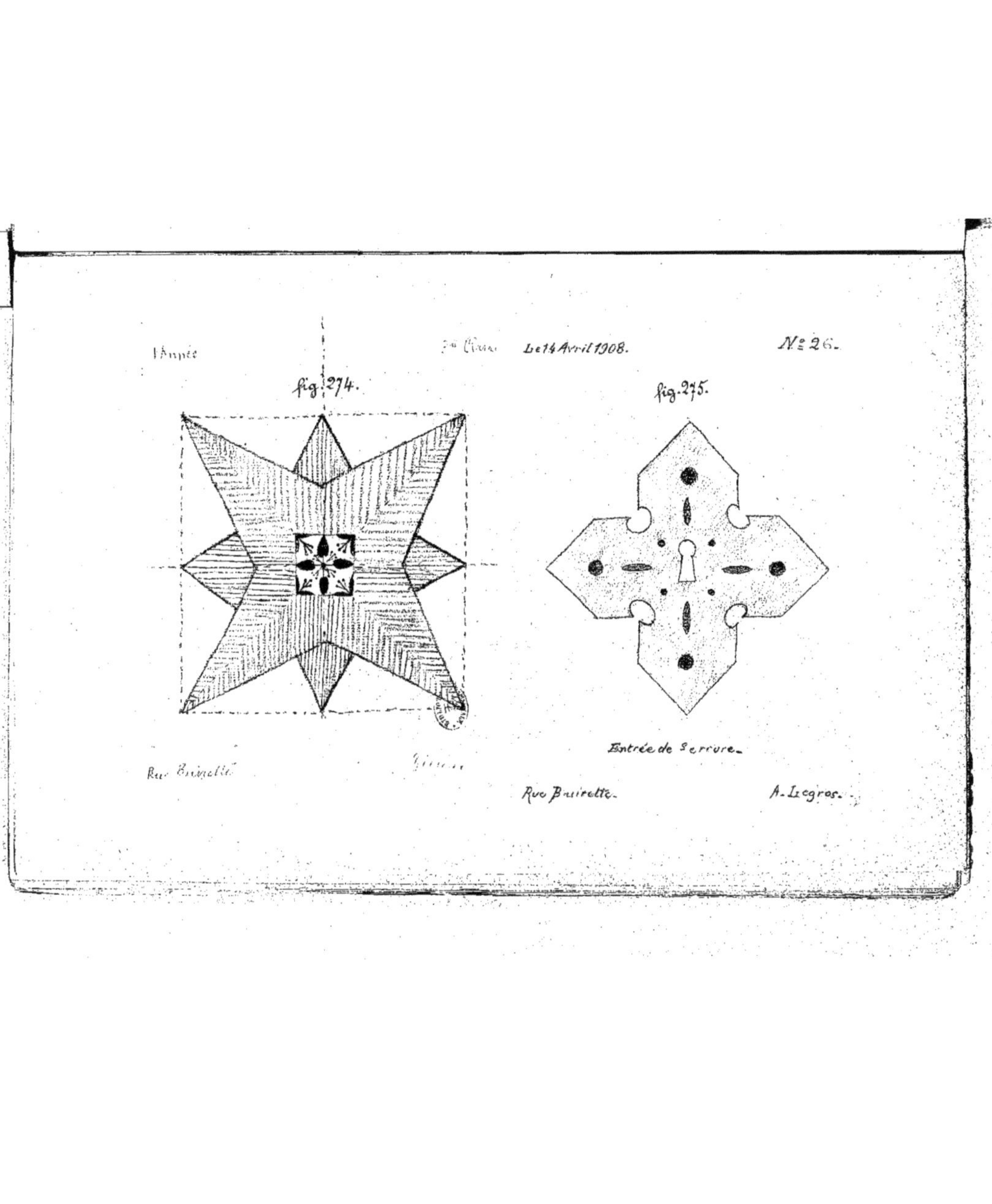
1ᵉ Année
Le 14 Avril 1908.
Nᵒ 26.
fig. 274.
fig. 275.
Entrée de Serrure.
Rue Buirette.
Rue Buirette.
A. Legros.

gences, si l'expérience est renouvelée en toute occasion.

Le premier des chapitres consacrés à la perspective d'observation, renseignera du reste les Instituteurs sur ce qui a trait à la déformation apparente et la diminution progressive des objets dans l'éloignement.

Les mêmes choses pourront encore servir, selon leur mode de présentation, à donner l'idée des droites de front et des droites fuyantes (voir à ce sujet le chapitre II de la perspective d'observation), à faire constater le rapprochement apparent des droites parallèles, au fur et à mesure de leur éloignement (voir chapitre VI, persp.ᵉ d'observation). Ce sont des choses simples que de jeunes élèves comprendront d'autant mieux, pour ne les oublier jamais, que les exercices indiqués auront été plus répétés.

Plus tard, quand on abordera aux 6ᵉᵐᵉ et 7ᵉᵐᵉ chapitres du cours de dessin, les études prévues pour le carré et le rectangle, une planchette, un carton, un tableau présentés comme il convient, donneront l'occasion de renouveler les observations dont je viens de parler il y a un instant. Ces objets permettront aussi de faire constater, (en plusieurs fois, à l'aide

d'expériences faites à des leçons successives) —
qu'une surface plane présentée au-dessus, au
niveau, au-dessous des yeux, à gauche, à droite,
en face de l'observateur, est vue de telle ou telle
façon (chap. IX, persp.^{ve} d'observation), et que
les lignes parallèles qui limitent la surface
observée, semblent se rapprocher, s'élever ou s'a-
baisser (chap. VI, persp.^{ve}). Il suffit de faire
voir ces réalités, et les enfants (tout au moins
un certain nombre d'entre eux), qui en ont
déjà eu une vision inconsciente, s'y arrêteront
et ne les oublieront plus.

Et, en plus, pour asseoir ces connaissances, on commencera à les faire appliquer. Après
avoir fait dessiner, selon leur forme exacte, sans
déformation, des objets carrés ou rectangulaires.
(chap. VI et VII du cours de dessin), on donnera de temps à autre les mêmes objets à dessiner sommairement, en les présentant de façon qu'ils subissent telle déformation que le
Maître aura prévue, et sur laquelle il vou-
dra insister (chap. IX, persp.^{ve}). De jeunes élèves ne rendront sans doute pas exactement
l'apparence perspective de ces carrés ou surfaces fuyantes; ils sont inhabiles et ne peuvent encore prendre leurs mesures, mais il
suffira qu'ils aient observé, et que leur carré

perspectif maladroitement figuré, trahisse le résultat de leur observation. — De même avec des disques, des cerceaux, des vases d'ouverture circulaire bien présentés, les enfants arrêteront leur esprit sur la déformation apparente des circonférences en perspective — (chap. IX, perspective) —

L'ensemble des expériences qui viennent d'être indiquées formera un excellent bagage, et un bagage suffisant pour les élèves du cours élémentaire.

Au cours moyen on reviendra sur ce qui précède, en renouvelant les observations déjà effleurées. En plus, par des exercices spéciaux et répétés, on montrera aux écoliers comment ils pourront prendre leurs mesures à l'aide de leur crayon, et comment ils les transporteront sur leur dessin en les amplifiant ou les diminuant dans une proportion demandée — (voir chap. VII, perspect.: procédé simple de reproduction des rapports) — On les habituera enfin à se servir du viseur — (chap. VIII, persp.e) — pour l'évaluation de la grandeur des angles. Ce sera tout. — Les Instituteurs du cours moyen trouveront d'ailleurs des indications se rapportant à ce qui vient d'être expliqué, dans la partie de ce recueil qui a trait spécialement à la perspective; nul doute qu'ils ne puissent s'en inspirer, prendre ce qui convient, et le mettre à la portée de leurs élèves.

Quant aux Maîtres chargés de préparer au certificat d'études, ils sauront bien, en renouvelant ce qui aura été fait dans les cours précédents, y joindre ce qui leur paraîtra convenir à des enfants de 11 à 13 ans. — Je pense que si la marche progressive a été bien suivie dans les cours élémentaire et moyen, une grande partie de ce qui est expliqué dans les chapitres de perspective, à la fin de cet ouvrage, peut être présentée à des écoliers de cet âge et qu'ils en tireront profit.

Ce cours de perspective d'observation est donné seulement pour fournir une direction méthodique, et les Instituteurs qui s'y reporteront y trouveront au fur et à mesure de leurs besoins, des indications utiles. Mais, je le répète une fois de plus, les exercices d'observation devront se faire dans tous les Cours, au sujet de tous les objets étudiés, et le grand mérite d'un Maître sera de provoquer, dans tout exercice, l'observation directe et attentive.

Il sera même bon de donner de temps à autre, sans souci de la difficulté, et en dehors de la marche suivie, un objet quelconque à dessiner.

Si on propose par exemple le dessin d'un broc avec anse, — (f. 144, persp.) — on attirera d'abord l'attention des élèves sur la destination du broc, sa forme particulière et l'étranglement

qu'il présente au-dessous du bec. De nombreuses
questions appropriées forceront les élèves à trouver
que le broc montre ou non son ouverture supérieure,
— que de tel endroit de la classe, on dé-
couvre l'anse tout entière et que celle-ci
s'attache à tel niveau, — que de telle autre
place on ne voit pas l'anse du tout, — que
d'un troisième endroit on ne l'aperçoit qu'à
moitié et que son départ est seulement à telle hauteur, etc.. Ces observations terminées, de nouvelles
questions faciliteront la mise en place. Successivement on fera:

— a — désigner les points le plus à gauche, le
plus à droite, le plus haut et le plus bas (fig. 144_1)
— b — mesurer et comparer la plus grande largeur et la plus grande hauteur vues,
— c — tracer le rectangle imaginaire enveloppant,
— d — marquer sur ce rectangle la position des

points a, b, c, d, reconnus au début,

— e — comparer la largeur inférieure du broc à la largeur de l'ensemble,

— f — marquer cette largeur en U (fig. 144 - 2) et par son milieu tracer l'axe qui aidera à obtenir la symétrie,

— g — apprécier le niveau de l'étranglement du col, et figurer ce niveau par un trait; apprécier et limiter la largeur du même étranglement,

— h — placer par lignes droites l'ouverture, le bec, l'anse, (f. 144-2)

— i — achever le dessin par le tracé des courbes, (fig. 144 — 3)

La correction de dessins faite par les élèves eux-mêmes est un exercice également fructueux. Mis en présence d'un dessin et à la place où celui-ci aura été exécuté, ils examineront l'objet représenté et feront la critique du dessin. Cette pratique sera excellente quant au résultat.

Comme suite aux idées qui viennent d'être exprimées relativement à ce qu'on peut demander aux élèves du cours élémentaire, voici deux dessins d'enfants appartenant à ce cours.

Le 1er, fig. 147 montre un cadre dessiné

à vue. L'auteur a bien observé : il a tenu compte à peu près exactement de la déformation qu'il a constatée, et si son dessin en deux couleurs (ton de bois, et jaune pour la bordure dorée) est encore inexpert dans le rendu, il faut s'en prendre seulement aux années et à la pratique qui lui manquent. Je lui signale pourtant un oubli : placé comme il l'était, il devait voir certaines épaisseurs du cadre, et il ne les a pas indiquées.

Le second, fig. 148, a dessiné son cerceau : il a suffisamment observé et a tenu compte des épaisseurs visibles. Son dessin est bon, et je le complimente.

Le chapeau que représente la figure 149 a été dessiné par un élève du cours moyen. Ce dessin dénote une réelle observation perspective, les différentes ellipses y sont exactes ; de plus, les colorations (jaune pour la paille, verte pour le ruban) sont bien figurées, ainsi que l'ombre propre et portée du chapeau.

Sans doute beaucoup de dessins provenant de jeunes élèves ne vaudront pas ceux qui viennent d'être présentés ou qui le seront au cours des chapitres de perspective, mais il suffira, je le répète, que leurs auteurs aient réellement observé en les exécutant ; s'ils l'ont fait, ils n'auront pas perdu leur temps, et leur habileté se développera par la suite progressivement.

Chapitre VI.

Carré.

Faire comprendre par l'observation ce que c'est qu'un carré. Au moyen de nombreux exemples faciles à produire, faire ressortir l'égalité des côtés qui limitent le carré, leur direction perpendiculaire par rapport les uns aux autres. — Définir ensuite le carré.

Voici un procédé pour tracer le carré, fig. 150 : 1° placer le côté AB ; 2° par ses extrémités, A et B, mener deux perpendiculaires sur lesquelles on portera AC et BD égales à AB ; 3° joindre C et D, et le carré est construit.

Placement d'un carré au milieu d'une feuille ou d'un espace donné, fig. 151. — Soit ABCD la feuille. Par a, milieu de AB, tracer une médiane verticale ; par b, milieu de AD, tracer

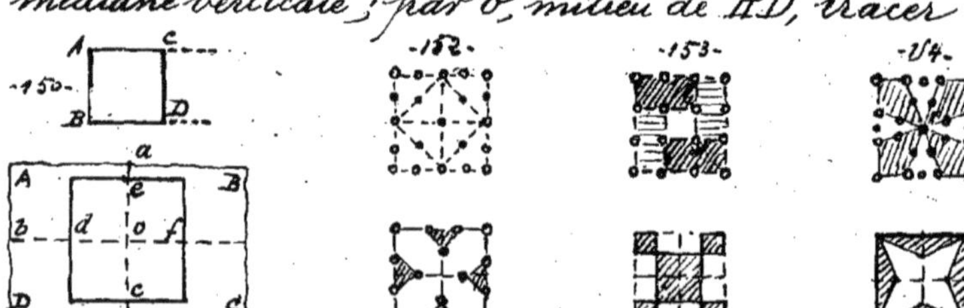

une médiane horizontale. De o, rencontre des deux médianes, porter oc, od, oe, of, quatre distances égales. Par c et e, mener deux horizontales; par d et f, mener deux verticales; le carré est achevé et placé dans le milieu de la feuille.

_ Exercices. _

_ 1º _ Disposer au tableau noir, f. 152, sur un carton assez grand, des pains à cacheter formant un carré; les élèves traceront sur leurs feuilles un carré par l'un des procédés ci-dessus, puis ils s'en serviront pour reproduire à vue et en plusieurs couleurs, la disposition indiquée par les pains à cacheter. _ Ce carré, simple ou double, peut être compliqué ou orné avec d'autres pains disposés de façon à produire des effets variés; voici quelques exemples, f. 153 à 155, mais il est facile de trouver des variations multiples.

_ 2º _ Avec des papiers de couleurs diverses, f. 156 et 157, on préparera par collage sur carton, des motifs dérivés du carré ou inscrits dans le carré, _ (étoiles ou combinaisons pour carrelages,) _ et on les fera dessiner à vue et en couleur.

_ 3º _ Carré et dérivés obtenus par pliage et dessinés.

A _ Construire par pliage un carré, en se servant d'une feuille rectangulaire, f. 158. _ Soit la feuille ABCD; rabattre l'angle B pour amener B en E, et AB sur AE; plier suivant EF et couper le rectangle CDEF; déplier le triangle double AEF et on a le carré AEFB. _

Faire observer que le pli AF qui partage le carré en 2 triangles est une _diagonale_, et inviter les enfants à faire un nouveau pli en BE pour marquer la 2ᵉᵐᵉ diagonale. — Faire plier de même le carré en GH et IJ pour produire chaque fois 2 demi-carrés, et marquer les médianes GH et IJ. — Définir les _médianes et diagonales_; faire dessiner enfin le carré avec ses médianes et diagonales.

_b_ _L'enveloppe._ — Former un carré ABCD, f. 159. Le plier en quatre suivant les médianes et le déplier;

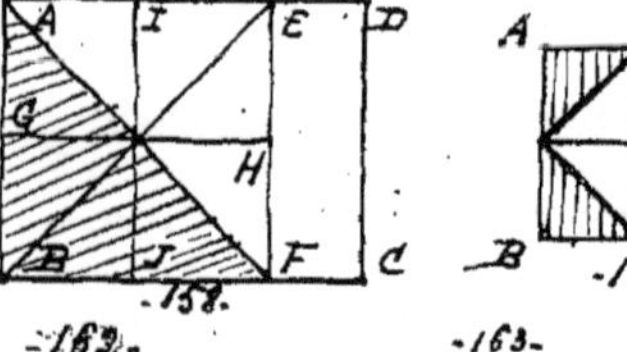
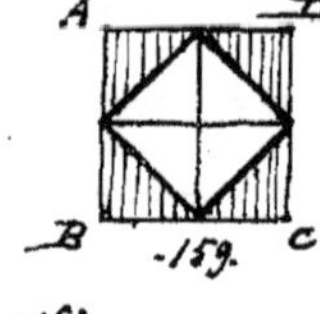
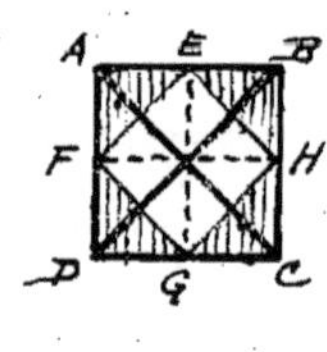

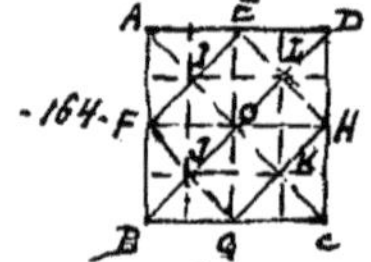
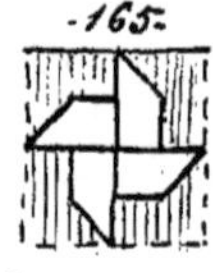

rabattre les 4 angles A, B, C, D, sur le centre O et l'enveloppe est terminée; en faire le dessin.

_c_ Voici plusieurs pliages _dérivés de l'enveloppe_, qui peuvent s'exécuter facilement et être dessinés ensuite. Faire le pliage indiqué pour obtenir l'enveloppe; — rabattre sur le verso, du côté opposé à l'ouverture de l'enveloppe, f. 160, les quatre angles A, B, C, D, suivant les plis EF, FG, GH, HE : on obtient au recto l'apparence que montre la fig. 161, et au verso celle indiquée par la fig. 162; — relever vers les

quatre angles, au recto, les quatre pointes qui se
rejoignent au centre ; on obtient la fig. 163 ; — faire
dessiner à vue, au moyen des pliages successifs, chacune des 3 figures 161 – 162 – 163.

— d — _Moulin_ :— Opérer comme pour obtenir
le pliage dont le recto et le verso sont indiqués en
161 et 162, et déplier ; on obtient la fig. 164 ; ramener
les milieux EFGH, des côtés du carré ABCD, au centre de la figure en O ; il se forme au‑dessus du car‑
ré IJKL, quatre coques que l'on couche sur le
carré dans la position indiquée, fig. 165.

— e — _Double nacelle_ — Faire le pliage précédent
jusqu'au moment où les quatre coques sont re‑
dressées au‑dessus du carré IJKL. Au lieu de

les coucher dans la position indiquée ci‑dessus
fig. 165, comme pour faire le moulin, les coucher
deux à deux en les aplatissant l'une en face de
l'autre, pour amener leurs pointes en ABCD
suivant l'indication donnée, fig. 166 ; plier en‑
fin suivant la médiane pour former la double

nacelle, f. 167.

—f— _Beaucoup d'autres pliages connus_, et pour ainsi dire _classiques_, peuvent se faire sans difficulté

Ils seront dessinés isolément, ou répétés, et disposés pour former des _combinaisons décoratives_ du genre de celle indiquée f. 168, obtenue avec un motif répété, qui a fait et fera l'amusement de tous les enfants.

_4º_ — _Combinaisons formées par pliage et dé-coupage du carré et qui peuvent être dessinées à vue._

Pour chacun des exercices qui vont suivre, construire par pliage un carré de papier comme cela a été expli-qué, f. 158; ce carré sera la base de nombreux exercices du genre de celui qui suit: Plier le carré en quatre suivant les diagonales et former le triangle, f. 170; — tracer sur le triangle obtenu a a parallèle à la base, puis les deux droites a b; — couper les deux petits trian-gles a b c; — déplier; le carré est devenu une croix, f. 171; — faire dessiner cette croix.

Tous les découpages qui suivent, — f. 172 à 200, — sont formés avec le même triangle obtenu comme dans l'exemple donné, f. 170, en pliant le carré suivant ses diagonales. — Sur le triangle, tracer les lignes que montrent les fig. 172 à 200, découper les parties marquées en grisaille, et déplier; chaque combi-naison donnera un dessin différent inscrit dans le dessin initial. Tous ces découpages seront dessi-nés, de préférence, avec des crayons de couleurs diverses.

_5º_ — _Dessins libres et d'invention._

Le carré se prête à des combinaisons variées que les élèves seront invités à former eux-mêmes. C'est ainsi que, divisé en 16 carrés égaux, il peut devenir ce que montrent les fig. 201 à 208. — D'autres varia-tions seront sûrement imaginées par l'esprit inventif des élèves; elles seront utilisées pour des compositions de

marqueteries ou de carrelages divers; deux exemples sont
en a et b, fig. 209 et 210 :

_ a _ Le Maître donne le schéma indiqué, f. 209,
les élèves s'en servent pour répéter et alterner des motifs

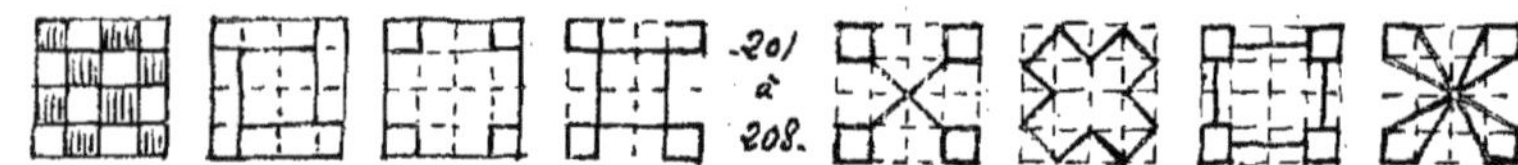

dérivés du carré ou qui peuvent s'y inscrire, une étoile
par exemple; ils peuvent se limiter strictement à la
disposition figurée, ou l'agrémenter d'autres éléments,
tels que points de diverses couleurs ingénieusement
intercalés, comme les 2 figurés en noir. _ Cette composition peut être aussi bien utilisée pour un carrelage,
une étoffe, un vitrail.

_ b _ De même l'indication que donne la fig. 210,
sera la base d'une composition formée avec des éléments semblables, pour l'encadrement d'un couvercle de boîte.

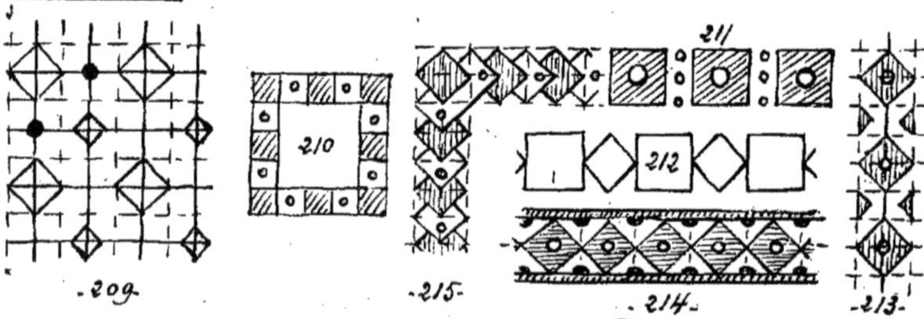

_ c _ Bordure d'encadrement. _ Prendre un certain
nombre de carrés de papier de même grandeur et de
couleurs diverses, former en les fixant sur le tableau
noir avec des punaises, plusieurs combinaisons

successives ; en faisant suivre uniformément les carrés, en les alternant, en les superposant. Chaque combinaison réalisée — f. 211 à 215 — est enlevée presque immédiatement pour faire place à une autre, de manière que, tout ayant disparu, les élèves travaillent ensuite de mémoire, pour composer à leur goût une bordure ou un angle de cadre ; ils pourront y intercaler des points ou des triangles pour compléter l'effet.

— d — Bordure en tapisserie ou broderie. — Composer cette bordure avec des éléments empruntés au trian-

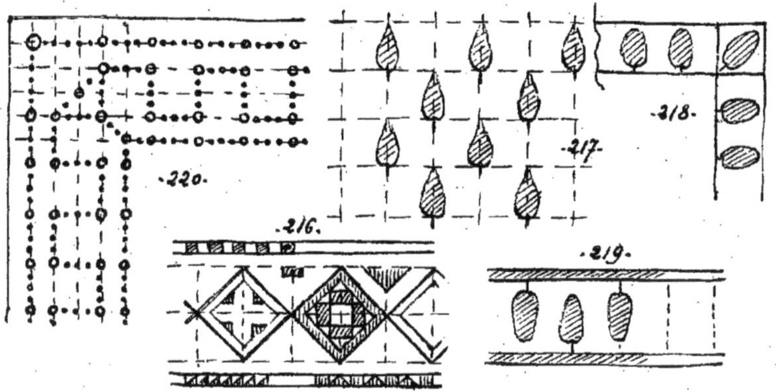

gle et au carré, en s'inspirant des indications fournies par la fig. 216, mais sans la copier. — Dans cette bordure, un filet supérieur et un filet inférieur encadrent un motif central plus important ; il faudra bien répartir les pleins et les vides de la composition, afin d'éviter également la maigreur et la lourdeur de l'ensemble, et il va sans dire que 3 ou 4 tons de couleur, bien francs et bien choisis, apportés sur un fond approprié, seront d'un bon effet.

— 6? — Faire construire des carrés; les faire orner avec des décalques de feuilles opérés sur certaines parties et suivant les indications données: ce sera un emploi intéressant du décalque; propre à faire ressortir le parti que l'on tire de la répétition en ornementation.

— a — Décorer une bande entourant un carré, en y décalquant la foliole de l'acacia, f. 218, 219.

— b — Disposer, sur une surface rectangulaire divisée en carrés égaux, des feuilles de forme simple, de façon que l'ensemble obtenu ait un caractère décoratif, f. 217.

— c — Mêmes exercices sur des bandes ou bordures, en utilisant la feuille de trèfle.

Pour ce genre d'exercices, comme pour les dessins libres et d'invention qui précèdent, les élèves des

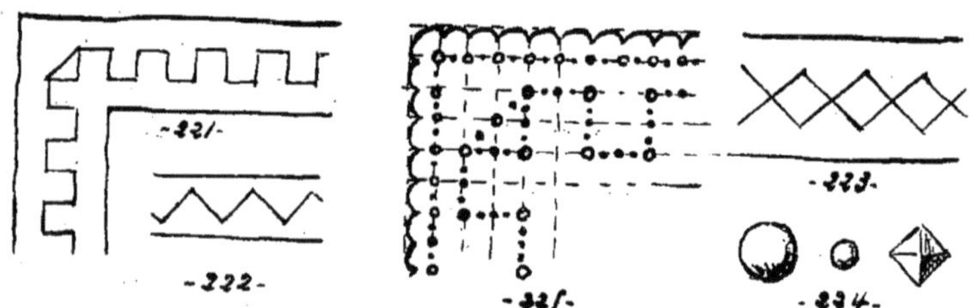

classes élémentaires se serviront de papier quadrillé; ils placeront ainsi facilement, de façon régulière, les feuilles qu'ils décalqueront; ils auront le libre choix de la disposition à adopter et pourront faire preuve de goût et d'initiative.

_d_ Composer la décoration d'un couvercle de malle en employant comme éléments décoratifs des têtes de clous, f. 220. Tracer un angle seulement du motif imaginé afin de donner une indication assez grande de la bordure que l'on ferait courir sur les quatre côtés du couvercle. Se guider sur l'un des schémas, f. 221 à 223, pour le mode de disposition des

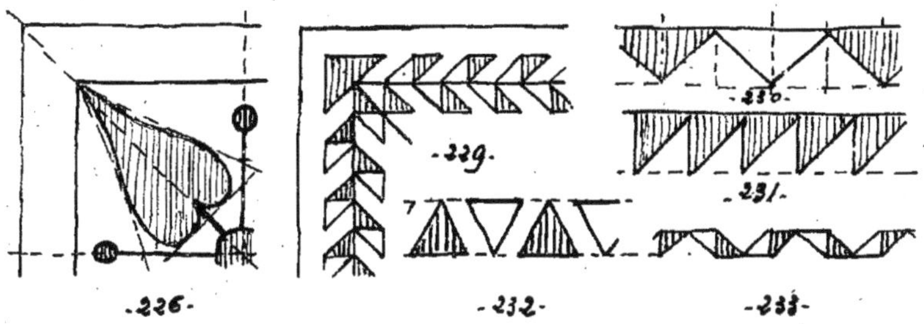

têtes de clous; on peut aussi varier la forme de ces têtes, f. 224.

A des fillettes, on peut donner le même sujet sous forme de dessin pour broderie au p.t de feston, qu'encadrerait élégamment_ f. 225_ une dent festonnée sur le bord de l'étoffe; les têtes de clous seraient alors remplacées par des points brodés de même façon que les dents de l'encadrement.

_e_ Un carré et ses diagonales étant donnés, tracer un second carré à l'intérieur du 1.er pour figurer une bordure, f. 226. — Orner le carré intérieur avec quatre feuilles s'attachant à un petit cercle central. Entre les feuilles, sur les médianes, placer un ornement imaginaire. — Le choix de la coloration est libre. — Les élèves pourront procéder par décalque, ou, s'ils sont assez habiles, dessiner les feuilles. S'ils les dessinent, ils traceront des lignes d'esquisse qui leur faciliteront la mise en place (voir schéma indicatif, f. 226) —, afin que ces feuilles soient aussi semblables que possible.

Voici deux dessins — f. 227 et 228 — exécutés par des élèves, d'après les indications qui viennent d'être données. L'un a construit ses carrés à peu près exacts, f. 227, et sa manière de rattacher à la bordure l'ornement médian ne manque pas de charme ; je lui reproche seulement trop d'indécision dans le dessin des feuilles. — L'autre a fait de son carré, par défaut de construction, un rectangle, f. 228 ; il n'a pas su non plus placer les ornements médians ; le tracé des feuilles est aussi trop fantaisiste. Mais en revanche, par des tons : rouge au centre, violet sur les ornements intercalaires, jaune sur la bordure, vert sur les feuilles, bleu sur le fond, il a su produire une certaine harmonie de coloration.

– f – Composer, en prenant le carré ou le triangle comme élément décoratif, un encadrement de page (f. 229). L'intérêt de la composition résidera dans l'emploi plus ou moins ingénieux du triangle. Voici quelques indications (f. 230 à 233) de dispositions. Des points, des filets, disposés à volonté, pourront agrémenter l'ensemble.

Chapitre VII.

Rectangle, losange, parallélogramme, trapèze.

Après avoir montré, par des exemples, ce qu'il faut entendre par triangle, rectangle, parallélogramme, losange, trapèze, faire définir ces surfaces.

— Exercices —

– 1º Faire dessiner des cartes à jouer, des dominos, un peigne, (f. 234 à 240), un gril, un coupe-papier, un balai, un volet, un couperet, un niveau de maçons, le boulier, une oriflamme, des flammes triangulaires ou fanions, et d'autres objets analogues.

Quand un objet aura été dessiné isolément, on l'emploiera, si possible, à la recherche d'effets décoratifs, selon les exemples déjà nombreux dans ce recueil. C'est ainsi que la carte à jouer, le domino, l'oriflamme, le fanion se prêteront à des groupements, des répétitions, des alternances, souvent harmonieux.

— 2° — Prendre les figures à l'étude, comme éléments nouveaux, et répéter à leur sujet tout ce qui a été fait à propos du carré : dessins à vue exécutés d'après des motifs présentés à l'aide de pains à cacheter, de pliages, découpages, et collages divers, dessins libres et d'invention obtenus par trans-

-241-

242.

243

-245-

244.

formation de ces figures, par répétition ou alternance, par décalque de feuilles dont la distribution sur les surfaces étudiées se fera à volonté. Enfin on associera ces figures géométriques en les combinant entre elles, en les réunissant en tout ou en partie, et ces combinaisons nouvelles produiront des effets intéressants.

Par exemple on peut enlever à une figure complète une ou plusieurs de ses parties: le rec-

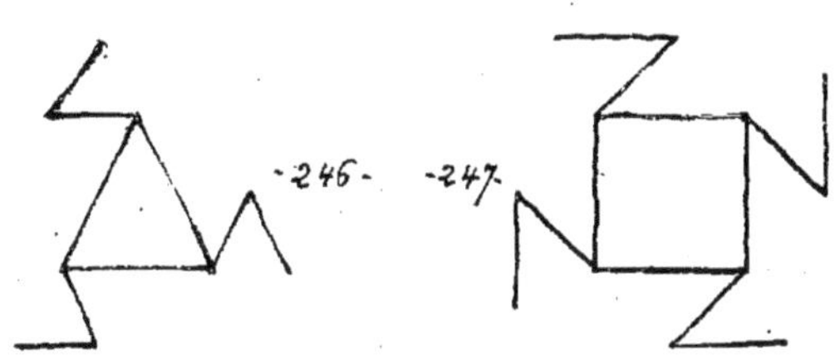

tangle, le parallélogramme, le losange peuvent devenir ce que montre la f. 241, et donner d'autres éléments pour des formations nouvelles que l'on pourra combiner aisément en grand nombre, fig: 242 à 245. — On peut ajouter à une surface des lignes colorées disposées de façon originale,

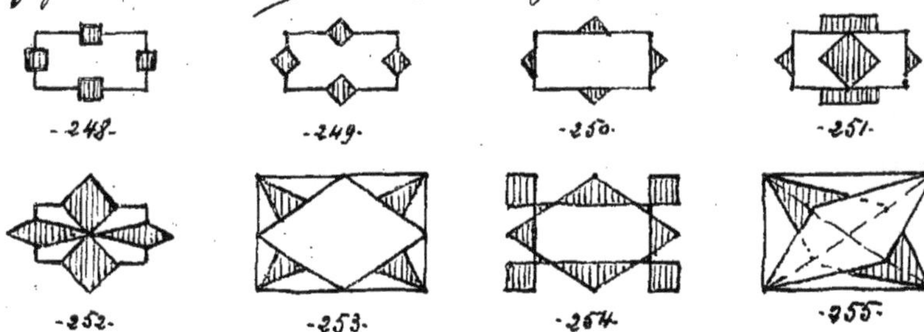

face des lignes colorées disposées de façon originale, fig. 246, 247. — La superposition de deux ou plusieurs figures donne aussi d'excellents résultats, fig. 248 à 255.

Les quelques exemples qui précèdent seront présentés aux élèves avec les explications convenables. ils suffiront pour leur montrer tout le parti qu'on peut tirer, en composition, des _transformations ou des assemblages de figures_. — Les écoliers seront ensuite invités à imaginer à volonté des arrangements de même genre, on leur posera

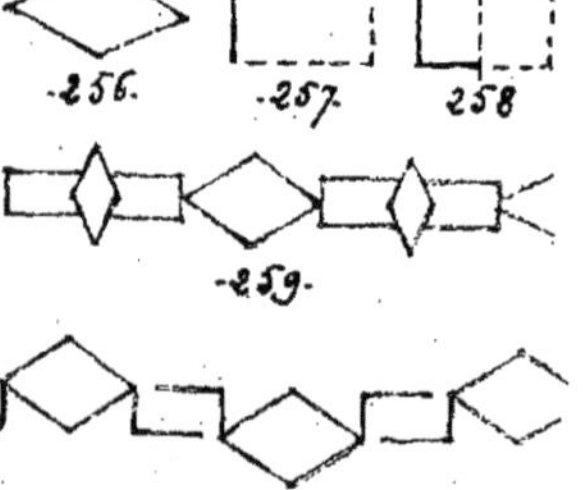

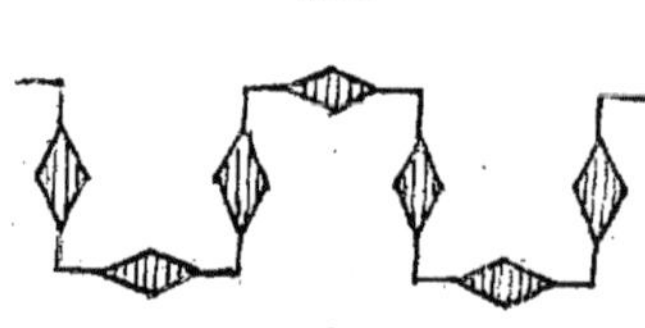

au besoin, sous forme de dessins libres, _quelques problèmes faciles_ relatifs à ces combinaisons, et il arrivera, à peu près sûrement, que l'on sera surpris des facultés imaginatives qu'offre l'esprit inventif des enfants. Voici deux exemples de problèmes à poser:

— a — À l'aide d'un losange, f. 256, et d'une moitié de rectangle f. 257 et 258, qui seront réunis suivant la fantaisie, composer un _filet ornemental_.

On ne peut prévoir la diversité des solutions données à cette question, mais l'on peut affirmer qu'il y aura, de la part d'une collectivité d'é-

lières, un grand nombre de réponses, dont beaucoup seront satisfaisantes. La différence d'interprétation commencera au début des recher-
ches: certains utiliseront avec le losange, le de-

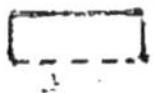

-263-  -263- -265-

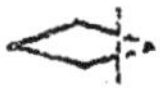

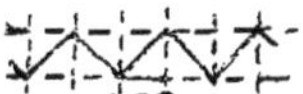

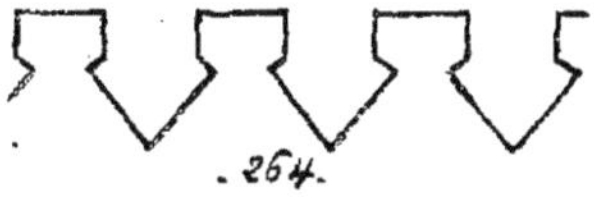

-264- -268-

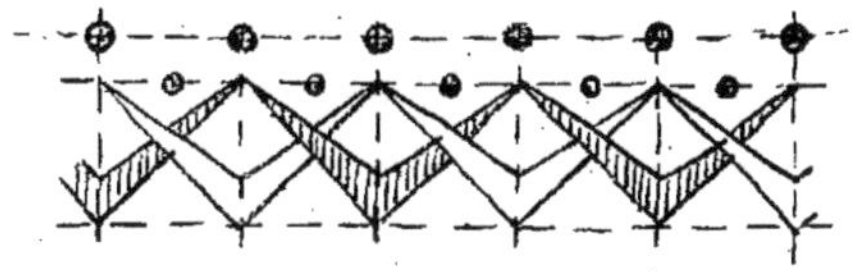

-267-

mi-rectangle de la fig. 267, tandis que d'autres
se serviront de celui de la f. 268, et l'on pourra
avoir des solutions du genre de celles données par
les fig. 259 à 262.

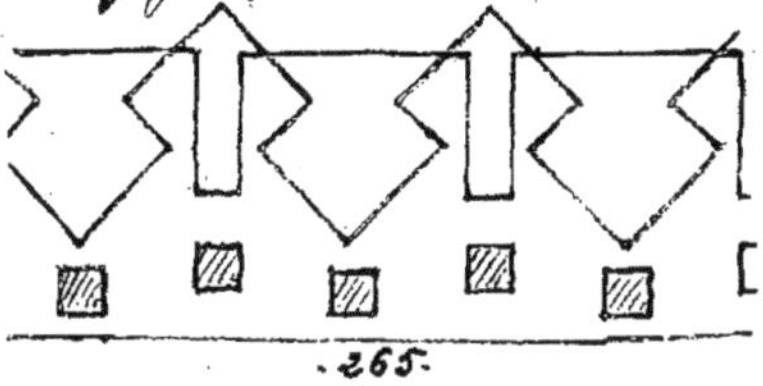

-270- -271-

-265-

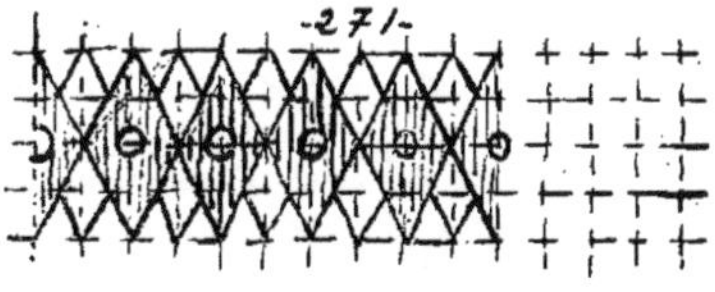

-269-

_b_ Enlever à un rectangle et à un losange le
quart de leur pourtour, et se servir des trois
quarts restant à chaque figure, pour imaginer
un assemblage décoratif. Éléments du problème,
fig. 263. Les fig. 264 et 265 donnent deux solutions.

— 3° — <u>Broderies, bordures et autres compositions</u>

— a — <u>Composer</u> une broderie avec dent trian-gulaire, à exécuter <u>au point de feston</u>. (schéma, f. 266. Deux solutions sont données, f. 267 et 268. Ces deux exemples pourront se différencier par l'adjonction de points de couleurs différentes, apportés en plus ou moins grand nombre au-dessus des dents et selon des dispositions diverses : c'est une donnée complé-mentaire à fournir aux élèves au début du tra-vail de composition.

— b — <u>Inventer</u> une <u>bordure</u> par <u>recouvrement</u> de carrés ou de losanges selon les deux indications de la f. 269. Le <u>recouvrement</u> peut se faire de façon continue ou avec interruption ; s'il y a interruption dans la suite des losanges, ceux-ci peuvent se sui-vre en plus ou moins grand nombre entre deux arrêts (par. 3, 4, 5, ou plus, à volonté). La bordure peut être une suite de carrés, une suite de losanges, ou une suite de carrés et de losanges disposés alternativement. Enfin les élèves y joindront des éléments nouveaux, points ou lignes de couleurs diverses placés à volonté, à l'intérieur ou à l'extérieur des carrés ou losanges.

— c — <u>Placer en bordure</u>, autour de carrés, de rectan-gles, de losanges, des <u>décalques</u> de feuilles.

— d — <u>Composer</u> une broderie par <u>répétition</u> de la feuille de trèfle.

— e — <u>Décorer</u> un triangle équilatéral avec une

feuille de sagittaire, (ou une autre à défaut), selon
le schéma 272.
Construire le triangle, f. 273; tracer l'axe a a, le
côté horizontal b b; placer à vue c, de façon que b c é-
gale b b — Compléter le triangle et doubler les trois
côtés. Trouver les bissectrices des trois angles pour
préciser le centre de la figure et l'orientation du
dessin.

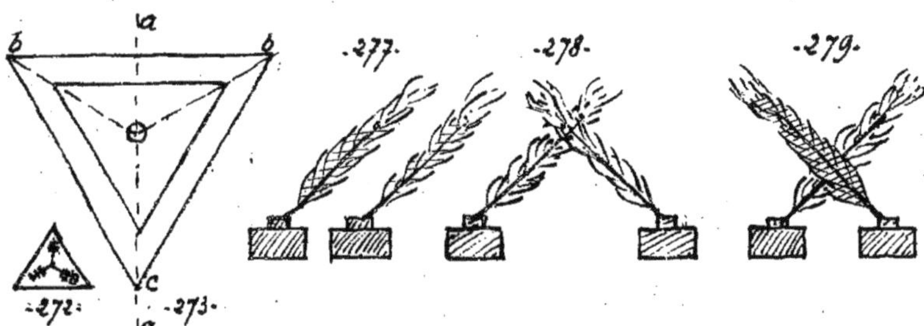

Faire en sorte que les élèves aient à leur disposition
des feuilles en quantité suffisante, pour qu'ils puissent faire leur composition d'après nature et non
en copiant un modèle quelconque. — Ils pourront
décorer le filet extérieur selon leur fantaisie.
— f — Inscrire dans un carré une étoile à huit
pointes, placer au centre un ornement choisi à
volonté, ainsi que la coloration de l'ensemble.
Le dessin joint à cette indication est remarquable par sa bonne construction; il offre un aspect
satisfaisant qui dénote, chez son auteur, une habileté déjà grande de la part d'un enfant du cours

moyen ; les hachures en vert foncé et bleu, le petit motif central sont d'une coloration harmonieuse.

— g — Voici deux dessins — (entrée de serrure) — obtenus par transformation du contour du carré.

Le premier est d'un enfant qui, à l'époque, — (14 avril 1908) — avait juste 9 ans ; il a su tirer du carré une forme simple, mais bonne, pour dessiner sa plaque ; celle-ci est ornée à l'intérieur par la disposition heureuse des vis, têtes de clous, ornements allongés qui ; si j'en crois la teinte apportée, seraient en cuivre s'ils étaient au naturel, et ressortiraient bien dans l'ensemble.

Le deuxième est d'un élève parvenu à la seconde année du cours moyen ; son travail est bon, et il a transformé ingénieusement le contour du carré ; son dessin date de Juillet 1905.

— h — Composer une tête de chapitre, ou un motif d'ornementation pour un dessus de plumier, en utilisant le flacon d'encre et la plume d'oie. Expliquer que les encriers peuvent se suivre de façon que les plumes soient inclinées dans le même sens, f. 277, soient penchées et alternées en sens inverse, f. 278, aient l'apparence d'être croisées, f. 279, la répétition comprise d'une manière ou de l'autre produira une suite intéressante. L'ensemble peut aussi être orné ou coloré à volonté, et rehaussé, comme une bordure, de deux filets supérieur et inférieur.

Chapitre VIII.

Dessin de la feuille.

Les élèves les plus habiles du cours élémentaire pourront commencer à dessiner à vue des feuilles, choisies avec gradation au point de vue de la difficulté.

Il est facile de se procurer des feuilles en quantité, en demandant à l'avance aux enfants d'en apporter pour la leçon, et chaque écolier sera muni d'un bel exemplaire de la feuille à dessiner.

-280-

Le Maître ayant lui-même une feuille en main, attire l'attention collective sur le caractère de cette feuille ; il fait remarquer que, malgré les différences de détail qui peuvent se présenter d'un spécimen à l'autre, ce caractère est semblable pour toutes les feuilles de même essence dont les élèves ont tous un échantillon.

Puis il esquisse en grand, au tableau, un croquis de la feuille qu'il tient ; il montre que l'on doit tracer d'abord la forme générale en observant bien les proportions de l'ensemble, la direction des lignes, l'écartement de certains points importants par rapport à la nervure axiale, ou le niveau de ces mêmes points dans la hauteur totale. C'est seulement après qu'il faut placer les détails destinés à compléter le dessin.

Soit à dessiner une feuille de trèfle. Le caractère de cette feuille est très apparent: c'est sa division en trois folioles rattachées à la même tige. — Effectuer sur le tableau le croquis indiqué par la f. 280, en attirant l'attention sur les proportions en largeur et en hauteur: ici elles sont sensiblement égales, de telle sorte que la feuille pourrait presque s'inscrire dans un carré, — sur le placement en largeur et hauteur du point central d'attache où se réunissent les folioles, — sur la position, dans la largeur de l'ensemble, de l'extrémité de la foliole supérieure, — sur l'emplacement occupé, dans la hauteur générale, par la pointe de la foliole de droite. Ces points ayant été précisés, se guider sur eux pour mettre en place les différentes parties de la feuille entière. — Effacer ce croquis, et laisser les élèves opérer, pour la feuille qu'ils ont devant eux, comme ils ont vu faire sur le tableau.

Faire effectuer de même façon de nombreux dessins de feuilles diverses, en allant, bien entendu , du simple au moins aisé. Les élèves trouveront, par la suite, de nombreuses occasions de voir que la feuille tient, en dessin et en ornementation, une place très importante.

Puisque les feuilles sont d'une infinie variété, le choix des modèles à dessiner est très étendu. — On commencera par celles qui sont : presque rondes : capucine — ovales : folioles de l'acacia — étalées : nénuphar — triangulaires : sagittaire — allongées : laurier —. On dessinera ensuite les moins faciles, celles qui sont découpées : vigne, platane — dentelées : peuplier — en forme d'aiguilles : pin — munies de piquants : houx — composées : glycine, sureau, acacia — palmées : marronnier — finement découpées : persil, cerfeuil, carotte.

La position des feuilles sur la tige est aussi intéressante à faire observer ; on en trouve qui sont alternées, opposées, verticillées, irrégulières, etc ; tous ces modes d'attache sont à étudier. Mais cette étude, assez détaillée, ne convient qu'aux plus grands élèves ; il faudra donc la réserver, et si nous en parlons ici, c'est que l'occasion vient de s'en présenter à propos du dessin de la feuille. — Aux cours élémentaire et moyen, il faudra se borner à faire dessiner des feuilles relativement simples, du genre de celles qui figurent en tête de la liste ci-dessus.

Le dessin d'une feuille de lilas reproduit f. 281, est d'un jeune élève du cours élémentaire. Il a su rendre avec vérité le caractère de la feuille qu'il a étudiée ; son crayonnage en couleur qui manque forcément d'habileté, rend pourtant dans une mesure suffisante, — (de la part d'un enfant de 7 ans) — l'aspect du coloris de la feuille.

Dans un autre exercice, f. 282, le même élève a dessiné un carré entouré d'une bordure et, au centre libre, il a placé une feuille de lierre. Là encore, il a suffisamment exprimé le caractère de la feuille, et ses colorations (orangé sur le fond, violet en bordure) font bon effet.

Le dessin 283 montre des pousses de marronnier. La mise en place est bonne, les proportions sont bien observées, le rendu avec des colorations assez étudiées est bon ; l'ensemble est satisfaisant.

Chapitre IX.

Circonférence.

Expliquer avec exemples nombreux, ce qu'on entend par circonférence : un cerceau en donne l'idée. — De même, une ficelle attachée au cerceau et le traversant, figure le diamètre ; les rayons d'une roue représentent ceux de la circonférence, - l'arc et la flèche, jouets enfantins, font comprendre ce qu'on entend par arc, corde et flèche.

_ Exercices. _

_ 1ᵉ _ Faire dessiner les objets qui ont servi aux explications ci-dessus, - des boutons isolés en observant bien la disposition des trous, - des boutons, des jetons, des pions groupés en cercle, et reproduisant des combinaisons variées. — Pourront aussi être dessinés à vue, isolément ou groupés : une roue ou roulette pleine prise sur un jouet, - un rond de serviette vu en bout, - des balles ou ballons à lancer, - des ballons en baudruche, - une tête d'écrou, f.284, - des têtes de vis, f.285, - une cible, un cadran d'horloge, des lanternes vénitiennes sphériques, des cerises, des billes, des oranges, des pitons, f.286, - un cerceau..

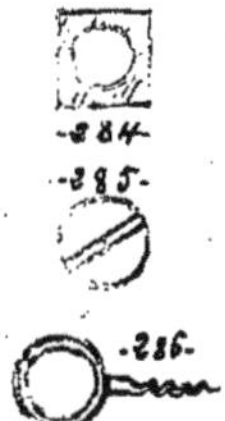

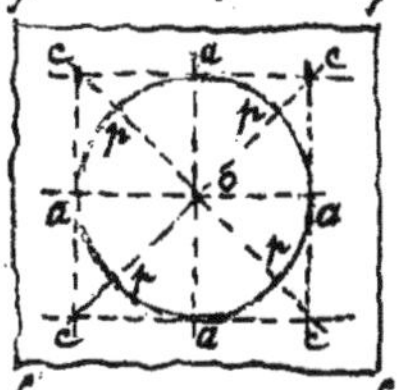

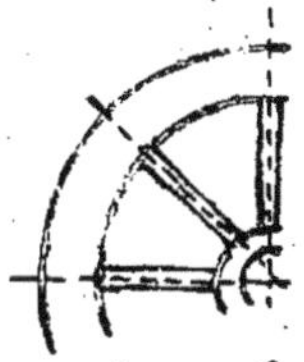

_ 2ᵉ _ Munis d'une roulette ou d'un disque quelconque, les écoliers en décalqueront la circonférence extérieure, puis, à main-levée, ils doubleront, tripleront cette circonférence en se guidant sur elle pour faire un tracé régulier ; les intervalles libres entre les circonférences concentriques obtenues, formeront des filets qu'ils décoreront à volonté.

_ 3ᵉ. _ <u>Initiation au placement de la circonférence</u> au milieu d'une feuille ou d'un espace déterminé, <u>et</u> à son tracé par le procédé habituel à l'aide du carré et de ses diagonales. _ Soit ffff une feuille ou un espace libre, f.287.; placer au centre par le moyen déjà indiqué, le carré cccc duquel on tracera les diagonales ; porter à partir du centre O, sur les quatre demi-diagonales, une mesure égale à la demi-médiane ou au demi-côté du carré, pour obtenir en p p p p, 4 points de passage de la circonférence. _ Tracer à <u>main-levée</u> la circonf.ᶜᵉ en ap ap ap ap.

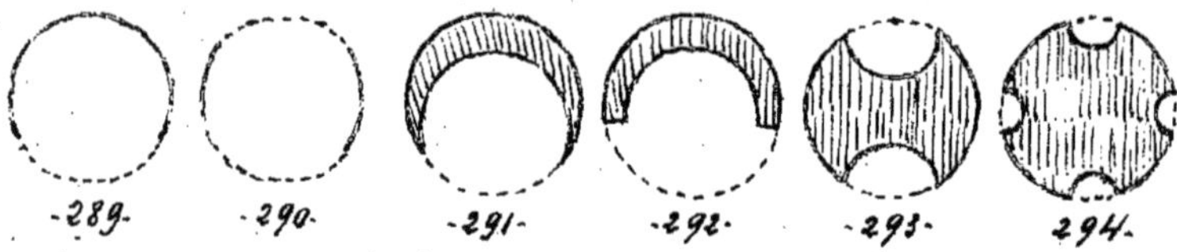

-289-   -290-   -291-   -292-   -293-   -294-

_ 4ᵉ. <u>Dessiner une roue ordinaire</u>. _ Tracer une circonférence par le procédé qui a été expliqué ; la doubler vers les 3/4 du rayon pour obtenir la jante ; placer une autre circonférence au 1/4 du rayon -f.288- et une plus petite au milieu de cette dernière, on obtient le moyeu ; mener les rayons suivant les médianes et diagonales.

_ 5ᵉ. _ <u>La circonférence employée</u> seule, ou combinée avec des lignes droites, des éléments dérivés du carré, du triangle, du rectangle, du losange, fournit de multiples <u>combinaisons décoratives</u>. _ On peut rééditer pour elle <u>les exercices de trans</u>

formation, de répétition, superposition expliqués pour le carré et les figures déjà étudiées. Diminuons la circonférence en en supprimant une partie, il nous reste ce que montrent les fig. 289 et 290, et nous obtenons de suite par réunion d'arcs divers, ce qui est indiqué, f. 291 à 294, — ou encore, par superposition, les combinaisons données f. 295 à 304.

Toutes ces figures, répétées, décorées de points, rayées de lignes, zébrées de taches colorées, peuvent devenir ornementales; il faudra exercer les élèves à

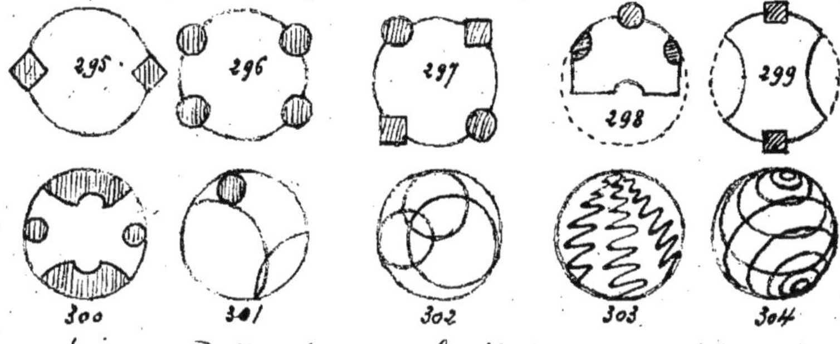

en imaginer d'autres, à volonté et en quantité, suivant leurs facultés d'invention.

— 6º — Reprendre quelques objets dessinés isolément (voir 1ᵉʳ exercice), et en faire des répétitions décoratives; voici quelques indications, mais il faudra laisser aux jeunes chercheurs toute liberté d'arrangement et leur fournir seulement des schémas indicatifs. — Avec la cerise, la bobine, le disque solaire, les lampions, on peut obtenir des arrangements du genre de ceux des fig. 305 à 310.

— 7º — Exemples de problèmes à poser. —————

— a — En se servant d'un angle droit, et d'un quart ou d'une demi-circonférence, former un ornement ou un arrangement décoratif. — Les interprétations

-305-   .306.   .307.

-308-   .309.   -310-

seront très diverses. On obtiendra de simples réunions de l'arc et de l'angle, qui produiront des suites plus ou moins compliquées f. 311 et 312, et dans lesquelles les chercheurs pourront introduire les éléments divers qui leur plairont, — ou des ornements isolés dont voici deux échantillons, f. 313 et 314, — ou enfin de simples filets comme celui de la f. 315.

-313-   -314-   -315-

-311-   -312-

— b — Par réunion d'arcs et d'angles droits, dessiner une plaque entourant une poignée de tirage de porte. — Expliquer ce qu'est une telle poignée, qu'elle comporte avec un trou circulaire central entourant le bouton, des trous plus petits pour les vis qui la maintiennent sur la porte, que ces trous, suivant leur distribution sur la plaque, concourent à l'ornementation de sa surface. — Voici 5 exemples dans lesquels, (f. 316 à 320)

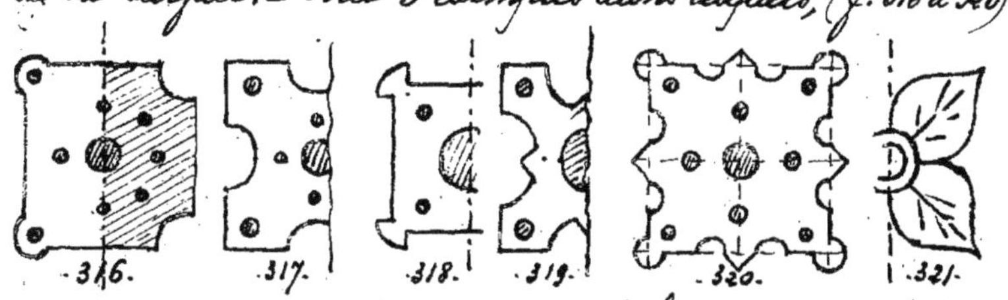

-316.   -317.   -318.   -319.   -320.   -321.

tout en se servant d'arcs et d'angles droits conformément aux données, on a établi des motifs dont l'ensemble est presque carré. Ces indications sont fournies seulement pour les Maîtres. Mais si les élèves éprouvent quelque embarras au début de leur recherche, on pourra esquisser au tableau un seul de ces schémas qu'ils ne devront pas copier ensuite ; on leur expliquera en même temps que les courbes et les angles formant

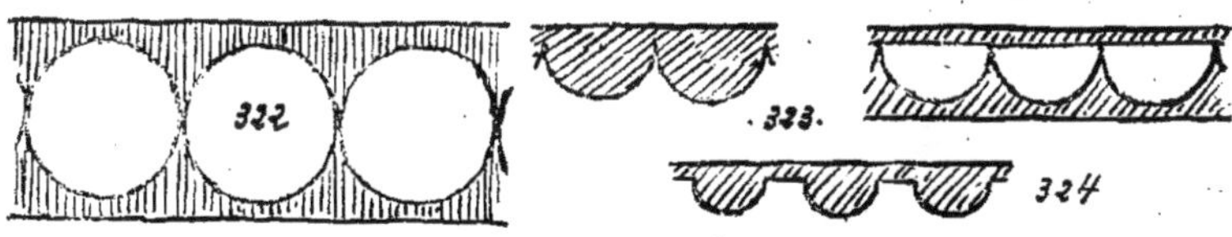

le pourtour à combiner, peuvent, à volonté, saillir en dehors ou rentrer à l'intérieur de la plaque, et être distribués diversement ; on leur dira également que le mieux, pour réussir, est de dessiner d'abord un carré, sur les côtés duquel on fera ensuite la distribution convenable. —

_c_ Autour de deux circonférences concentriques formant le centre de la figure, placer par décalque, 4
feuilles suivant une disposition régulière et décora-

.327.   .328.   .329.   .330.   .331.

tive. — Les feuilles pourront, comme dans le schéma,
f. 321, n'être vues qu'en partie et occuper presque toute la surface de la figure, — ou être vues entières avec
leur petite tige d'attache, et laisser entre elles un espace qui pourra recevoir un ornement autre, choisi à

.337.   .342.   .341.
332   333   335   336   .334.   .340.

volonté.

_d_ Dessiner des bordures en employant comme élément principal la demi-circonférence et en s'inspirant des f. 322 à 326, les décorer à volonté de filets,
de points bien disposés et en 3 ou 4 tons choisis har-

monieusement.

— e — *Avec des demi-circonférences ou des arcs,* composer une broderie pour point de feston ; on pourra l'agrémenter de points disposés élégamment et qui seraient brodés de même façon que la dent festonnée, f. 327 à 329.

— f — *Imbrications, marqueteries.* —
On entend par *imbrications* des ornements obtenus par recouvrement de surfaces qui se *chevauchent,* à la façon des tuiles ou des ardoises sur un toit, f. 330 et 331.

Les mêmes éléments qui nous ont fourni des broderies et des bordures, nous donneront aussi des imbrications, et il sera facile d'en inventer en quantité.

Esquisser sur le tableau noir les schémas qui sont donnés, f. 330 et 331 ; les élèves les agrémenteront de filets obtenus par *doublement* des courbes données ; — les surfaces limitées entre ces filets seront décorées à volonté, par l'apport d'éléments nouveaux dérivés du triangle, du carré, de la circonférence, ou de toute autre figure ; l'ensemble pourra être rehaussé de couleurs choisies.

— g — *Combiner* une circonférence *simple ou double,* f. 333, avec des lignes droites, f. 334, *brisées,* f. 335, ou *sinueuses,* f. 336 ; répéter le motif obtenu ou l'alterner avec un autre, et en former un dessin pour étoffe (schéma, f. 337), colorer avec des tons choisis librement — Ci-joints deux dessins :

Celui de l'élève André (f. 338) est bon, la combinaison qu'il a choisie serait d'un effet agréable, au double point de vue du choix, de la disposition des éléments adoptés, et de leur coloration ; les cercles de tons divers — (rouges, violets, bleus sur une rangée oblique ; verts, bleus, jaunes, sur l'autre rangée) — se répètent dans un ordre déterminé et sont d'un dessin ferme et correct ; seules, les lignes brisées détonent légèrement dans l'ensemble, car elles ne sont pas toutes d'une orientation parfaite.

Le 2ème dessin (f. 339) est moins bon au point de vue du dessin même et du rendu ; toutefois il est assez satisfaisant.

— h — Décorer le dessus d'une boîte à outils de forme rectangulaire, en y figurant des clous et des pitons selon une disposition agréable, f. 340 à 342.

L'ornementation peut être appliquée sous forme de bordure faisant le tour du couvercle, f. 341, de couronne circulaire placée au centre, f. 342, et même être une réunion des 2 modes qui viennent d'être indiqués. Les clous seront placés librement ; toutefois si on les dispose en couronne, il faudra les arranger en se guidant sur des rayons menés à des distances égales, afin d'obtenir une bonne disposition orientée vers le centre, f. 342.

_ i _ Tracer, dans un espace rectangulaire, une série de demi - circonférences pour former une imbrication ; doubler, si l'on veut, chaque demi - circonférence pour former un filet. _ Sur tous les demi-cercles formant le jeu de fond, ou sur moitié seulement, en opérant de deux en deux, tracer une feuille ou une fleurette simple, seringat ou bouton d'or. _ (voir schéma, f. 343). _ Faire cette composition en deux ou trois tons seulement, bien disposés, de façon à compléter heureusement l'effet décoratif. Ne pas oublier que la multiplicité, la division des teintes, nuisent à l'harmonie de la composition, et que le beau est toujours simple.

_ j _ Dessiner une fleur de forme facile, (églantine, bouton d'or, marguerite). S'inspirer du dessin pour orner le bord d'une assiette ou d'un plat, en répétant à intervalles réguliers la fleur elle - même ou un motif qui en sera dérivé, (f. 344 _ Orner de même le fond du plat, en répétant régulièrement, au centre, une variante de l'ornement utilisé pour le bord. Des filets, des ornements supplémentaires pourront être apportés dans la composition qui devra, quand même

~~conser~~ver un caractère de grande simplicité. —

Chapitre X.

Polygones, rosaces, étoiles et combinaisons diverses. ____________

Expliquer ce qu'on entend par polygone régulier, fournir des exemples des polygones les plus connus, et familiariser les élèves avec leurs figures et leurs noms particuliers : triangle équilatéral, carré, pentagone, etc. — Montrer de même, par exemples, ce que sont la rosace et l'étoile ; insister sur la différence qui existe entre les deux, car, presque toujours, la rosace et l'étoile sont prises l'une pour l'autre, — (l'étoile est formée de pointes, la rosace a des formes arrondies dérivées de celles de la rose). —

Faire voir comment on inscrit dans la circonférence les polygones les plus usités. —

Les polygones ont beaucoup d'importance en décoration. — Ils sont susceptibles des mêmes transformations que celles qui ont été expliquées à propos des quadrilatères et de la circonférence ; ils peuvent être modifiés sur leur pourtour par combinaison avec d'autres éléments, se répéter et s'alterner, et ils suffisent dans ce cas à produire par eux-mêmes des effets décoratifs. — Souvent aussi, ils servent seulement à marquer, dans certains tracés, l'emplacement de formes décoratives apportées sur leurs divisions et à préciser la répartition de ces formes dans un ensemble (comme l'indique, par exemple, la f. 347 dans l'exercice 2ᵉ qui suit).

Exercices :

— 1ᵉ Transformer le contour d'un octogone régulier, en apportant sur ses côtés des éléments droits ou courbes étudiés précédemment. Voici 4 exemples, f. 345

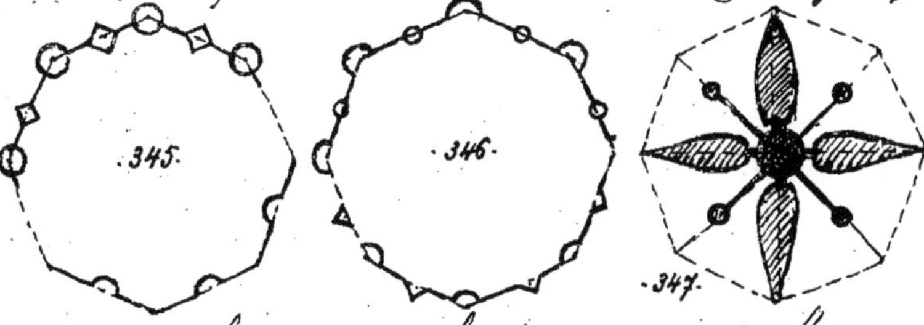

et 346, et il serait simple d'en imaginer beaucoup d'autres.

— 2ᵉ Dessiner un octogone régulier, et s'en servir pour construire, sur les 8 rayons qui le divisent, une figure ornementale suivant l'indication de la fig. 347. (Ce schéma n'est qu'indicatif et ne devra pas être copié).

— 3ᵉ Dessiner une plaque de forme hexagonale, pour entrée de serrure. L'entrée de serrure ordinaire est un simple rectangle de métal, dans lequel est percé l'orifice qui laisse pénétrer la clef dans la serrure. Cependant, il en existe qui ont parfois un réel caractère artistique, en raison de la forme ornementale qu'il a plu à d'habiles artisans de leur donner. Les exemples des f. 348 et 349, sont des indications assez simples, et les écoliers n'auront pas de peine à en imaginer d'autres du

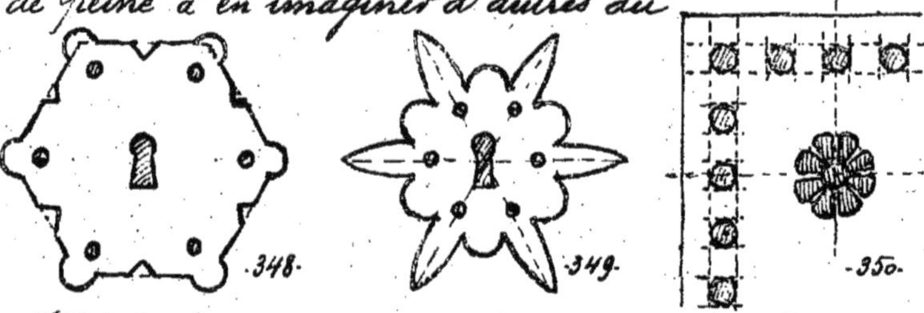

même genre.

— 4º _Composer un ornement en forme d'étoile_ ou de rosace, pouvant servir de motif décoratif au centre d'un _couvercle de boîte_, et destiné à être exécuté en _marqueterie_ ou _incrustation_. _Répéter_, en petit, le motif imaginé, de façon à former, autour du couvercle, une _bordure_ encadrant l'ornement central plus important, suivant la disposition du schéma 350. — Il est facile d'imaginer des

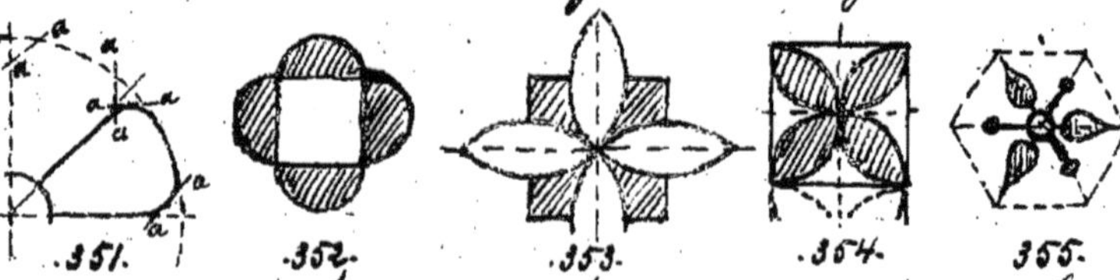

ornements en forme d'étoile ou de rosace, et de former, dans ce sens, des combinaisons variées. L'emploi de crayons de couleurs diverses rendra le dessin d'autant plus intéressant.

Le Maître profitera de l'occasion qui se présente pour expliquer comment on procède pour mettre
en place une rosace. — Tracer la circonférence et les divisions égales qui fixent les feuilles détachées de la rosace ; amorcer par des droites figurées en a a, (f. 351) la
forme des feuilles ; effectuer ensuite le tracé définitif.
— 5°. Avec un carré et 4 demi-circonférences, combiner un arrangement décoratif ; rosace, étoile, ou carré orné (schémas 353 à 354). Le décorer à volonté,

-356-

-357-   -358-   -359-

par doublement de lignes pour former des filets bien
distribués, ou par l'apport d'éléments nouveaux en
couleur.
— 6°. Tracer une circonférence et la diviser en 6 comme
si l'on voulait construire un hexagone régulier. Placer
au centre un bouton circulaire, et, partant de ce bouton, sur les rayons aboutissant aux points de division de la circonférence, dessiner trois feuilles qui seront séparées par un ornement que l'on imaginera
(schéma 355) et qui sera aussi répété 3 fois. On com-
plétera à volonté, si on le juge à propos, l'effet

obtenu.

— 7° Composer un motif dérivé de l'étoile ou de la rosace, pour broderie formée de trous, dite broderie Richelieu. Faire sur le tableau l'esquisse 356; les élèves seront ensuite laissés à leur travail d'imagination. Quand ils auront arrêté leur composition, ils la répéteront plusieurs fois, à intervalles réguliers, de façon à donner une idée de la broderie et de l'effet qu'elle produirait.

— 8° En employant des éléments empruntés au carré, au rectangle et à la circonférence, dessiner un enlacement de deux rubans (f. 357 à 359). Quand on

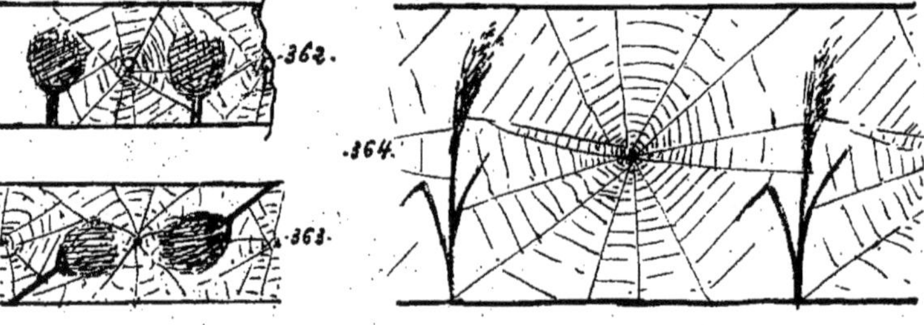

l'aura imaginé, en former une répétition ornementale que l'on agrémentera selon sa fantaisie.

— 9° Avec des rosaces, des étoiles et d'autres éléments alternés, composer un papier pour tapisserie. — Le 1er dessin présenté (f. 360) est bon : il offre de la variété dans les éléments apportés, sa coloration, bien comprise, est d'une tonalité assez claire et gaie. — Le second (f. 361) est moins bon : les éléments de sa composition sont trop uniformes, les couleurs sont un peu crues, (rouge et bleu pour les étoiles, violet pour le fond),- elles produisent une teinte générale plutôt sombre, qui ne contribuerait pas à égayer les familiers d'une salle ainsi tapissée.

_10° Composer une bordure en employant la toile d'araignée et la tête de loup; faire en sorte que la toile répétée (f. 362 à 364) affecte une forme polygonale. Voir les 3 schémas; le 3ᵉᵐᵉ est une variante dans laquelle la toile d'araignée est attachée à deux roseaux.

Chapitre XI

Indications sur l'emploi des couleurs en la façon d'obtenir les ombres d'un dessin.

_1° Trois couleurs, le bleu, le jaune, le rouge, qu'on ne peut obtenir par le mélange de plusieurs autres, sont dites couleurs simples. Celles qui s'obtiennent par mélange sont appelées couleurs composées; les couleurs composées les plus employées sont : le vert, mélange de bleu et de jaune; l'orangé, mélange de jaune et de rouge; le violet, mélange de rouge et de bleu.

Une couleur composée formée de deux couleurs simples a pour complémentaire la 3ᵐᵉ couleur simple qui, avec les deux autres, produit le cycle complet du bleu, du jaune, du rouge. Par exemple le vert, formé de jaune et de bleu, a pour complémentaire le rouge, parce qu'aux jaune et bleu qui le produisent, il suffit d'ajouter le rouge pour avoir la réunion des trois couleurs simples; — de même, l'orangé, formé de jaune et de rouge, a pour complémentaire le bleu, — et le violet, formé de rouge et de bleu, a pour complémentaire le jaune.

Les couleurs complémentaires s'exaltent, se renforcent, augmentent d'intensité par l'effet du voisinage: l'orangé et le bleu, voisins l'un de l'autre auront plus d'éclat; le violet et le jaune rapprochés paraîtront plus vifs, et il en sera de même pour le vert et le rouge.

Le voisinage de 2 couleurs non complémentaires produit l'effet contraire, c'est-à-dire que ces couleurs diminuent, dans ce cas d'intensité.

C'est une règle qu'il faut connaître quand on veut effectuer des combinaisons de couleurs dans des compositions; les élèves devront s'en souvenir, et (pour remplacer l'aquarelle tant que ce procédé d'exécution leur sera trop difficile.) — par le mélange, la superposition de plusieurs crayonnages successifs de cou — leurs bien choisies ils réussiront à produire les tons qui leur seront nécessaires.

Le tableau donné, f. 36, montre la formation des couleurs composées les plus simples.

Mais à côté de celles-ci, il existe une multiplicité de nuances intermédiaires qui varient selon la proportion des couleurs que l'on mélange pour les former, il est certain que si, dans un vert ordinaire, composé de bleu et de jaune mélangés en quantités égales, on augmente la proportion du bleu ou du jaune, le ton obtenu sera différent, et l'on aura un vert plus bleu ou un vert plus jaune, selon le cas.

La pratique seule permet au coloriste d'acquérir l'habileté, la précision nécessaire pour réussir les combinaisons de couleurs.

La f. 365 qui renseigne sur la formation des couleurs composées, indique aussi les couleurs complémentaires, qui y sont opposées l'une à l'autre. On y verra facilement que l'orangé (rouge et jaune) a pour complémentaire le bleu qui lui est exactement opposé sur le tableau, — que le violet est complété par le jaune son opposé, — le vert par le rouge.

— 2° Les tons clairs ou foncés que l'on observe sur les surfaces peuvent s'obtenir autrement que par la coloration; on les produit aussi à l'aide du crayon noir ordinaire. Par des lignes plus ou moins fines et serrées, croisées de façon à produire ce qu'on appelle des hachures, par des grisailles foncées diversement, on produira sur un dessin l'illusion des valeurs observées sur l'objet que l'on aura voulu représenter. — Voici comment il faut procéder pour ombrer un dessin. Avant de dessiner un objet, on le dispose, si possible, de façon qu'il soit nettement éclairé. La partie de sa surface ne recevant pas de lumière, dite dans l'ombre, sera recouverte d'une teinte grise au crayon. Pour mettre cette grisaille, il faut observer sa valeur par rapport à la partie voisine éclairée, et voir si cette valeur est régulière dans son étendue, ou si elle n'est pas accentuée dans le voisinage immédiat de la partie éclairée. La teinte s'obtient alors au moyen de hachures très rapprochées et superposées dans des sens différents, jusqu'à ce qu'on ait obtenu la valeur exacte correspondant à celle de l'ombre qu'on a voulu figurer. Les coups de crayon doivent être légers et croisés sous des angles très allongés et fort éloignés de l'angle droit, pour que le mélange des hachures se fasse plus aisément.

Outre l'ombre propre observée à la surface de l'objet, il en existe une autre projetée par celui-ci sur son support ou sur ce qui l'avoisine : c'est l'ombre portée. Sa valeur est presque toujours plus forte que celle de l'ombre propre.

Enfin les surfaces éclairées reçoivent elles-mêmes des grisailles très légères, un peu plus accentuées dans le lointain en raison de l'éloigne-

Le 11 juillet 1901.
Numéro 4
lilas
fig. 276. 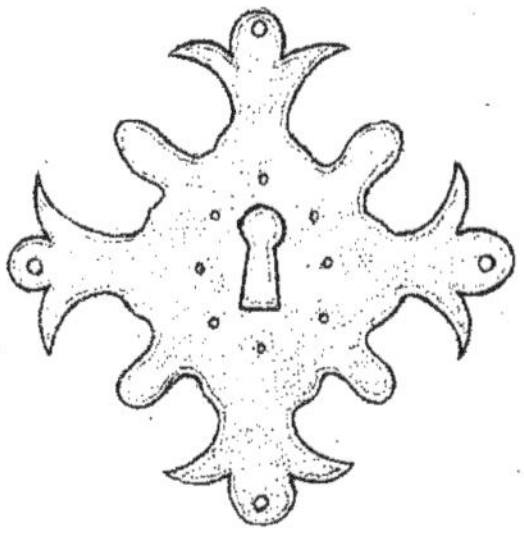
ENTRÉE DE SERRURE
Rue Buriette.
NEUVILLE-R
fig. 281.
Jean.

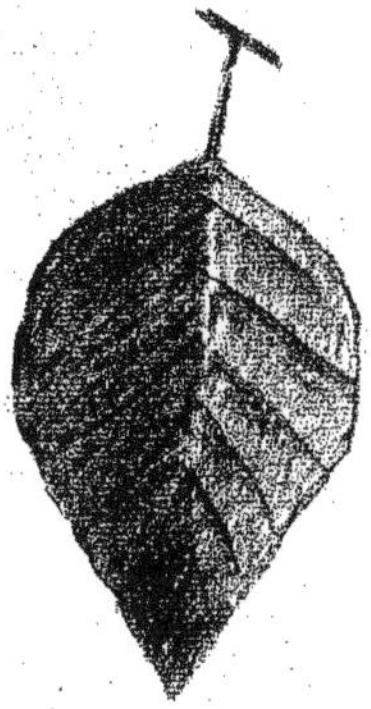

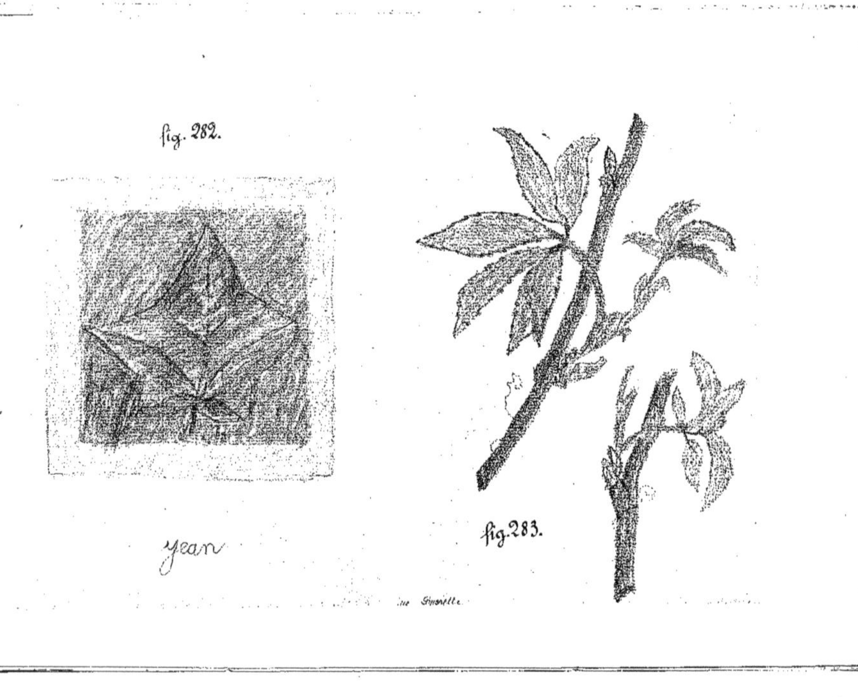

fig. 282.

yean

fig. 283.

fia. 339.

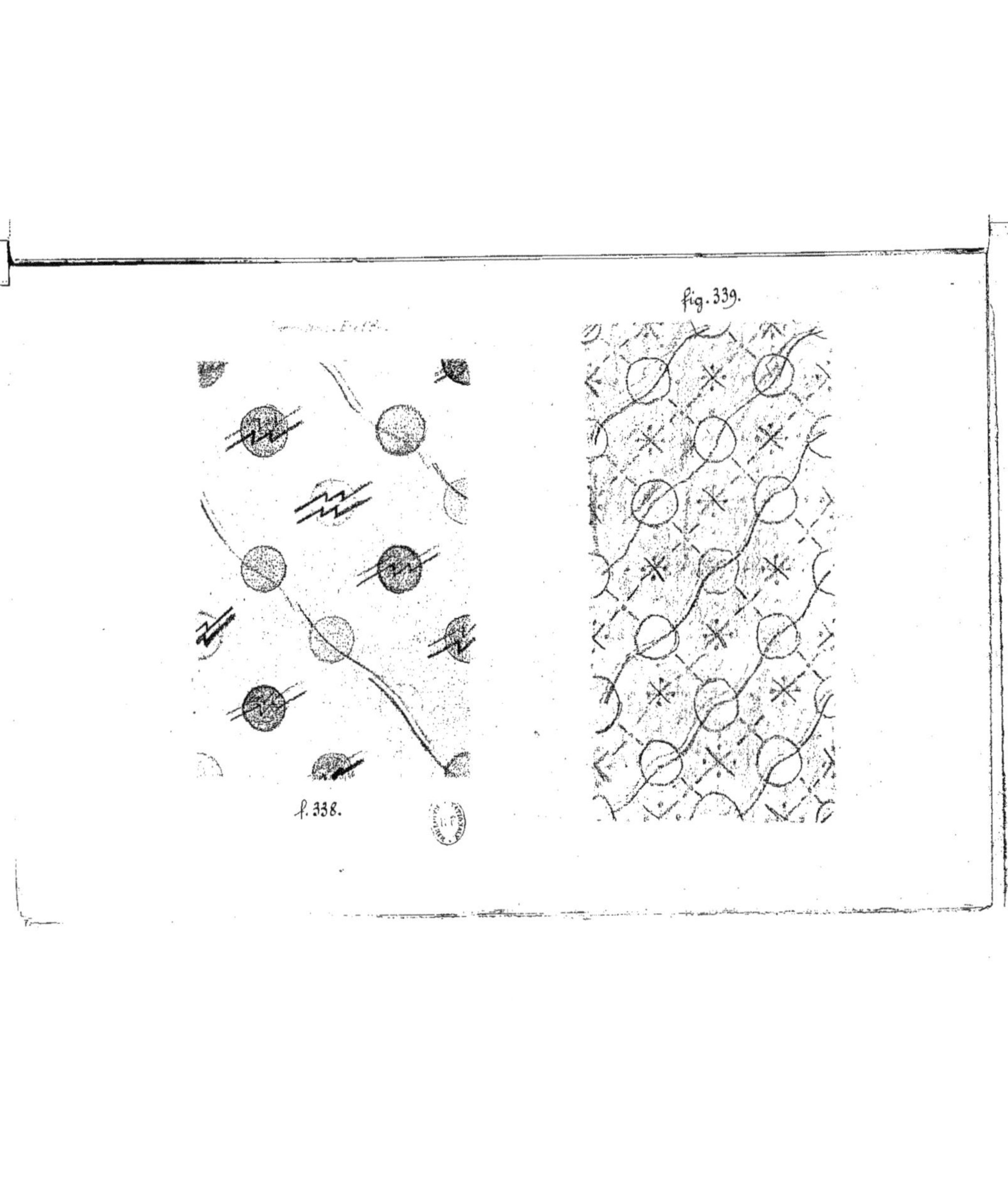

fig. 339.

f. 338.

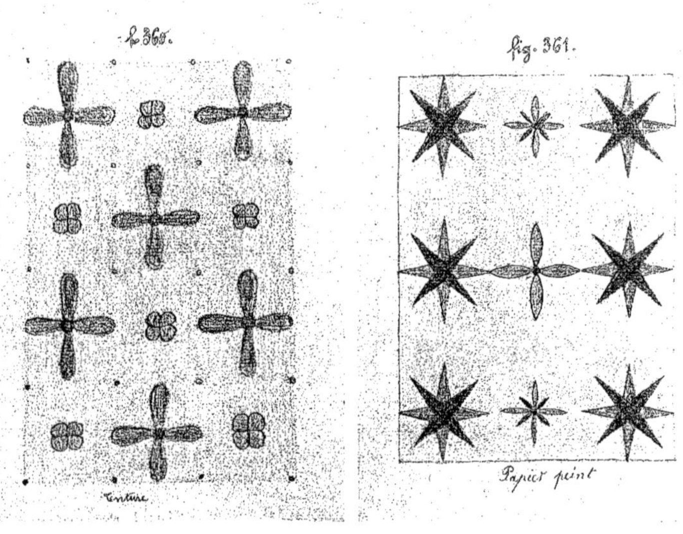

fig. 360.

fig. 361.

Tenture

Papier peint

5 Hout 1910.
fig. 368.
fig. 369.
Carrelage

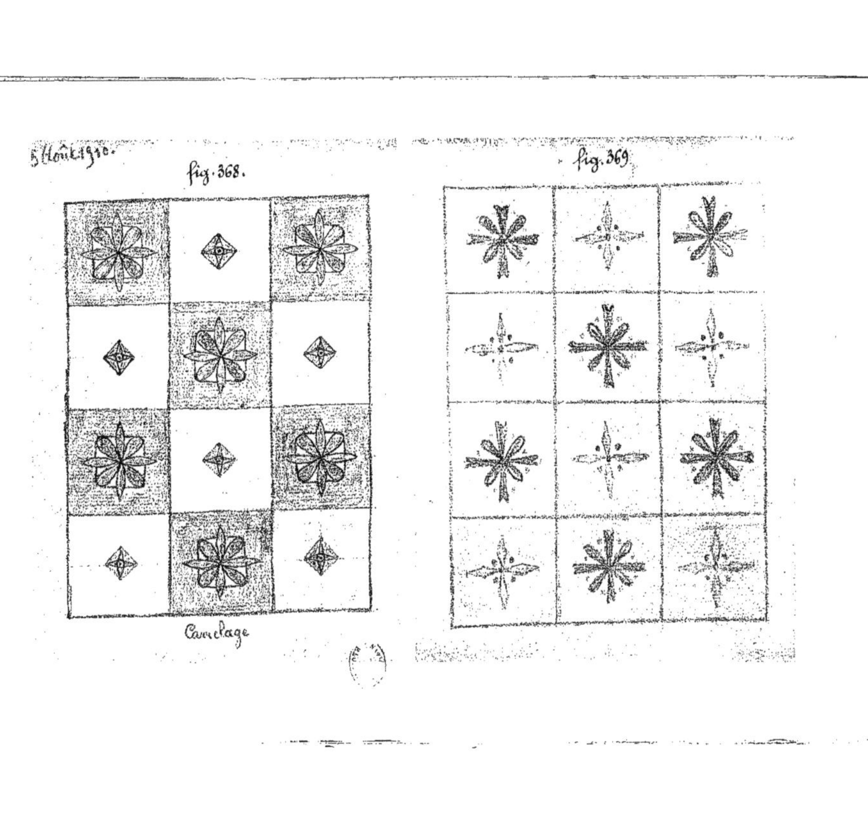

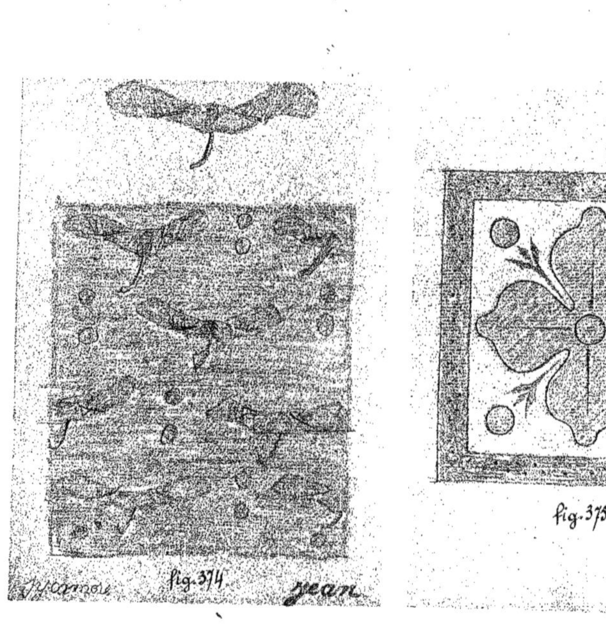
fig. 374
fig. 375.

fig. 381.

fig. 384.

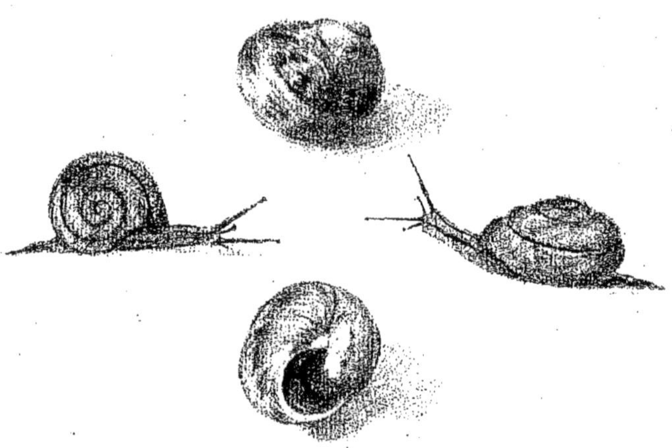

fig. 393.

2 Janvier 1910.

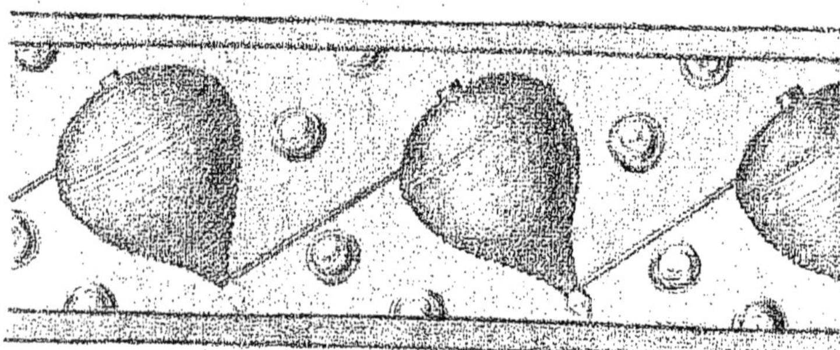

pour salle de récréation.

fig. 401.

2. Buirette.

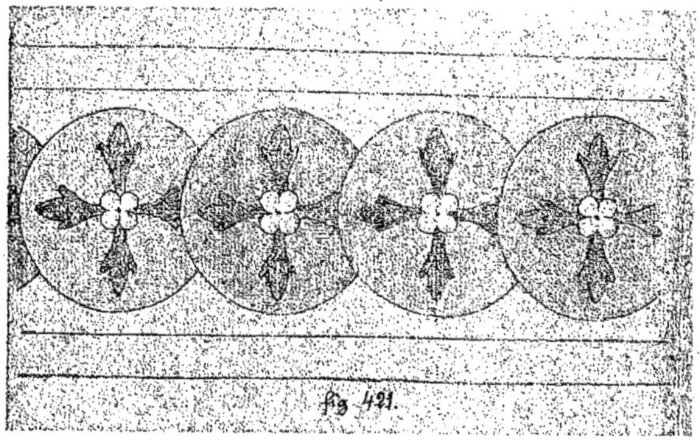

fig. 421.

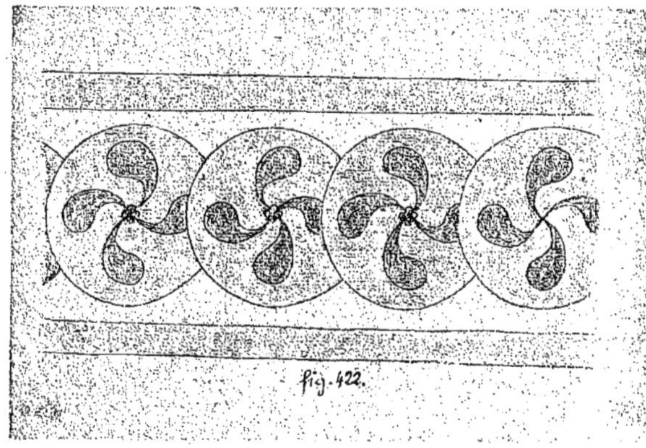

fig. 422.

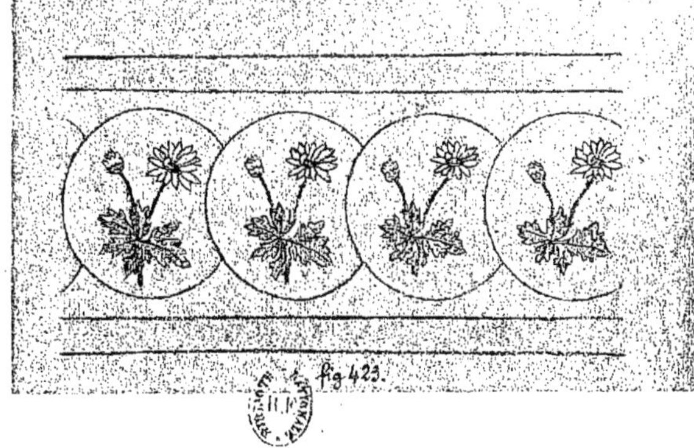

fig. 423.

e 14 Mars
Fig. 436.
N° 2c
Fig. 437. 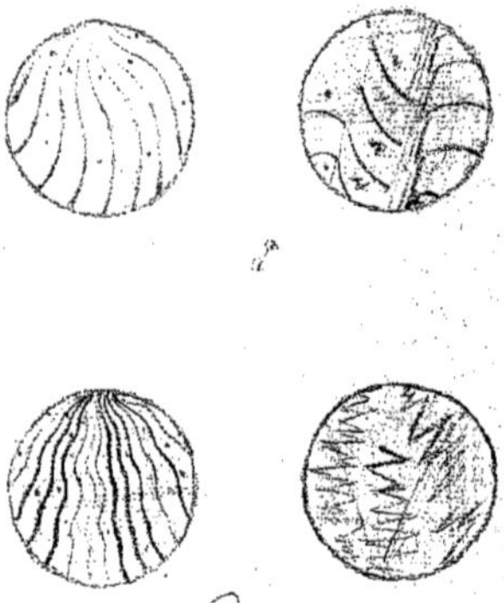 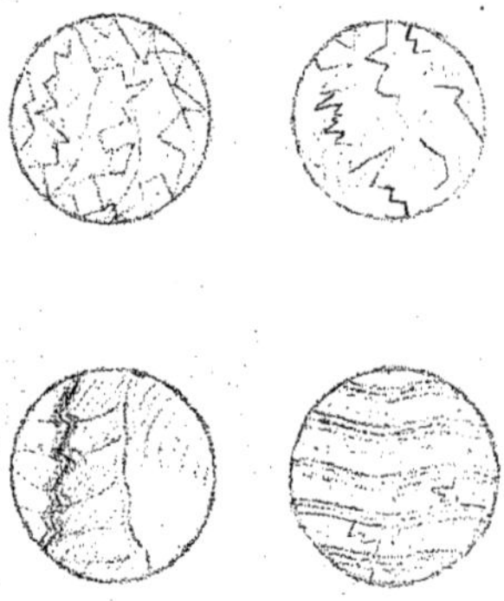
_ Boutons
R. Buirette   de manchettes _   Marc   Rue Buirette   L. Friet

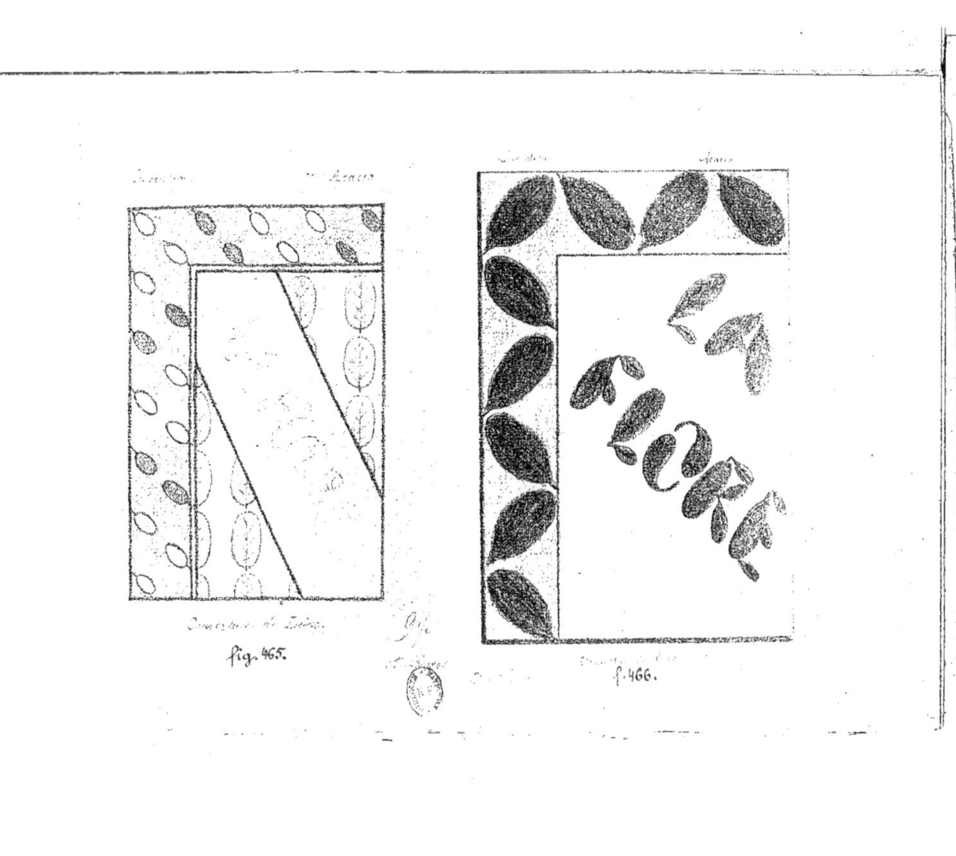

fig. 465.

f. 466.

f. 467.

f. 468.

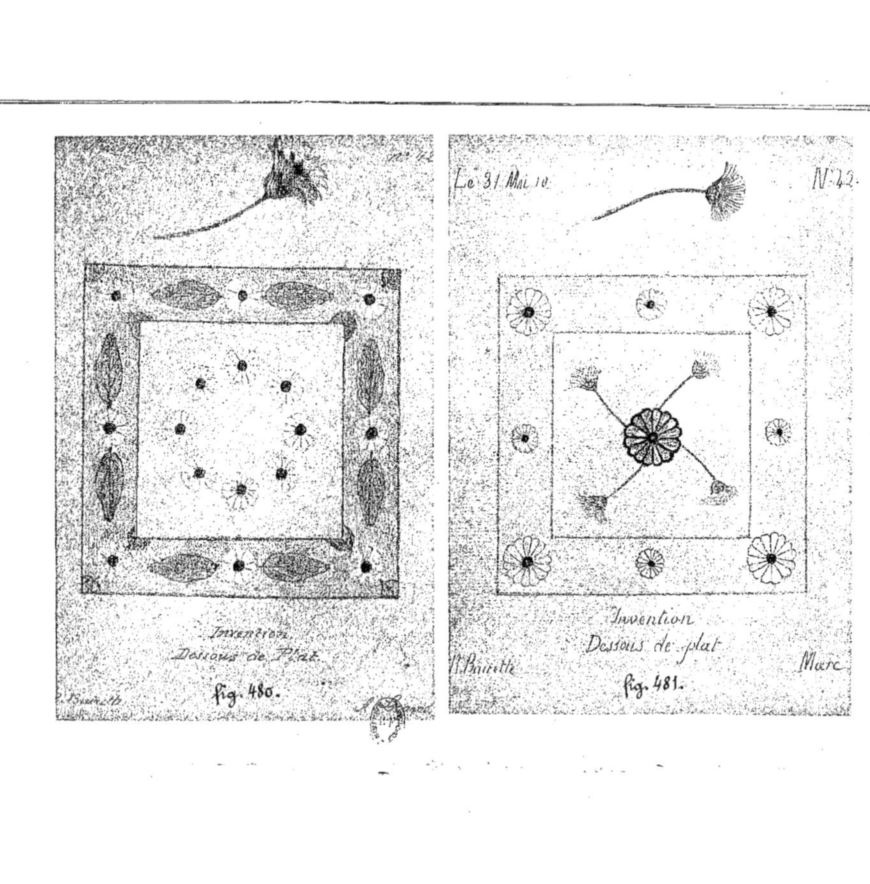
N° 42
Le 31 Mai 10
N° 42
Invention
Dessous de Plat.
fig. 480.
Invention
Dessous de plat
fig. 481.
M. Brunette
Marc

fig. 482.

fig. 483.

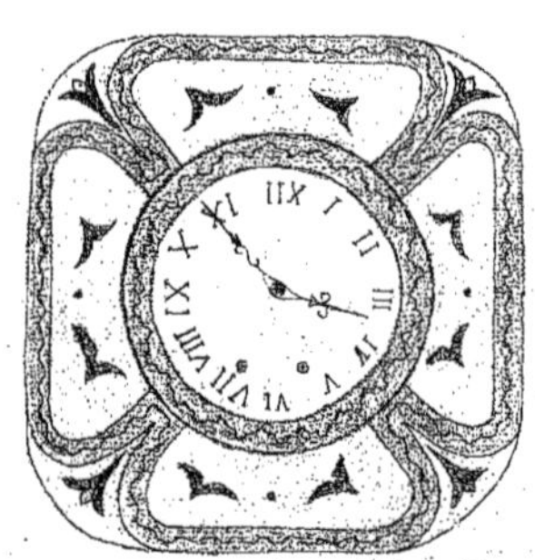

Horloge.

Rue Buirette   M. Fauvet.

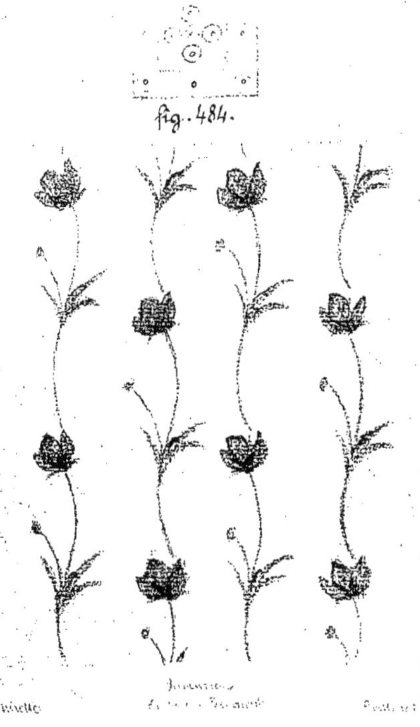

fig. 484.

Le 11 Juin 1916.

Invention Ordinaire.

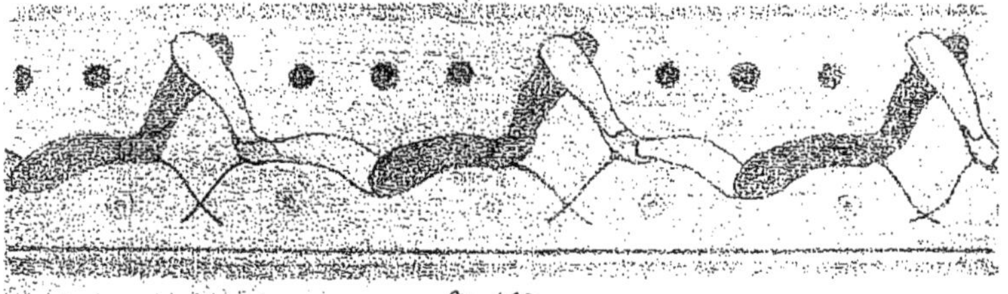

fig. 489.

Juin 1910

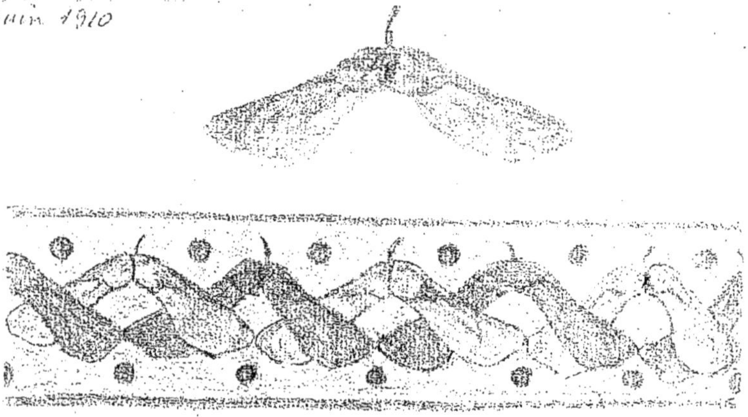

fig. 490.

La Brunette

fig. 491.

Jacques Héribé

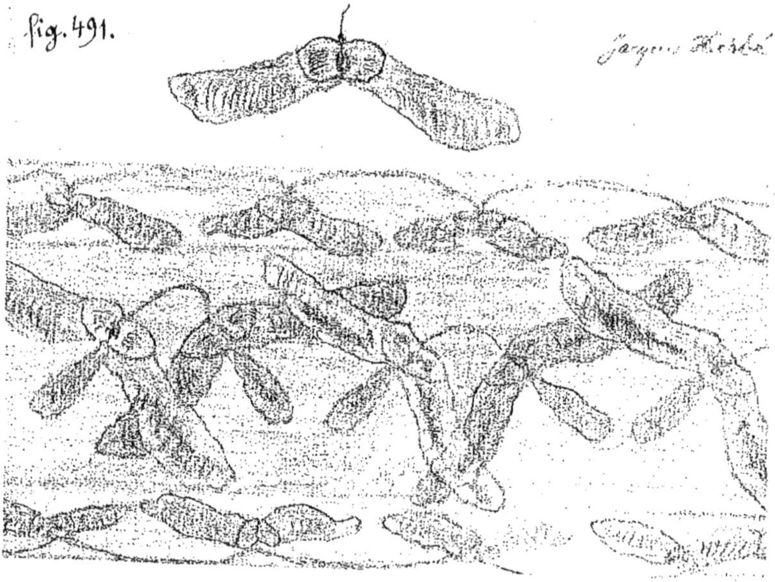

ment progressif, de façon que ces surfaces restent très lumineuses à leur départ, dans le voisinage des surfaces ombrées.

Toutes ces indications sur l'emploi des couleurs, sur la façon d'ombrer un dessin, devront être renouvelées souvent aux élèves, de façon qu'elles se gravent complètement dans leur esprit.

Chapitre XII

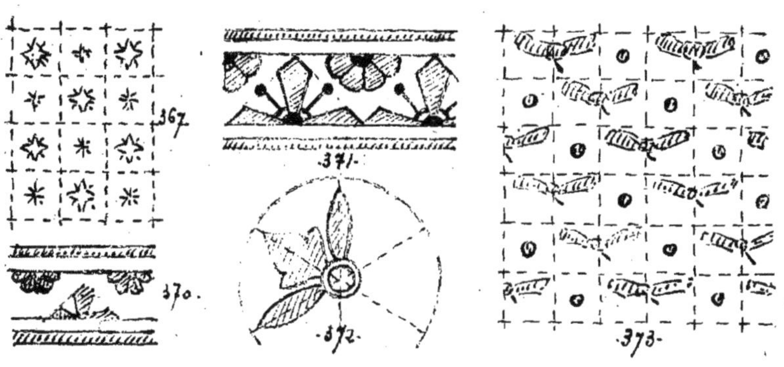

Dessins divers

—1° Composer un carrelage formé de deux pavés alternés et ornés tous deux d'une étoile, l'une plus grande que l'autre, selon le canevas 367. Colorier les étoiles en tons assez vifs et le fond plus légèrement.

Deux dessins exécutés sur ce thème sont donnés ici; ils sont tous deux assez bons. Leur disposition est régulière, l'auteur du 1er a eu raison en dessinant des étoiles franchement différentes de proportions; de plus il a posé sur ses ornements des tons vert et rouge, complémentaires, qui se font valoir réciproquement (f. 368) tandis que les colorations jaune et rouge du second (f. 369) font moins bon effet; cependant les points disposés sur ce 2ème dessin, entre les pointes des étoiles, sont un élément de diversité qui rachète l'aspect un peu flou de l'ensemble.

— 2° — <u>Dessiner une bordure</u> avec l'étoile et la rosace pour éléments; les étoiles et les rosaces pourront s'alterner

et être dessinées en entier, ou seulement en partie, comme l'indique le schéma 370. — La forme des motifs adoptés et leur coloration contribueront également à l'effet de l'ensemble. (f. 371)

— 3° — <u>Imaginer une plaque circulaire entourant</u> un bouton de sonnerie électrique; orner cette plaque avec une étoile à 6 pointes disposée autour du bouton central, 3 pointes seront alternées avec 3 feuilles imaginaires, comme le montre le schéma 372, que l'on esquissera au tableau. Colorer le dessin comme si la plaque devait être émaillée en plusieurs tons différents.

— 4º — Faire dessiner l'ailette du sycomore, — (ou, à défaut, un élément végétal que l'on choisira) —; puis, demander qu'on la fasse entrer dans la composition d'une étoffe. Elle pourra s'y alterner avec un orne-ment simple : un ou plusieurs points ou petits carrés bien disposés. La coloration restera libre, et un schéma accompagné d'explications sera donné (f. 373).

La composition f. 374 est d'un jeune élève (à pei-ne 7 ans). Aussi, malgré l'imperfection du dessin, — forcément incertain, comme celui de tous les enfants du même âge) — nous complimentons Jean qui a su donner aux ailettes représentées un caractère suffi-

-380.

-382-

samment indiqué; de plus il les a présentées selon une bonne disposition et a donné à tout l'ensemble une coloration agréable : verte pour les ailettes, rouge pour les points, orange pour le fond.

— 5º — Dessiner un carré entouré d'une bordure, et l'orner à volonté. — Le dessin représenté f. 375 est bon; il est vrai qu'il a été fait par un élève apparte-nant déjà au cours moyen. Les proportions de la bordure sont bonnes par rapport à celles du carré; il en est de même pour celles du motif central qui est d'ailleurs bien compris et de bonne coloration — (rouge pour les 4 lobes principaux, verte pour les ornements intermédiaires, violette pour les 5 petits cercles, orange pour la bordure sur laquelle court, entre des points rouges, une ligne sinueuse violette) — L'effet est satisfaisant.

— 6° _Imaginer l'enlacement de deux rubans, en s'inspirant de la forme du losange_. Les rubans pourront être égaux ou différents en largeur, disposés également en hauteur ou se limiter à des niveaux distincts; on y apportera des éléments complémentaires pour donner de l'intérêt à la composition; une petite et une grande rosace pourront s'alterner au centre des losanges. La f. 376 montre un schéma à donner aux élèves, et la f. 377 donne une idée du dessin achevé.

— 7° _Composer une tête de menu en se servant de petits pois_, selon le schéma 378, dérivé de la forme du losange, compléter par un filet supérieur et un filet inférieur qui seront colorés ou décorés à volonté; la f. 379 est une indication.

— 8° _Faire dessiner un tournesol qui inspirera ensuite la décoration d'une rosace_ à 6 lobes arrondis en demi-circonférences. À défaut du tournesol une fleurette quelconque pourrait être choisie. Orner à volonté le centre de la composition (schéma 380); on pourrait y placer une rosace semblable à la 1ère, mais plus petite et décorée avec des éléments appropriés. Au gré —

menter aussi les espaces libres entre la grande rosace
et la circonférence circonscrite.

_9º_ _Les dessins de silhouettes_ intéresseront toujours
les enfants.— Celui qui est reproduit, f. 381, a été exécuté
par un tout jeune élève d'après un oiseau en bois assez
grossièrement taillé, du modèle commun que tout le
monde connaît et qui est facile à trouver (voir f. 382).

Malgré son crayonnage peu habile, le garçonnet
a indiqué passablement le caractère de son modèle; je
reprocherai seulement à sa silhouette d'être d'allure un
peu épaisse, plus ventrue que la figurine observée, mais
l'âge du dessinateur excuse ce défaut sur son dessin.

Faire dessiner des silhouettes d'animaux et même de
personnages; inviter les enfants à en composer, par répétition ou alternance, des frises décoratives; ils pourront
disposer les figurines devant eux selon des modes divers de
succession, et s'amuser à reproduire l'arrangement qui
leur plaira le mieux, f. 382. Ce genre d'exercices les
amusera en même temps qu'il les obligera à dessiner.

Chapitre XIII

Dessin d'une fleur

Les élèves étant tous munis de la fleur à dessiner, l'Instituteur leur fera remarquer,—comme cela

a été dit à propos de l'étude de la feuille, que toutes les fleurs apportées ont un même caractère malgré
leurs différences de détail. Il leur fera examiner ensuite le mouvement de la fleur et ses proportions
principales: c'est par un examen attentif que l'on
réussira à fixer l'allure du modèle et à rendre son caractère exact. Il faudra donc bien observer les proportions générales en hauteur et largeur, et les fixer sur
le dessin en h h et l l, puis indiquer ensuite le
mouvement de
la tige (1ᵉʳ f. 383)
et la forme en-
veloppante du
calice. Cette in-
dication achevée,
on s'en aidera
pour le placement des pétales que l'on esquissera à
grands traits, il restera ensuite à parfaire le dessin
en plaçant le détail sobrement, sans exagération:
il vaut mieux le sacrifier en partie, que chercher à
faire une étude trop minutieuse, la minutie nuirait
certainement au caractère du dessin. — Il est inutile
d'ajouter que le Maître, tenant une fleur en main
ou l'ayant disposée à sa portée, rend ses explications
sensibles par un croquis exécuté progressivement suivant cette méthode.

L'élève de 11 ans qui a dessiné la fleur de mauve donnée en exemple, f. 384, a sûrement suivi les conseils de son Instituteur, car il a très bien traduit le caractère et la coloration de la mauve qu'il a étudiée. En regardant son dessin, reproduit imparfaitement par la photographie, on croit voir le fond du calice de la fleur; l'enfoncement est sensible comme d'ailleurs la forme recourbée, évasée des pétales. Je complimente sincèrement ce jeune dessinateur.

Chapitre XIV

Ellipse, ove, spirale, volute

Reprendre rapidement, pendant quelques leçons, les éléments déjà enseignés, puis aborder l'étude de :

l'ellipse, courbe comparable à une circonférence aplatie, dont un diamètre aurait diminué pour former le petit axe, et l'autre diamètre augmenté de longueur pour devenir le grand axe;

l'ove, courbe en forme d'œuf;

la spirale, courbe enroulée qui, tournant autour de son centre, s'en éloigne de plus en plus et d'une quantité constante;

la volute, dont les spires en s'éloignant du centre, laissent entre elles un écartement toujours croissant

Donner quelques indications sur le tracé usuel de ces courbes

_1°_ L'ellipse s'obtient pratiquement à l'aide de 8 points: les milieux M (f. 385) des côtés du rectangle enveloppant, et 4 autres points obtenus en ABCD, à l'aide des points correspondants P de la circonférence inscrite suivant le petit axe.

_2°_ Pour dessiner l'ove, (f. 386) tracer sur la largeur donnée AB, prise comme diamètre, une circonférence; mener le diamètre DC, perpendiculaire au 1er, et les rayons prolongés BCE et ACF; de A et B comme centres, décrire les courbes BF et AE; de C, centre, raccorder E et F par la

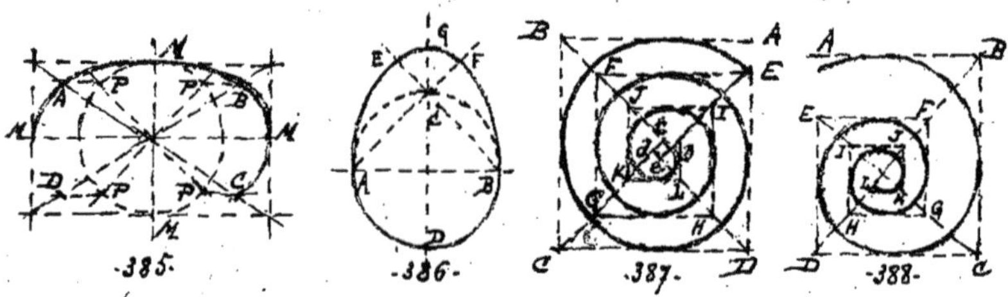

courbe EGF.

_3°_ La spire se trace comme suit: construire ABCD rectangle enveloppant; déterminer AE qui donne le pas de la spire, tracer les bissectrices Bb, Cc, Dd, Ee puis EF, FG, GH, HI, IJ, JK, KL, LM; inscrire enfin (f. 387) la spire en la traçant à main levée.

_4°_ Pour construire une volute, il faut: déterminer le rectangle enveloppant ABCD, tracer la diagonale BD, CE, perpendiculaire sur BD; mener ensuite EF, FG, GH, HI, IJ, JK, KL; inscrire enfin à main levée la volute tangente aux lignes enveloppantes, f. 388 ___________________

Exercices

— 1° Faire dessiner des œufs, des mailles de chaîne, des pains de différentes formes (f. 389 à 391), des poires, des champignons, (f. 392), des touffes, un tire-bouchon, des navets, des pommes de terre et oignons, des ballons allongés, une serpette, des écrans, des ampoules électriques, des tomates et melons, des coquilles d'escargot et autres, des fers à cheval, des copeaux ou rubans enroulés, des ressorts en spirale, des vrilles de vigne ou de plantes grimpantes.

Je donne ici un dessin, f. 393, montrant un escargot et une coquille, dessinés chacun de 2 façons différentes. Le dessin est d'un enfant de 12 ans appartenant au Cours supérieur; il est également bon au point de vue du tracé des formes et des effets de coloris : Le dessinateur a bien observé.

— 2° Reprendre des objets dessinés isolément et les faire servir à des combinaisons variées :

— a — La pomme de terre et l'oignon convenablement

disposés, encadrés de vermiculures ou lignes sinueuses, comme le montre le schéma 394, donneront une tête de chapitre pour livre d'agriculture.

— b — Le pain fendu ou le croissant, la faucille, se combineront avec l'épi de blé, (f 395 et 396).

— c — Des champignons employés seuls ou avec d'autres éléments, encadreront agréablement un menu, f. 397 et 398.

— d — Des ampoules électriques ou des écrans produiront des effets décoratifs agréables (voir schémas 399 et 400). — Il en sera de même pour une répétition de toupies, ainsi que le montre le dessin d'élève: "Frise décorative pour salle de récréation", qui a été composé avec des toupies et des billes. L'auteur a su grouper habilement les billes entre les toupies; son idée de rattacher par la ficelle chaque toupie à la suivante (S. 401) est originale, et les colorations — (violet dans les filets d'encadrement, bleu sur le fond, rouge sur le haut des toupies) ont un certain charme

— 3º — Les 4 courbes qui nous occupent en ce moment sont d'un usage courant en dessin.

Il est inutile de revenir longuement sur les exercices de répétition, alternance, transformation de contours, superposition, déjà analysés; ils s'appliquent aussi bien à l'ellipse ou à l'ove qu'aux polygones et circonférences On pourra du reste renouveler ces exercices au sujet des courbes à l'étude.

Quant à la spirale et la volute, elles ont leur place

dans beaucoup de sujets d'ornementation), et on les rencontre presque toujours sur les grilles en _fer forgé_.

Voici quelques canevas indicatifs pour dessins libres :

_a_ — En employant la demi-ellipse, le carré et la circonférence, tracer un _filet ornemental_. Bien des combinaisons sont possibles : les demi-ellipses peuvent se
suivre sans interruption (f. 402) en se raccordant ; elles
peuvent être interrompues (f. 403) ; être juxtaposées au-
dessus de carrés ou autres figures (f. 404) ; de plus les
carrés et circonférences qui doivent compléter l'effet déco-

tif des filets peuvent être disposés diversement. — Les é-
lèves fourniront donc beaucoup de solutions différentes
à cette question, comme à toute autre du même genre.

_b_ — _Composer_ avec les mêmes éléments une _bordure
denticulée et ajourée pour marquise_. Un seul exemple est donné (f. 406) ; on pourra l'esquisser sur le tableau noir pour faciliter la compréhension de la question ; _les élèves ne devront pas le copier_, mais seulement s'en inspirer. Il serait même préférable de ne
leur donner que le schéma 405 en l'accompagnant

de quelques explications.

– c – _Dessiner une imbrication_ formée de demi-ellipses superposées; elle sera le schéma d'une composition obtenue avec des filets, des points, ou des feuilles qui y seront distribués et colorés à volonté (f. 407 à 408)

– d – _Composer un enlacement_ de 4 rubans elliptiques (schéma 409). Tracer les 4 ellipses directrices, les doubler pour déterminer la largeur des rubans, en les faisant

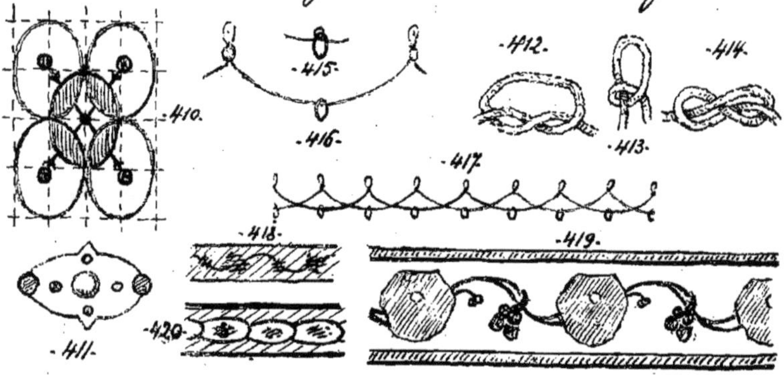

se recouvrir alternativement aux points de rencontre; décorer les rubans avec des points ou des lignes.

– e – _Dessiner un enlacement_ d'ellipses pour en faire une _marqueterie_ sur laquelle on décorera librement les surfaces déterminées par les croisements d'ellipses (schéma 410)

– f – _En transformant le contour_ d'une ellipse, dessiner une _plaque ornée_ encadrant un bouton de sonnerie électrique, f. 411

– g – Faire en sorte que les élèves soient tous munis d'une ficelle avec laquelle ils confectionneront un nœud ; leur demander d'imaginer à l'aide de ce nœud, de la ficelle elle-même, et d'un anneau, une composition pour tête de chapitre. — La diversité des nœuds et leur écartement, le mode de passage de la ficelle dans l'anneau, la hauteur de l'ensemble variable en raison du degré de fléchissement de la ficelle, seront la matière de variations dans les dessins obtenus, f. 412 à 416. De plus, les élèves pourront être invités à croiser 2 ficelles, les plus habiles tout au moins. (f. 417)

— h — Faire dessiner sur nature la capucine, (feuille et fleur) — Les élèves composeront ensuite en s'inspirant de leur dessin une bordure pour papier peint. On leur esquissera le schéma 418 ; ils auront toute liberté pour l'arrangement de leur composition ; ils y apporteront les éléments complémentaires et les colorations qu'ils voudront, f. 419.

— i — Donner comme schéma deux filets limitant une bordure (f. 420) sur laquelle sont indiquées des ellipses se recouvrant en partie. Faire décorer cette bordure par l'apport d'une étoile, d'une rosace, d'une fleurette au centre des ellipses. — 3 dessins sont donnés (f. 421 à 423) Ils ont été exécutés sur ce thème en utilisant des circonférences au lieu des ellipses demandées ; je les donne comme exemples à défaut d'autres. — 2 des auteurs ont dessiné des ornements à 4 branches qu'ils ont imaginés, le 3ᵉ une fleurette ; tous trois ont bien disposé leur ornementation. La seule critique à faire, c'est

que la coloration manque un peu de vigueur, surtout
dans 2 dessins, l'ensemble gagnerait si les nuances é-
taient plus vives, plus franches.

Chapitre XV.

Notions spéciales sur l'emploi du point et de la ligne dans l'ornementation.

De simples points et lignes peuvent concourir à la
décoration des surfaces; c'est un fait connu de nos jeunes é-
lèves qui en ont déjà fait de nombreuses applications.

Dans l'exemple donné (f. 424), le tissu écossais représenté sera d'un effet plus joli s'il est agrémenté de points
placés entre les filets. — Ces points pourraient être disposés
uniformément, à intervalles égaux, comme dans le filet
425, ou dans un ordre accidenté, à distances inégales, f.
426, et être de même ou de différente grosseur, et diversement colorés.

Une surface peut être divisée régulièrement ou par-
tagée en zones inégales et bizarrement distribuées (f. 427
et 428). — Elle peut être parcourue par des lignes droites,
des lignes brisées régulièrement (f. 434) ou selon des angles
variables (f. 435); — des courbes régulières peuvent s'y couper les unes les autres (f. 429); — on peut y faire rayonner d'un point intérieur des courbes irrégulières en tous

sens, (f. 430) — ou faire partir ces courbes d'un point de la limite et les diriger sur toute la surface, (f. 431). Ces différents modes de rayonnement peuvent s'alterner sur plusieurs zones (f. 432), ou être dirigés dans des sens opposés et se couper par de nombreuses rencontres, (f. 433).

Tous ces procédés suffisent à produire de jolies ornementations, convenables surtout pour de petites surfaces, ou pour couvrir des fonds sur lesquels se déta-

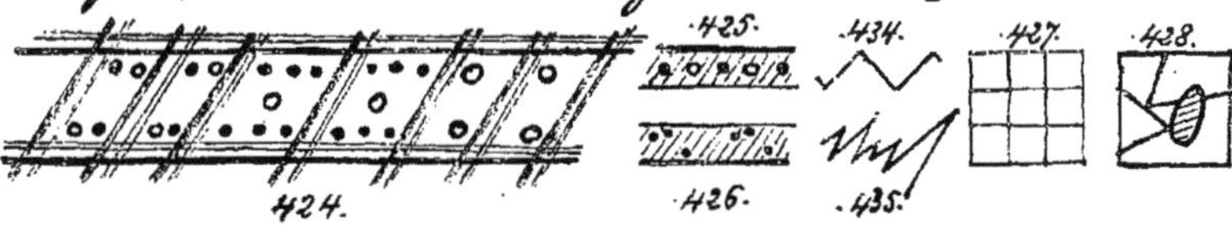

cheront vigoureusement des motifs plus importants; les Instituteurs n'auront pas de peine à faire trouver d'intéressantes combinaisons de ce genre.

Faire orner de cette façon des surfaces données — (fonds de plats, bordures, encadrements, étoffes, parties d'étoiles ou de rosaces, filets divers, dessus de boîtes, coupe-papier) — en faisant usage de procédés déterminés choisis parmi ceux qui viennent d'être exposés.

Les deux dessins 436 et 437 montrent chacun 4 boutons de manchettes, amplifiés volontairement. Les circonférences ont été dessinées à main levée, et de même grandeur sur l'indication du Maître; les élèves ont improvisé le reste. Ils ont d'ailleurs fort bien combiné l'ornementation intérieure, en se servant de points et de lignes bien répartis et de couleurs bien choisies; l'ensemble obtenu est, dans les 8 exemples, fort harmonieux.

Chapitre XVI

A propos des organes de la plante.

Nous avons constaté depuis longtemps que la feuille est très employée en art décoratif et en dessin. Les autres organes de la plante ne le sont pas moins, et il faudra étudier également les feuilles, fleurs, tiges et fruits.

Rappeler comment on s'y prend pour esquisser une feuille; ceci a été expliqué, pratiqué, et les élèves ont dû, en général, acquérir assez d'habileté pour y réussir.

Mais toutes les feuilles ont un caractère spécial qu'il faut observer en dessinant pour le bien faire ressortir, et il est suffisant, dans beaucoup de cas, de bien marquer le caractère d'une feuille et de la reproduire telle dans un arrangement décoratif. Il est aussi permis d'accentuer le caractère du modèle, de le modifier dans une certaine mesure, à son gré, mais d'une façon régulière, pour obtenir des effets d'autant plus intéressants. Pour réussir cette modification, pour styliser, il faut savoir profiter de toutes les particularités diverses que peut présenter une feuille, une tige, ou une fleur : détails, nervures, tons variés, tout peut concourir au résultat à produire, et c'est là que le dessinateur montre son degré d'ingéniosité.

Voici par exemple, f. 438 à 443, une feuille de capucine, une vrille de la vigne, un bouton de rose, représentés dans leur apparence vraie, et dessinés ensuite avec un caractère stylisé.

Des diverses études qui viennent d'être envisagées, la plus difficile est celle de la fleur, mais c'est aussi

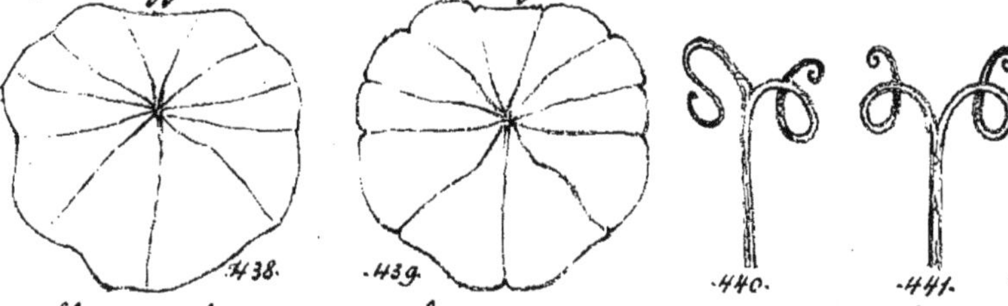

celle dont les résultats favorisent, en composition, les trouvailles les plus variées et les plus heureuses. Arrivés en ce point, nos élèves sont devenus familiers avec la répétition, l'alternance, le renversement de motifs divers, qui se pratiquent aussi avec la feuille et la fleur, ils comprendront aisément que celles-ci peuvent se répéter sur plusieurs axes convergeant vers un centre, (f. 445) être renversées par rapport à un axe de symétrie (f. 446) ils sont donc en possession d'un bon nombre de moyens décoratifs que beaucoup pourront utiliser avec une certaine habileté. _____________

— Exercices —

Faire dessiner dans leur aspect naturel, de nombreuses feuilles, fleurs ou tiges isolées, et les faire transformer au point de vue décoratif : ce sera la matière de beaucoup de dessins libres. — Aller, comme toujours, du simple au moins aisé, et quand les jeunes chercheurs seront parvenus à _styliser_ passablement une feuille, une tige ou une fleur, _leur donner un dessin_

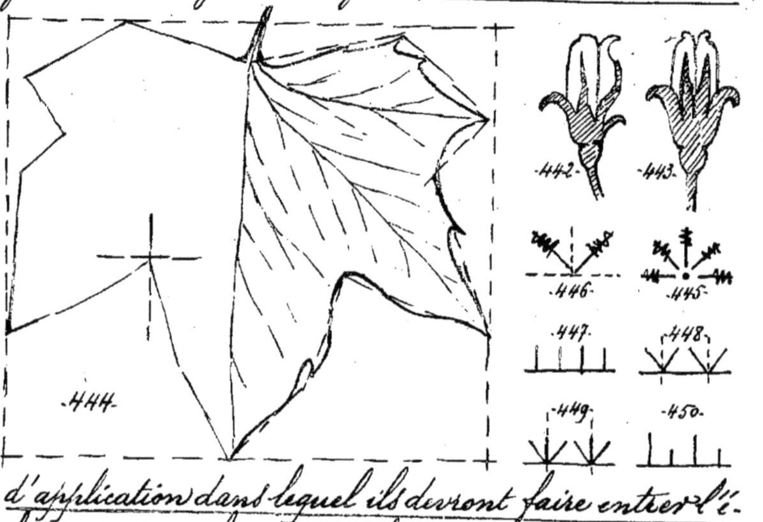

d'application dans lequel ils devront faire entrer l'élément de stylisation qu'ils auront combiné.

Au début, la feuille de platane va nous servir à rappeler comment on s'y prend pour dessiner une feuille. Débuter par un exercice de _comparaison_ entre plusieurs feuilles : toutes ont un caractère uniforme, mais offrent des différences de détail et de coloration. Se rendre compte ensuite du _mouvement_, de l'_allure générale_ et des _grandes proportions_ en hau-

teur et largeur; placer ensuite la nervure principale
qui, occupant ici à peu après le milieu de la feuille
en formera l'axe (§.444), bien observer sa direction
et les légères inflexions qu'elle présente. Indiquer le
niveau et la position en largeur, des 2 angles rentrants
séparant le lobe extrême (pointe de la feuille) des 2
lobes latéraux; esquisser ensuite à grandes lignes et
légèrement l'enveloppe de la feuille; rectifier autant
qu'il sera nécessaire, jusqu'à ce que le caractère soit
bien obtenu. Terminer enfin par l'indication des nervures et du détail, qu'il faudra rendre sobrement
pour ne pas nuire à l'effet d'ensemble.
— a — Faire dessiner la feuille de Sagittaire — (à défaut, une autre qui soit bien découpée, le trèfle par
exemple) — Demander aux élèves de la dessiner d'a-
bord comme ils la voient, puis de reprendre leur dessin en accentuant le caractère de la feuille. — Ils se
serviront ensuite de leur essai de stylisation pour
composer l'arêtier en plomb d'une toiture. — Expliquer que les feuilles peuvent être répétées verticalement, §.447, — obliques et renversées 2 à 2 de chaque
côté d'un axe de symétrie, §.448, — disposées en faisceaux de 3, §.449, — verticalement et alternativement une grande et une petite, §.450; — enfin que
deux des dispositions qui viennent d'être indiquées
peuvent s'alterner entre elles, — que d'autres éléments
peuvent s'intercaler dans la répétition des feuilles

à la condition qu'ils soient de moindre importance et que les feuilles restent le principal motif de l'ornementation, f. 451 à 453.

— b — Dessiner la feuille du laurier en accentuant son caractère lancéolé. En faire un sujet pour la décoration d'un cendrier triangulaire. Voici 3 indications que l'on esquissera sur le tableau (f. 454 à 456); les élèves les modifieront à leur gré, en y apportant des éléments nouveaux.

— c — Opérer de même avec la pomme et les aiguilles du pin, qui serviront à la décoration d'un plateau rectangulaire. Les f. 457 et 458 sont deux schémas indiquant seulement l'emplacement des pommes de pin, les élèves restant libres de tracer la bordure, et de disposer les aiguilles à leur fantaisie, f. 459. — Se servir des mêmes éléments pour composer une broche en forme de cercle, et à l'intérieur de laquelle on disposerait, pour le mieux, plusieurs pommes alternées avec des aiguilles, f. 460 et 461.

— d — Composer la décoration d'une couverture de livre en utilisant la foliole de l'acacia. Prendre une disposition du genre de celles qui sont indiquées fig.

462 à 464, et placer dans la partie restant vide le titre : _La flore_ — 3 dessins reproduits ont été composés sur ce canevas :

L'auteur du 1er (465) a disposé les folioles obliquement, avec goût, alternant 3 blanches avec 2 colorées. Un semis est jeté de façon harmonieuse sur le fond, sous le titre. La coloration orange très pâle de la bande à angle droit, fait ressortir également les folioles restées blanches et celles qui sont colorées en vert. L'idée de former le titre avec des folioles, suggérée par l'Instituteur, a été habi-

457. 458. 459. 460. 461.

462. 463. 464.

lement mise en pratique, ainsi que dans le dessin suivant.

La 2ème composition (466) se fait remarquer par un bon arrangement : plus simple que la précédente, elle est également bonne en raison de la vigueur de sa coloration.

Le 3ème dessinateur a adopté un autre parti assez bon (f. 467) : les folioles, rangées en ordre oblique, se détachent sur un fond pâle ; le titre aurait pu être présenté différemment, mais l'ensemble a un certain caractère.

Un 4ᵐᵉ dessin (468) est joint aux précédents. Il a été fait en 1904, six ans avant les trois autres, et se‑lon la même disposition générale; l'auteur a employé des motifs géométriques qui se marient au mieux avec l'ornement médian; un semis de jolies virgules, au‑des‑sus et au‑dessous d'un beau titre, complète bien ce des‑sin qui mérite d'être mentionné ici.

— e — Dessiner un cadre rectangulaire et l'orner avec des pensées, suivant une disposition donnée, f. 469 à 472. Placer si l'on veut, sur le fond, des ornements

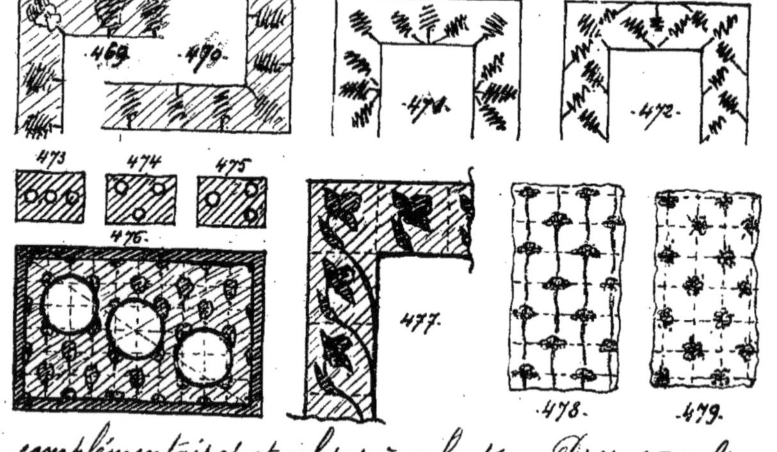

complémentaires, et colorer à volonté. — Disposer à l'in‑térieur de ce cadre 3 circonférences limitant l'emplace‑ment de 3 photographies; décorer les espaces restant li‑bres avec un semis de pensées, des filets supplémentai‑res pourront entourer les photographies, ou être placés à la limite du cadre; l'ensemble sera coloré à volonté. (473 à 478). —

_f_ Décorer un angle de menu avec le perce - neige (ou toute autre fleur) — f. 477; disposer, sur les espaces restant libres, des ornements choisis et colorés à volonté.

_g_ Dessiner une marguerite; s'en servir pour décorer la bordure et le centre d'un dessous de plat. 2 dessins sont donnés : l'auteur de la 1ère composition a su, en répétant en cercle au centre du dessous de plat, un motif unique dérivé de la marguerite, et sur le bord, ce même motif encadré de feuilles, produire un dessin intéressant; la fleur (f. 480), figurée par un simple tracé bleu et une partie centrale coloriée en jaune, donne par sa répétition un effet qui a son charme. — Le 2ème dessin (f. 481) se distingue du précédent surtout par sa décoration centrale : 4 marguerites entières s'y détachent d'une stylisation colorée en jaune, pour rayonner vers les 4 angles du carré intérieur, et l'effet est satisfaisant.

_h_ Plat décoré (dessin libre fait à la maison) Ce travail est remarquable par sa bonne ordonnance (f. 482) Les insectes sont bien posés sur le bord, et leur silhouette est bonne; l'oiseau placé sur le fond du plat a une attitude bien naturelle et je pense — le dessin ayant été fait à la maison — que l'enfant a été aidé dans son travail.

_i_ Dessiner une horloge de forme dérivée du carré; orner sa surface, autour du cadran, avec des filets et ornements divers. — Le dessin date de mai 1904,

f. 483. Sa disposition est bonne; les filets, bien distribués, divisent agréablement l'ensemble; leur coloration
jaune est appropriée, car elle simule les dorures que l'on
voit sur les pendules de ce genre; les quelques petites im-
perfections du dessin sont excusables, et d'ailleurs elles détonent peu dans l'arrangement général.
— j — Imaginer une étoffe pour tenture, en répétant une
fleurette imaginaire, ou même une fleur simple dans
son aspect naturel suivant une disposition du genre des
2 indiquées, f. 478 et 479 — Un élève a composé sur le des-

sin 484, une tenture qui ferait très bon effet si elle
était réelle. Le mouvement des fleurs (bouton d'or) est
bon, et elles sont bien distribuées; leur coloration est bonne, elle ressort sur un fond légèrement rosé.
— k — Faire dessiner un bleuet, f. 485, s'en servir comme élément décoratif pour composer une broderie destinée à la partie inférieure d'un brise-bise, qui serait
festonnée sur son pourtour. Esquisser sur le tableau
les 3 schémas 486 à 488; les élèves resteront libres d'a-

dopter un autre mode d'arrangement.

— I — <u>Dessiner l'ailette du Sycomore</u>, et l'utiliser pour imaginer <u>une bordure pour papier peint</u>. — Le 1.er dessin, bien compris, est remarquable pour sa bonne exécution, f. 489. L'ailette isolée, placée à la partie supérieure est bien dessinée ; on devine en la voyant que l'élève a voulu être sincère en dessinant, et rendre, autant que possible, l'aspect de ce qu'il voyait. De plus, le double croisement des ailettes et des petites queues, est d'un effet agréable, que complètent des points ou pois placés au-dessus et au-dessous. Les filets violets, le fond légèrement orangé, les colorations différentes des ailettes et des points forment une harmonie de couleur.

Le second dessin, moins correct, au point de vue de l'exécution, est assez bon pourtant, f. 490. Ici aussi des ailettes sont croisées, mais d'une autre façon que dans le dessin précédent ; des points et des filets orangés complètent l'effet.

Le 3ème est d'un imaginatif ; il est remarquable par l'originalité de sa disposition. L'idée des petites bordures supérieure et inférieure, opposées l'une à l'autre, est bonne ; la partie centrale, passablement chargée, gagnerait, comme tout le dessin, si l'exécution était plus correcte. Il est regrettable aussi que les ailettes des trois parties séparées empiètent réciproquement hors du cadre qui leur est destiné, f. 491 ; elles débordent, comme débordent les

dessin hors de la feuille, comme est débordante l'imagination de l'auteur; l'imagination est excellente, il
faut la conserver, mais la discipliner et discipliner aussi son crayon.

— m — Décorer avec des bobines le dessus d'une boîte à fil. — 3 dessins sont donnés. Le 1er (f. 492) est
bien imaginé. Les bobines disposées tout autour, sont
rattachées les unes aux autres par un fil que l'élève
n'a pas oublié de nouer. L'idée d'écrire "Boîte" avec
un fil contourné et enfilé à plusieurs aiguilles est excellente et bien personnelle, car j'ai vu l'auteur à l'œu-
vre. Le dessin est bon au point de vue de la composition, mais il gagnerait si les bobines étaient de coloration plus nette et d'un dessin plus correct.

Le 2ème spécimen est bien compris, f. 493. Son
auteur a su, avec des éléments simplement disposés,
bobines semblables placées toutes de même façon, produire un effet satisfaisant. Autour de ces bobines
s'enroule un joli fil d'or qui va de l'une à l'autre,
en décrivant une arabesque dont la répétition complète l'harmonie de l'ensemble. — Le 3ème dessin, f.
494, n'est pas mauvais non plus, l'élève qui l'a composé a eu une bonne idée, en alternant avec les autres des bobines vues en bout. L'effet serait meilleur si l'ensemble était moins flou, plus coloré, et,
sans cette petite faute, le dessin eût été tout à fait
bon.

_ n _ <u>Dessiner une feuille de trèfle</u>, et s'en inspirer
pour la composition d'un <u>col brodé</u>. _ Donner des schémas semblables à ceux qui sont indiqués f. 495 et 496, a-
vec les explications nécessaires pour faciliter le dessin de
la forme du col et le placement de la broderie. Les
élèves pourront combiner d'autres arrangements; des
éléments divers pourront s'intercaler entre les trèfles
ou être placés autour du col, près des dents du feston,

la forme des dents n'est pas arrêtée, il faudra l'étudier, f. 497.
_ o _ <u>Dessiner la feuille et la fleur du chardon; en
former un dessin ornemental pour tête de chapître</u>.
Prendre une seule fleur et une feuille très simple ;
les arranger toutes deux, les styliser; les rendre par
un seul ton, deux tons au plus, comme l'indiquent
les croquis 498 et 499 : ce sera un exemple <u>des effets
très marqués que l'on peut produire par l'emploi de
tons uniques</u>.
_ p _ <u>Former avec un brin de persil une frise décora-
tive</u> dans laquelle il sera permis d'introduire d'autres

éléments. Les élèves les plus habiles pourront même alterner des brins de persil et des escargots, f. 500 et 501.

—9— _Imaginer un papier peint_, en employant des éléments dérivés de l'étoile et de la rosace. 2 dessins sont
reproduits, f. 502 et 503.— Le 1ᵉʳ est excellent par le choix
des motifs, leur bonne disposition et la correction de leur rendu. Je complimente l'auteur, et je le félicite surtout pour
la bonne inspiration qu'il a eue de relier, comme des rubans
les extrémités des ornements principaux : sa composition fait
ainsi un effet charmant. J'ajouterai que les colorations légères, sont de bon ton.— Le 2ᵐᵉ d'une tenue plus sobre
est bien aussi. Les ornements étoilés sont bien dessinés, et
leurs colorations assez vives, ne man-
quent pas de charme. J'ai

rencontré, dans beaucoup
d'appartements, des papiers
peints qui ne valaient pas celui que donnerait l'impression
de ce dessin.

—2— _Dessiner la feuille du laurier et en composer une répétition décorative_. On pourra apporter d'autres ornements sur
le fond, les colorer à volonté ainsi que les filets supérieur et
inférieur, schéma 504.

—3— _Dessiner un bavoir_. L'orner avec une broderie ins-
pirée par le bleuet, et un feston sur le bord. Chercher une
heureuse disposition des bleuets, toute liberté est laissée à ce
sujet, cette fleurette peut se remplacer par le myosotis ou une
autre, simple, et de même allure. La forme de la dent

festonnée est aussi laissée au libre choix, schéma 505.

_ t _ Carrelage composé avec des éléments dérivés de la rosace ou de l'étoile. _ 3 dessins, exécutés d'après ce canevas, sont donnés (f. 506 à 508); ils sont bons tous trois. Je ferai pourtant une légère critique aux auteurs des deux premiers: ils ont dessiné trop grandes certaines rosaces ou étoiles. ces ornements devraient laisser un léger espace entre leurs pointes extrêmes et le joint du pavé dans lequel ils sont inscrits. _ Au 3ème je signale qu'il a eu tort, en colorant diversement certains pavés qui, pour la bonne succession des teintes, devraient être nuancés de même façon _ (les 2 isolés: celui du 2ème et celui du 4ème rang.

_ u _ Imaginer un motif pour broderie au passé, en utilisant la feuille et la fleur du pissenlit. schéma 509.

_ v _ Dessiner une feuille. S'en servir pour orner une grille en fer forgé, destinée à un œil de bœuf circulaire. De la circonférence, faire détacher plusieurs courbes ou volutes intérieures auxquelles seront ajoutées les feuilles ornementales. _ L'auteur du 1er dessin présente (f 10) a dessiné une feuille de houx, et il a réussi à en rendre l'aspect à peu près exact. Sa composition est bien imaginée et exécutée: le mouvement de détachement, avec brisure, des courbes intérieures est bon; les feuilles et les graines de houx s'échappent naturellement, en sens contraire, de chaque courbe. _ L'autre dessin (f 11) est bon aussi. La feuille supérieure est assez sincère; les courbes intérieures s'échappent bien de la circonférence extérieure; ces courbes sont terminées par des bouquets de feuilles un peu forts et qui, pour cette raison, s'approchent trop de la circonférence enveloppante..

_ w _ En se servant de la feuille, de la fleur et du

fruit du fraisier, imaginer la décoration du marli d'u-
ne assiette ou d'un plat. (Quatre schémas sont donnés
f. 512, on pourra les esquisser sur le tableau, mais les é-
lèves auront la latitude de rechercher d'autres dispositions.
Ils devront s'efforcer de bien répartir les pleins et les vides
sur la surface à décorer, évitant la maigreur aussi bien
que la lourdeur dans les ornements apportés; il leur faudra encore être sobres dans la coloration: 3 ou 4 tons
au plus, posés bien franchement, suffiront à produire
un meilleur résultat qu'un rendu exécuté avec minutie.
Ces conseils peuvent s'appliquer à tous les genres de compositions, et il faudra les renouveler

509.

512.

en toute occasion.
— X — Dessiner du gui — Esquisser un écran, le décorer
avec une bordure et un motif central fournis tous deux
par le gui. — Sur le 1er dessin (513) la branche de gui
est bien dessinée; les stylisations faites en bordure et au
centre sont bonnes, l'idée d'écrire « gui » en utilisant
la plante elle-même a été suggérée, mais bien réalisée.
Le 2ème dessin (514) est bon également; l'écran est
décoré par une distribution assez bien répartie des motifs
choisis, mais le rendu manque de fermeté. — Le 3ème
(515) est gentiment orné par une bordure bien comprise,
il serait meilleur si l'ornement central, simplet et
d'un dessin un peu lâché était bien placé au centre de l'écran

_ 3 _ Orner un pavé carré avec la feuille, la fleur, le fruit du fraisier. — Donner un schéma du genre de la f. 516 qui montre: au centre, une fleur, à laquelle s'attachent des feuilles et des fruits. La liberté d'adopter un autre arrangement est laissée aux dessinateurs; ceux-ci pourront en outre faire courir autour du pavé une bordure, sur laquelle ils placeront des fleurs qui se répéteront, ou s'alterneront suivant une disposition à chercher f 517; il est certain que la fleur blanche, le fruit rouge et les autres colorations apportées produiront un bel effet de couleur.

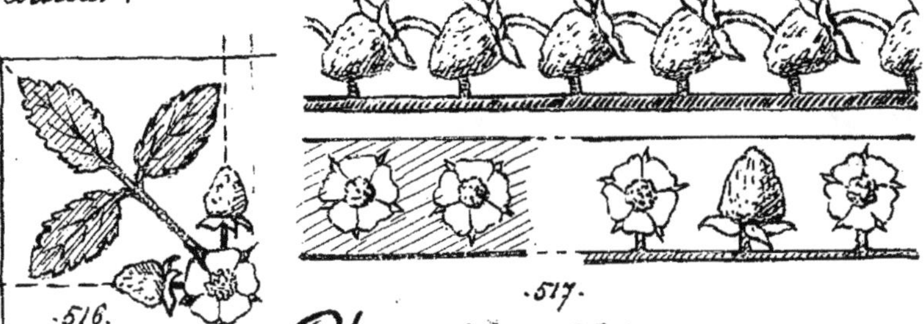

.516.   .517.

Chapitre XVII.

Papillons et Insectes.

Si les fleurs fournissent de charmants éléments de décoration, les papillons qui sont, par la richesse de leurs coloris, des fleurs vivantes, en offrent aussi de très jolis; ils ont leur place marquée dans une foule de motifs d'ornementation.

Il sera bon de faire dessiner des papillons, et de les faire entrer dans des combinaisons décoratives variées: frises, bordures, décoration de plats, broderies, étoffes, cadres, papiers peints; ces exercices intéresseront les élèves et contribueront en même temps à la formation de leur goût.

Les insectes, en général, — (le hanneton est facile à trouver en saison, comme la libellule que les enfants connaissent bien) — peuvent être utilisés aussi. On pourra les faire dessiner au triple point de vue du dessin, des leçons scientifiques auxquelles ils donneront lieu, et des ornementations dans lesquelles ils prendront place.

Mais il ne faut pas prétendre faire des dessins minutieux d'insectes ou de papillons ; il faut se borner à reproduire les formes d'ensemble, et à bien marquer les taches principales du coloris, pour affirmer le caractère du modèle étudié ; il faudra le répéter, à chaque exercice, aux élèves.

A titre d'exemple, je produis une bordure composée par un élève de 11 ans, et dans laquelle ont pris place des papillons. Cette bordure (f. 18) ne manque pas de caractère ni d'originalité. Par une disposition simple en elle-même — (noctuelles brunes répétées dans les filets du haut et du bas, piérides jaunes posées obliquement dans la partie médiane) — l'auteur a produit une bonne composition, que relèvent des points bleus et rouges élégamment placés entre les piérides. Le compositeur a eu le souci de dessiner exactement les papillons qu'il a voulu représenter ; il aurait peu, tout aussi bien, accentuer le caractère des papillons, sacrifier un peu le détail, et marquer plus vigoureusement les taches importantes de la coloration

~ Autres exercices ~

1. Décorer un pavé carré avec 4 feuilles placées sur

fig. 492.

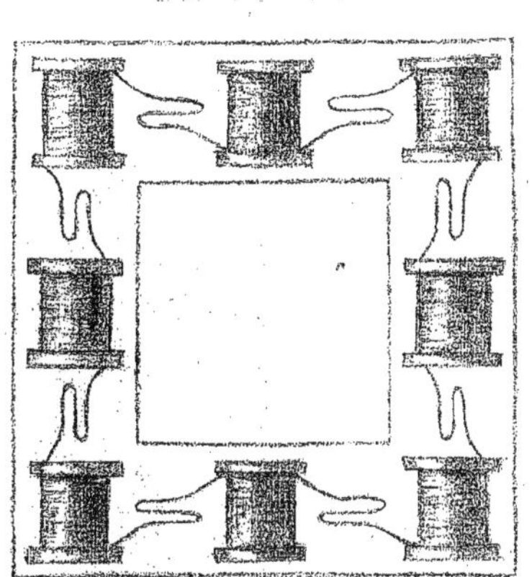
fig. 493.

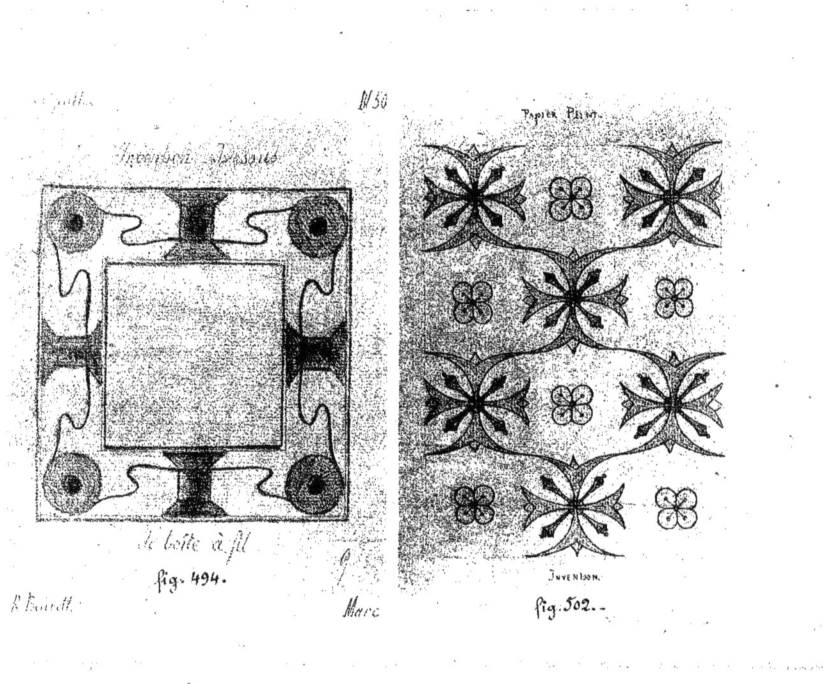
Invention Dessiné
de boîte à fil
fig. 494.
R. Burdt.
Marc
Papier Peint.
Invention.
fig. 502.—

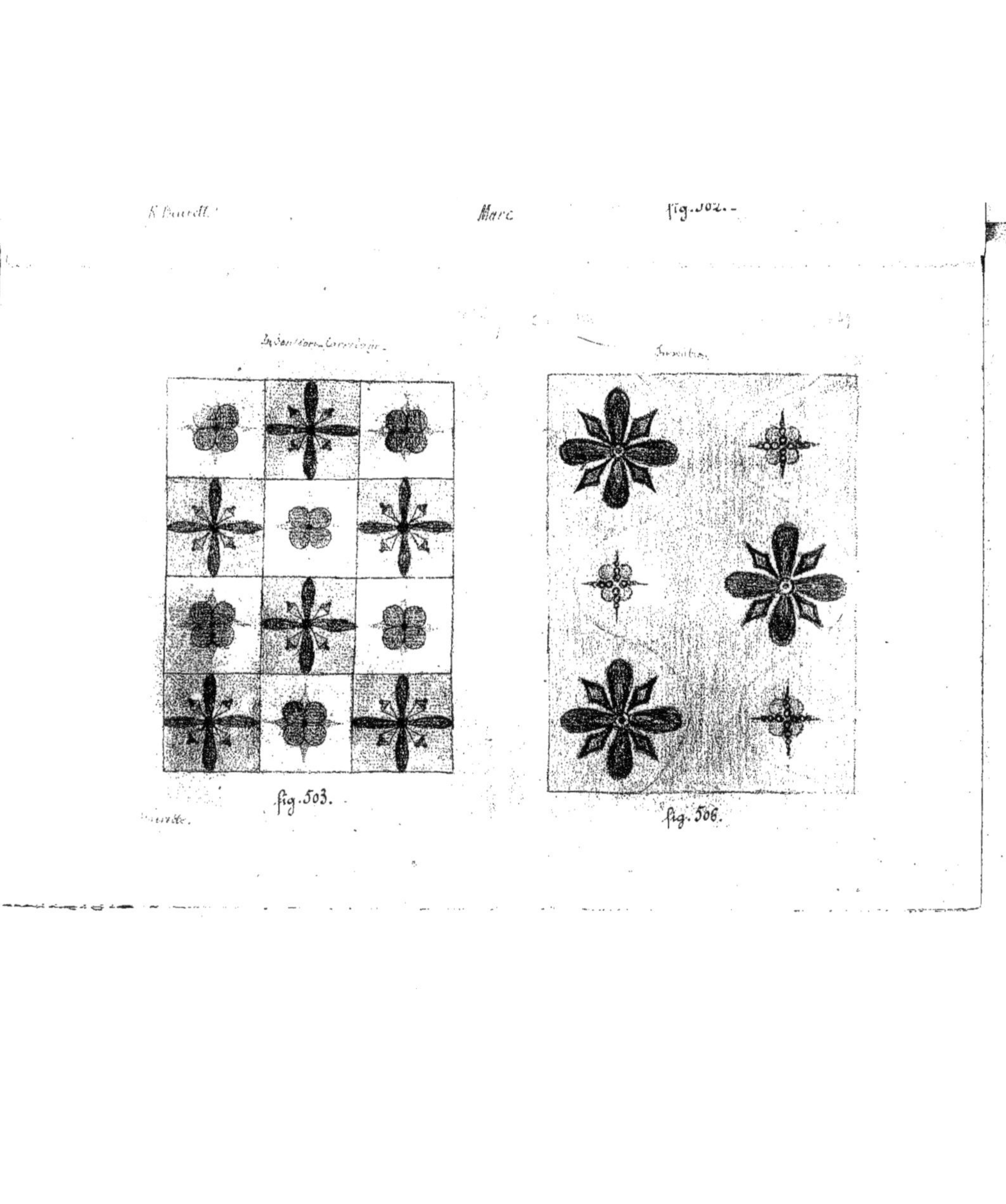

fig. 503.

fig. 506.

fig. 507.

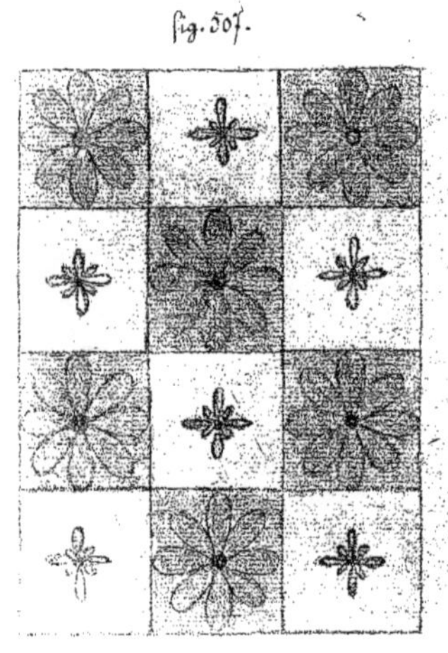

fig. 508.

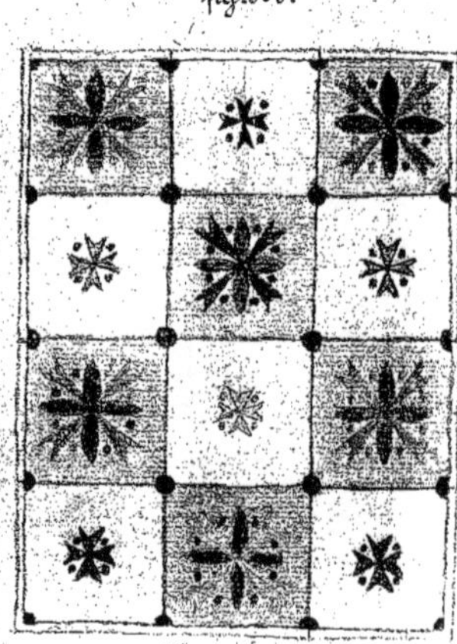

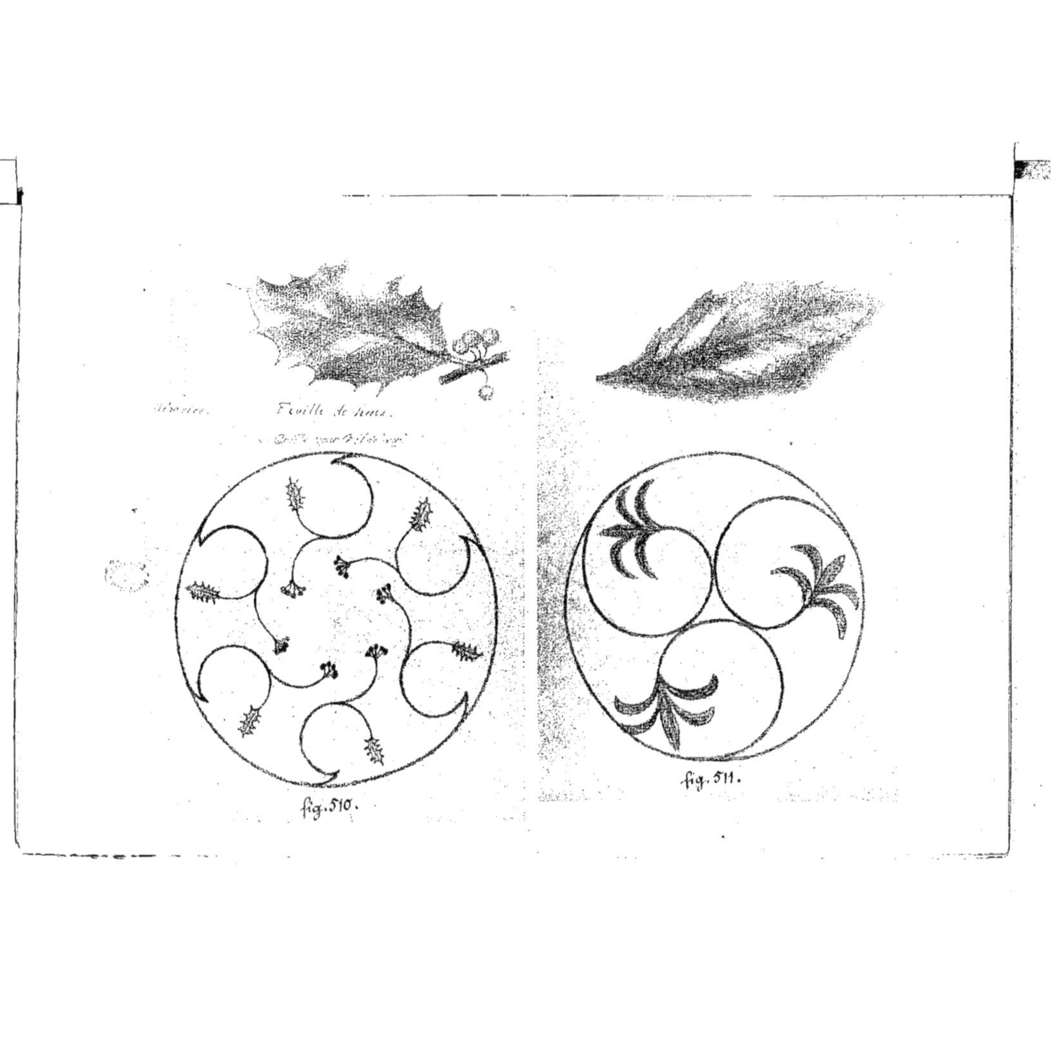

Mémoire.
Feuille de houx.
fig. 510.
fig. 511.

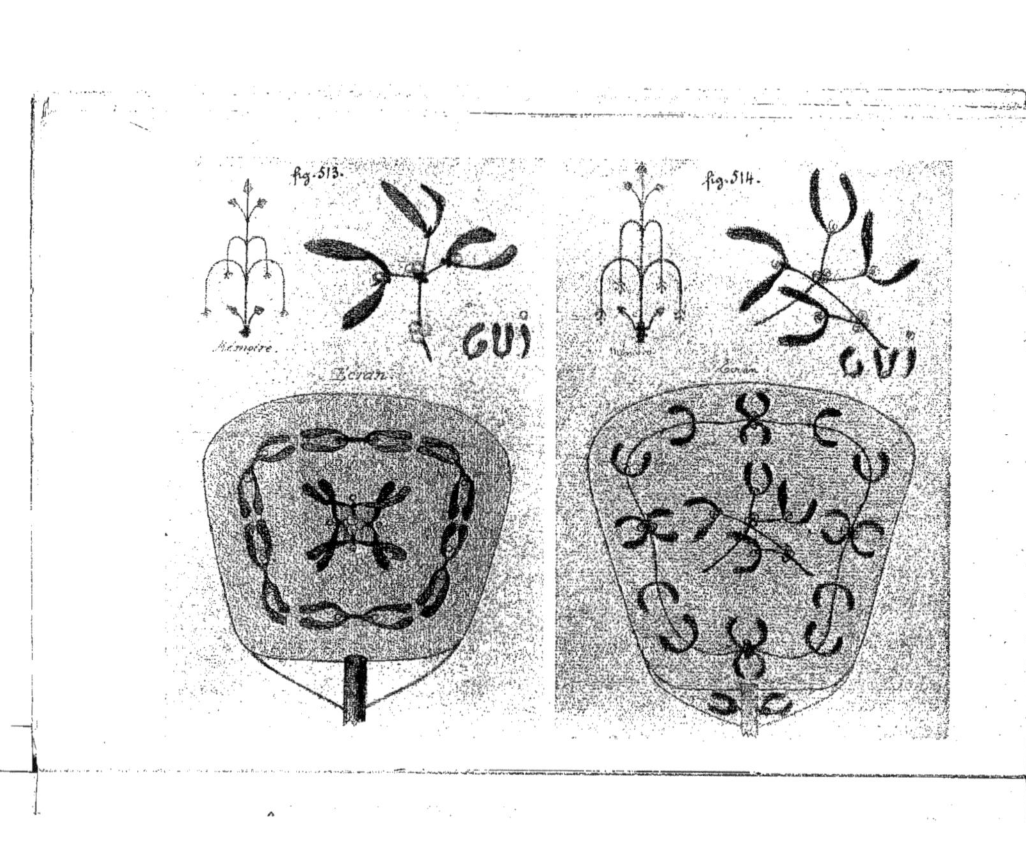

fig. 513.
Mémoire.
Ecran.
GUI
fig. 514.
Mémoire.
Ecran.
GUI

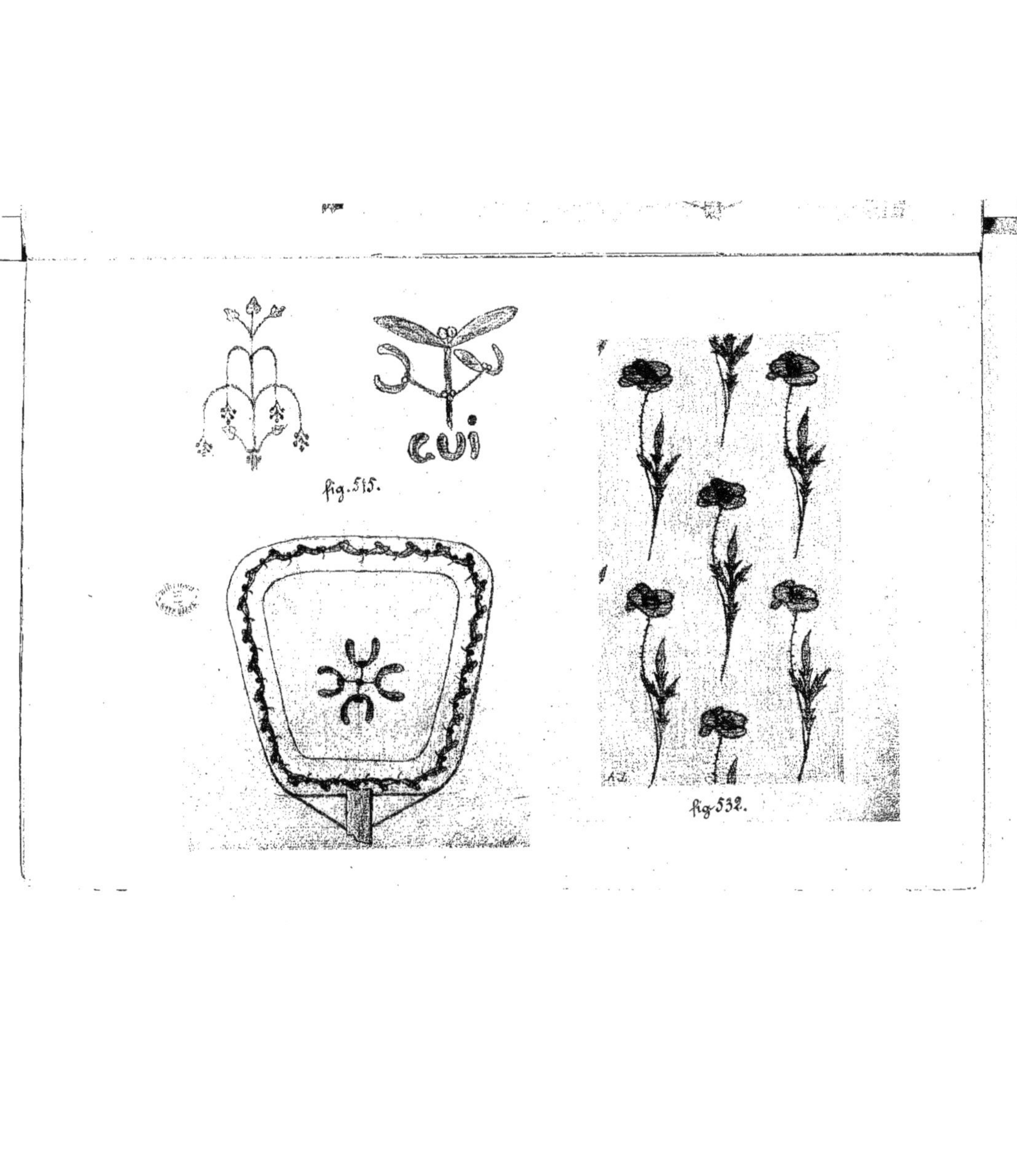

fig. 515.

fig. 532.

Pérides et Noctuelles.

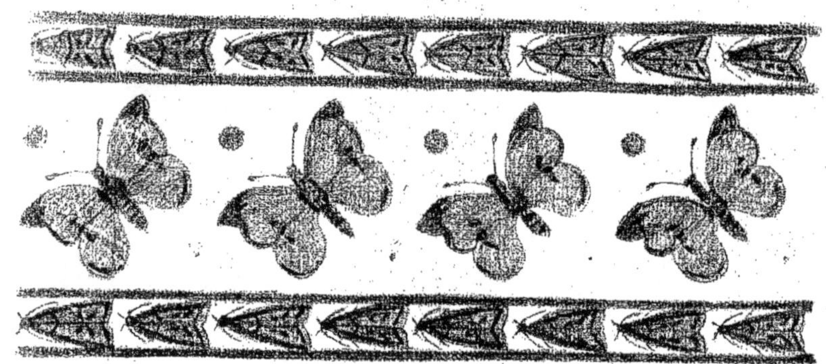

fig. 518.

André.

Bordure pour Nappe.

fig. 530.

fig. 531.

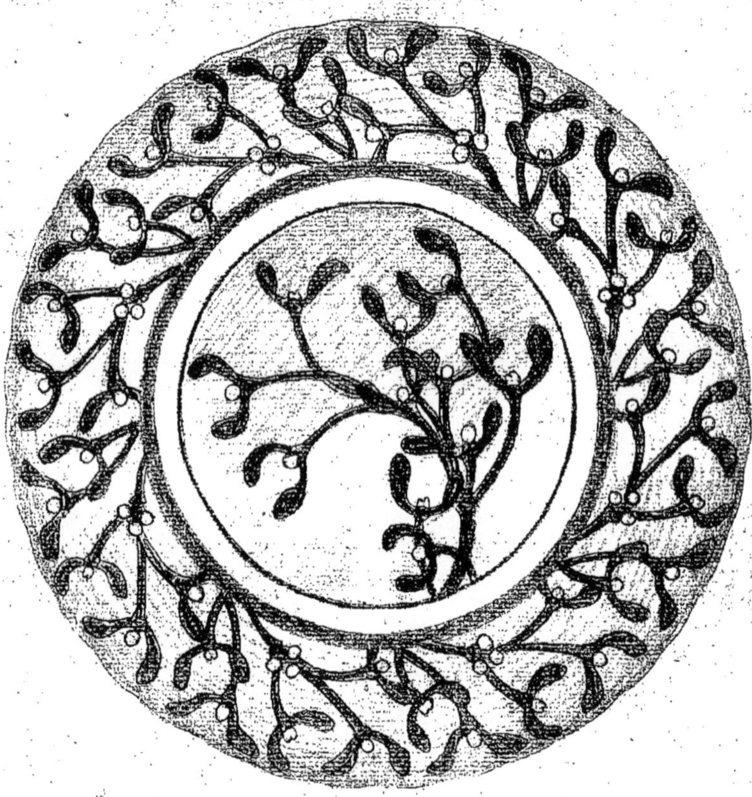

fig. 536.

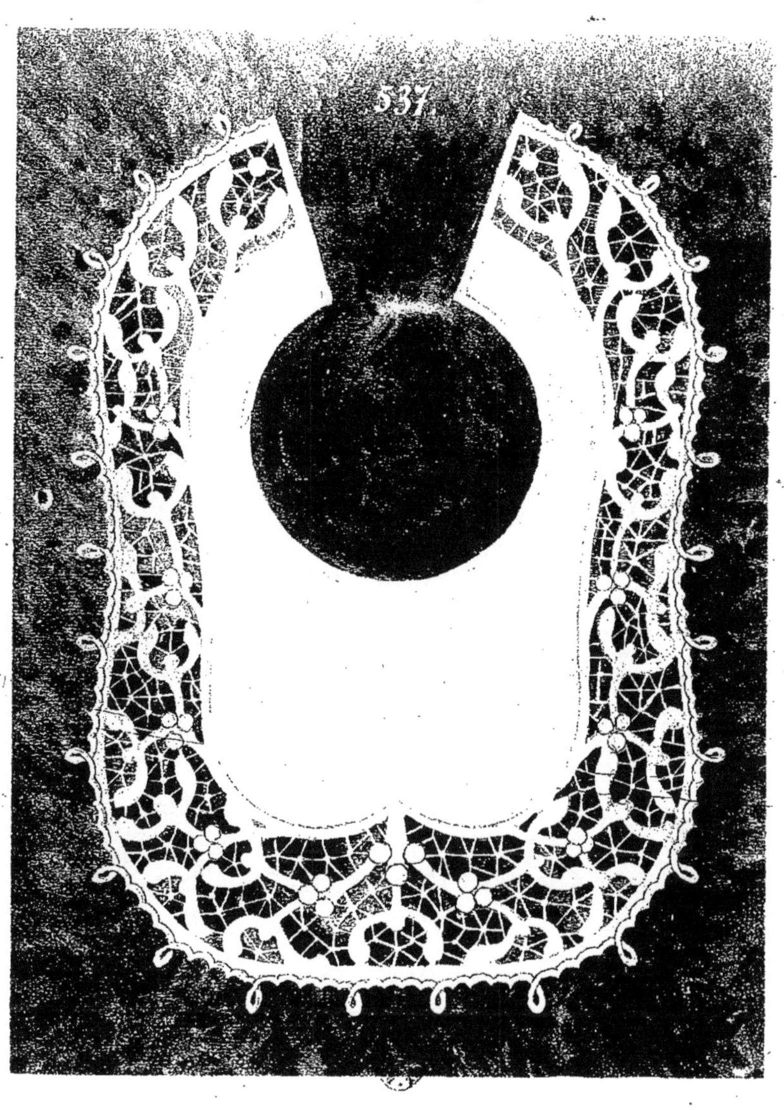

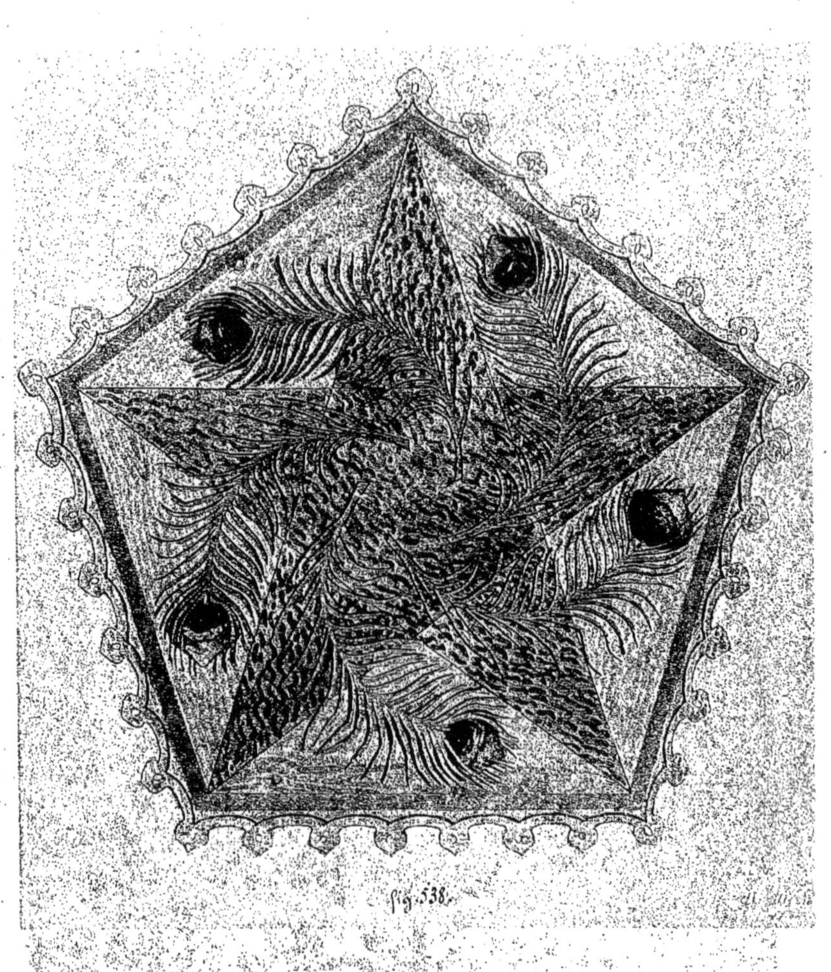

fig. 538.

les médianes et rattachées à un bouton central, et 4 papillons posés entre les feuilles.

— 2 — Décorer le bord d'un plat avec des papillons et des chrysalides que l'on disposera pour le mieux, et entre lesquels on intercalera, si l'on veut, une fleur que l'on aura choisie.

— 3 — Dessiner un papillon, en faire une stylisation très simplifiée, indiquant nettement la forme et les colorations principales; répéter cette stylisation par grou-

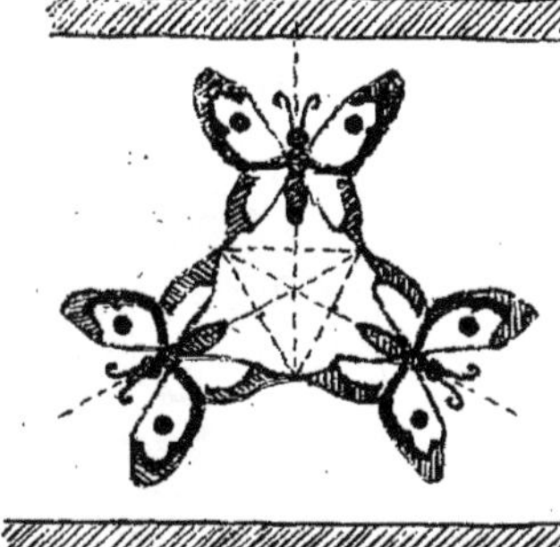

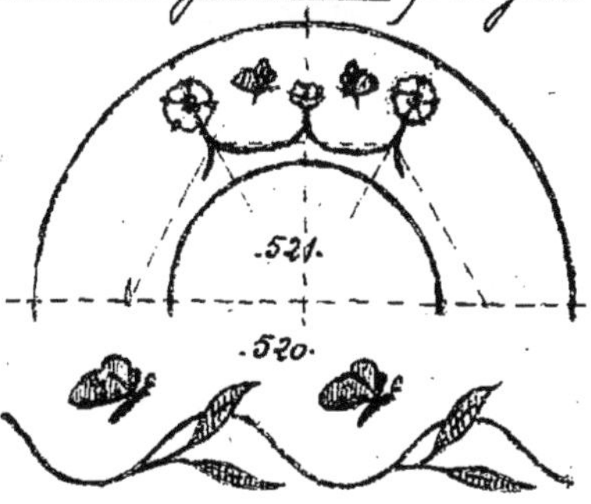

pes de 3 ou 4 disposés originalement, f. 519; on agré-mentera l'ensemble obtenu et on en formera une bor-dure pour papier peint. Dans l'exemple donné, 3 pa-pillons disposés en triangle peuvent se répéter avec ren-versement alternatif, la pointe tantôt en haut, tantôt en bas. — Ce même motif peut être employé isolément pour former une décoration.

— 4 — Composer une broderie dans laquelle des feuilles, des fleurs et des insectes — (papillons, libellules ou autres) — se-ront disposés avec goût, par rapport à une ligne sinueu-se indiquée dans le schéma 520. Esquisser rapidement ce croquis au tableau, en expliquant qu'il a seulement la valeur d'une indication, et qu'il faudra bien étudier les feuilles, fleurs ou insectes qui prendront place dans la composition.

_5_ Composer avec un papillon et une fleurette alternés, la décoration d'un plat ou d'une assiette (f. 521)

Chapitre XVIII

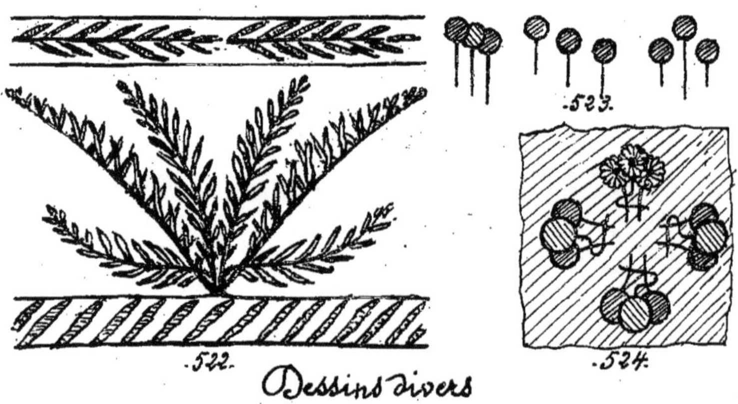

.522.   .523.   .524.

Dessins divers

_1_ Dessiner isolément une feuille de fougère, et en composer, par répétition, une bordure. _ Donner le schéma 522; les élèves le modifieront et le coloreront à volonté.

_2_ Imaginer le dessin d'une tapisserie destinée à recouvrir une chaise ou un fauteuil, en disposant par groupes de 3, une stylisation de la marguerite ou d'une autre fleur. Donner quelques schémas (voir 523 et 524); les élèves pourront trouver des combinaisons variées et chercher à produire des effets de couleur, de bon goût.

_3_ Grouper harmonieusement la fleur et la feuille de trèfle (que l'on aura dessinées auparavant dans leur état naturel), et en former une stylisation destinée à une étoffe pour tenture. Donner quelques schémas (25 à 528); les élèves resteront libres _ (après que les croquis auront disparu du tableau noir) _ de recher-cher les dispositions convenables pour leur dessin.
_4_ Dessiner un coquelicot et s'en servir pour

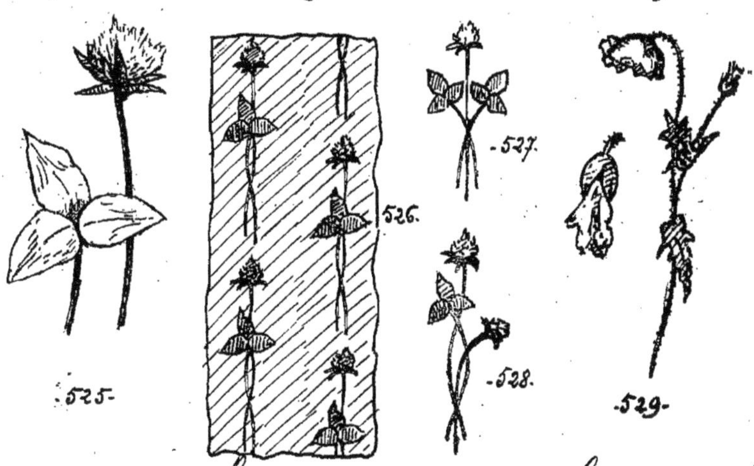

inventer une broderie destinée à orner la partie infé-rieure d'un store
_5_ Composer une bordure pour nappe alsacienne en utilisant la feuille et les graines du lierre. Les nappes et serviettes alsaciennes sont bien connues: elles portent presque toujours sur leur pourtour une bor-dure d'encadrement d'une certaine largeur; le plus souvent cette bordure est rouge, et, c'en est une de ce genre qu'il faut inventer. Celle qui est repro-duite a du caractère, et les ornements dont elle est formée y sont bien répartis: elle serait d'un effet

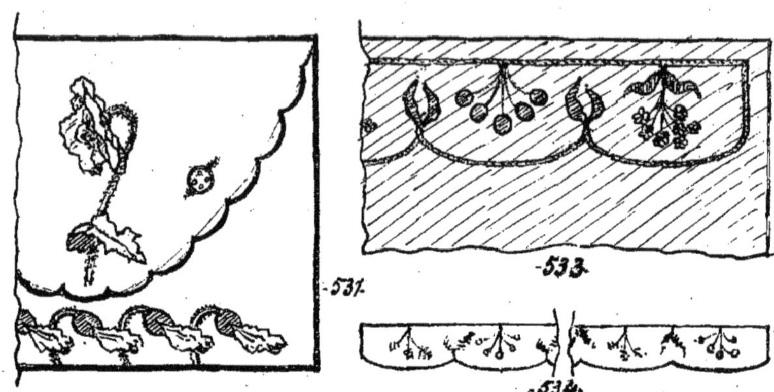

agréable si elle était réelle, (f. 530).

— 6 — Composer une _broderie au passé pour sachet_; un schéma montrant la forme de l'objet sera esquissé sur le tableau noir, et les élèves chercheront le mode de disposition qui leur paraîtra le meilleur. La f. 531 est une indication fournie par la stylisation du pavot. Cette fleur pourrait être remplacée, au besoin, par une plus simple.

— 7 — Si l'on a fait dessiner, au moment de la _floraison_, la _fleur du cerisier_, on pourra, à la saison des _cerises_, faire composer, par réunion de la fleur et du fruit, une broderie pour _rideau_ ou _brise-bise_, f. 533 et schéma 534.

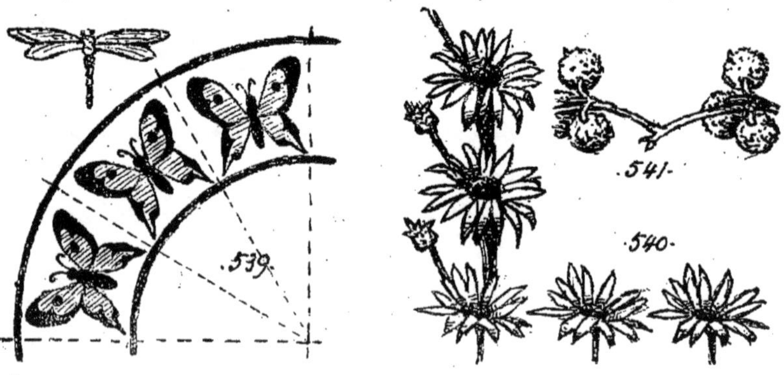

_8_ Avec une stylisation du papillon ou de la libellule, décorer par répétition le marli d'un plat. La stylisation peut être employée seule (f. 139) ou alternée avec un autre motif ; l'ensemble peut aussi être complété par une décoration centrale.

_9_ Avec une marguerite, dessinée d'après nature, ou stylisée, composer un angle de page, f. 140.

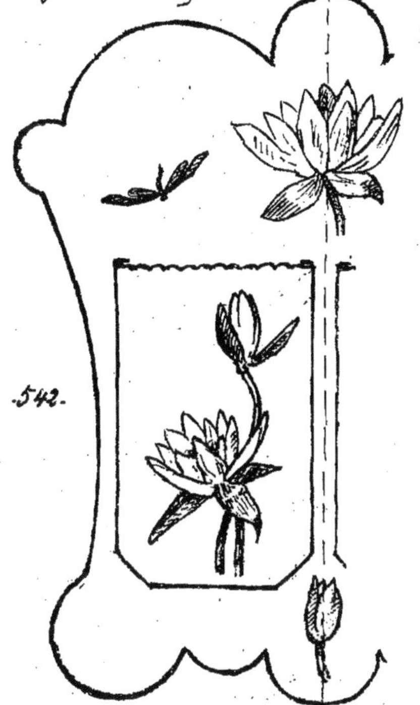

-542-

_10_ La feuille, le fruit vert ou mûr du marronnier donnent des suites intéressantes pour frises ou bordures. _ La f. 141 en donne un exemple

_11_ Imaginer la forme, le contour d'un porte _ brosses, le décorer avec un semis de fleurettes, ou quelques belles fleurs assez grosses et bien disposées (f. 142)

_12_ L'étude si intéressante, au point de vue de la couleur, du coquelicot ou du pavot, (déjà mentionnée précédemment) fournira encore un beau sujet pour la composition d'une tenture. Nous en offrons un bel exemple dans le dessin réalisé par un enfant de 11 ans ½ ; ce jeune artiste a su donner aux fleurs le mouvement, l'allure vraie ; de plus, il a bien stylisé la feuille et choisi les colorations (rouge, range et vert), il a produit ainsi un ensemble qui, dans sa simplicité, est presque d'un dessinateur professionnel. A propos de simplicité, il ne sera pas inutile de répéter souvent aux élèves que le Beau est très proche parent du simple. (f. 32)

Voici, pour terminer, 4 dessins d'élèves fort intéressants :

_a_ Le 1er (f. 35) est d'un garçon de 12 ans; il montre une bordure décorative sur laquelle des fleurettes, bien disposées au milieu de l'espace libre qu'elles décorent, produisent un effet agréable complété par des colorations harmonieuses.

_b_ Le second, f. 36, est un plat décoré par une fillette d'environ 14 ans. Elle a su, en se servant du gui, orner le marli par une répétition ingénieuse qui encadre un motif central également bien compris.

_c_ Une autre fillette, s'inspirant aussi du gui, en a tiré (f. 37) une broderie élégante pour bavoir

_d_ Une 3ème, pour composer un dessous de lampe, (f. 38) a réuni aux formes géométriques du polygone et de l'étoile, une stylisation de la plume de paon. La seule critique que je ferai est celle-ci : le dessin eût été encore meilleur si les plumes, qui font pourtant bon effet, étaient rattachées à un motif central ou semblaient s'en échapper. Les colorations bleuâtres, ton sur ton, avec filet jaune sur le bord, le rehaut de hachures et vermiculures posées au pinceau, d'une touche assez hardie, les tons adoptés pour la stylisation des plumes, dénotent chez l'auteur une habileté déjà marquée.

Chapitre XIX.

Modelage.

Les instructions ministérielles demandent que l'on fasse du modelage à l'école primaire, de tout ce qui a rapport à l'enseignement du dessin, c'est ce qui paraîtra le moins facile à réaliser.

Mais il ne s'agit pas ici de former des artistes habiles à manier l'ébauchoir : que les enfants soient exercés à reproduire de façon plus ou moins sommaire, des formes simples, à sentir et à exprimer le relief des choses, c'est tout ce qu'il faut attendre d'eux, et cela suffit.

Le modelage est supérieur à la figuration linéaire des formes pratiquées jusqu'ici en dessin : il habitue à observer l'ensemble avant les détails, à marquer les reliefs importants qui caractérisent un objet.

Le dessin et le modelage devront être intimement liés, un croquis de l'objet à représenter pourra précéder l'exercice de modelage, ou inversement un dessin pourra le compléter.

Quelques-uns des meilleurs travaux seront conservés ; un fil de fer passé dans la partie supérieure aussitôt l'achèvement, et qui demeurera fixé solidement après dessication, servira à les suspendre.

Matériel — À l'école primaire, le matériel peut être réduit au strict nécessaire, et ainsi il sera facile à trouver.

De la terre glaise ou une pâte plastique spéci-ale qui coûtent peu l'une et l'autre. — La terre sera maintenue humide pour éviter son durcissement, la pâte à modeler devient molle au contact des doigts sous l'influence de la chaleur naturelle, et elle est d'un emploi facile.

Une planchette, un carton, ou même l'ardoise recevra l'ébauche du modelage

Un ébauchoir que l'on peut tailler soi-même, à défaut, un couteau de bois ou un manche de porte-plume, aplati et arrondi à l'extrémité. (f. 543 à 545) Si l'on veut, mais ce n'est pas indispensable, un 2ème ébauchoir dentelé au bout.

- 543 -

- 544 -

- 545 -

— Pour modeler. — On pé-trit d'abord un bloc de pâte assez volumineux pour contenir la masse de l'ob-jet à reproduire, et on le fixe solidement sur la planchette ou l'ardoise.

On pratique ensuite dans le bloc to-tal, avec l'ébauchoir, les coupes, les enlèvements de pâte qui en indiquant l'emplacement des vides importants, dégageront les grandes masses; ces coupes produisent une 1ère esquisse encore grossière, mais qui accuse déjà le ca-ractère du modèle.

Les proportions de cette ébauche ayant été vé-rifiées, on cherche les détails en creusant avec l'ébauchoir, en écrasant ou arrondissant avec les doigts, en ajoutant ou en retranchant de la pâte, en modelant jusqu'à ce que le caractère soit bien obtenu.

Exercices

Il n'est pas nécessaire d'indiquer ici un grand choix d'exercices, beaucoup de ceux qui sont donnés pour le dessin proprement dit peuvent s'exécuter en modelage.

Reportons-nous au 1er chapitre. — On peut faire modeler la règle plate isolément, ou par répétition à distances égales, sous forme de petits rectangles allongés, à surface bien unie et d'un faible relief, aux bords bien dressés avec la règle et l'ébauchoir.

Le 2ème chapitre donne à reproduire des dominos; il sera facile de les figurer par des rectangles de proportions et d'épaisseur convenables, divisés en 2 parties égales sur lesquelles des points seront creusés.

Les équerres, les cubes et les briques du 3ème chapitre; les carrés, étoiles et motifs divers du 6ème, les rectangles et figures des suivants, fourniront de nombreux exercices.

Un carré peut être découpé en bandes égales, ou évidé en son milieu et devenir un cadre.

Des lettres aux formes rectilignes ou arrondies, des ornements variés: grecques, denticules, filets croisés ou enlacés, donneront aussi des modèles. Tous ces exercices seront une excellente préparation à des essais plus difficiles.

Boules en cerises. — Pétrir entre les doigts une boulette de pâte et la rouler entre les mains pour l'arrondir; cette boule devient facilement une cerise ou un fruit du même genre, et l'illusion augmente si un fil de fer, enfoncé dans la masse, simule la queue.

Faire modeler de même des _noix_. Une boulette est préparée et elle prend peu à peu la forme de la noix servant de modèle, puis à l'aide de l'ébauchoir le détail est exécuté.

Une _pomme de terre_, une _châtaigne_, une orange, un _champignon_, un gland seront des sujets d'études. Si l'on reproduit un fruit muni d'une queue, on fixe, dans le corps du fruit, une armature de fil de fer sortant à l'extérieur, et autour de laquelle la queue sera modelée.

— Feuilles — Les feuilles seront aussi intéressantes à étudier. On commencera naturellement par les plus simples, faciles à reproduire.

On fera dresser d'abord un fond rectangulaire d'un relief convenable sur lequel la feuille sera ensuite modelée. Cette feuille devra avoir un faible relief, plus accentué à certains endroits, pour marquer le _relèvement_ ou le _gauchissement_ qu'elle peut présenter en certaines parties. Il faudra bien observer les proportions de la tige par rapport à celles de la feuille ; en dernier lieu, on indiquera très légèrement les dentelures et nervures, _très légèrement_, car les détails trop accusés nuisent plutôt au caractère de l'ensemble.

— Fleurs — Si l'on juge à propos d'aborder l'étude d'une fleur, on fera d'abord modeler la _masse totale_ dans laquelle on enfoncera un fil de fer ; on donnera à ce fil une courbure convenable et il recevra ensuite le modelage de la tige. Puis on _évidera la corolle_, et l'on effectuera progressivement le détail jusqu'à l'achèvement. ————

Deuxième partie.

Perspective d'observation.

Avertissement.

Je me suis efforcé de mettre les quelques leçons de perspective qui suivent, à la portée des jeunes intelligences à qui elles sont destinées.

J'ai pensé, en les faisant reposer sur des expériences, les rendre plus intelligibles et faciliter d'autant la tâche des Maîtres. — Ce sont bien des leçons de perspective d'observation, propres à faire réaliser des progrès rapides en dessin à vue.

Je prie les Instituteurs qui s'inspireront de cet ouvrage, de se reporter aux indications consacrées dans le 5ème chapitre du cours de dessin, à l'initiation perspective et à la préparation méthodique au dessin à vue. — Dans le cours de perspective qui suit, les chapitres destinés surtout à la Section élémentaire sont marqués du signe ⚹⚹; — ceux destinés à la Section Moyenne, du signe ✗✗; — ceux qui s'adressent à la Division supérieure sont notés d'une ✗. — Ceux qui ne portent aucun signe sont pour les élèves plus avancés, déjà munis du certificat d'études ; je les ai joints aux autres, afin que les Maîtres qui préparent ces écoliers au **Brevet élémentaire** puissent y trouver les éléments nécessaires.

Je demande encore une fois à mes Collègues de ne négliger aucune des expériences conseillées, et d'y revenir toujours au cours de toute leçon. — L'enseignement du dessin à vue qui paraît difficile, surtout à l'école primaire, deviendra, s'il est compris ainsi, plus simple à donner, plus clair et plus agréable à recevoir, et tous, Maîtres et Élèves, auront le plaisir bien légitime de recueillir le fruit de leur dévouement ou de leurs efforts. —

Chapitre I. =

✗✗ But et principe fondamental de la perspective.

La Perspective apprend à représenter les objets tels qu'on les voit, en tenant compte des déformations qu'ils paraissent subir dans leur aspect, en raison de leur position et de leur éloignement.

Faire constater cette déformation apparente des objets =

— a — Les élèves disposeront des plumiers ou des livres de même grandeur ou de même format, à des éloignements différents : les plus éloignés leur —

paraîtront les plus petits,

_ b _ Une porte ou une fenêtre à-demi ouverte montrera ses deux côtés verticaux inégaux, le plus proche paraissant le plus grand.

_ c _ Mesurer la hauteur d'un lambris à ses 2 extrémités pour faire constater que cette hauteur est uniforme sur toute la longueur du lambris; placer ensuite les élèves au départ de ce lambris, ils verront que celui-ci semble diminuer en s'éloignant.

_ d _ Prendre une planchette assez longue, la diviser en deux par une ligne très visible (fig. 1). Montrer la planchette d'abord de front : les 2 divisions paraîtront égales; la présenter ensuite

_1_ _2_ _3_ _4_

fuyante (f.2): la division la plus éloignée paraîtra moins grande que la plus rapprochée. ______

_ e _ Faire la même observation en augmentant le nombre des divisions, en partageant en 4 ou en 8, en 3, 6 ou 9 parties égales; à chaque nouvelle expérience, les divisions éloignées se réduiront de plus en plus

De ces observations et de bien d'autres faciles à imaginer, les élèves déduiront le principe capital de la perspective : les grandeurs, les surfaces, les objets semblent diminuer en raison de leur éloignement.

_ Exercices : _

_ a _ *Faire dessiner des objets linéaires*, pointes, cannes, de même longueur, *ou des objets plans* de surface égale et semblable, ardoises, cahiers, livres, etc., tenus à des distances différentes. Les élèves les représenteront par des lignes ou des rectangles de grandeurs proportionnelles à celles observées.

_ b _ Fixer sur un carton *des objets en équerre, ou* tracer sur ce carton *des carrés égaux*, f. 3, *des denticules ou une grecque ;* présenter le carton dans une position fuyante et le faire dessiner — fig. 4.

_ c _ Sur un tableau mobile, faire *des tracés d'angles droits assez grands et égaux*, *de rectangles ou de triangles semblables et égaux ;* le tableau étant mis dans la position fuyante convenable, les élèves dessineront ces diverses figures, suivant leur apparence variable, des plus proches aux plus éloignées.

Chapitre II.

✗ ✗ Lignes de front. Lignes fuyantes. Plans de front. Plans fuyants.

_ a _ En se servant d'une règle qu'il tient devant lui, l'Instituteur montre ce qu'on entend par *ligne de front*. Il explique que la règle est de front, quand la direction du regard forme avec elle un angle droit. Pour rendre l'explication plus claire, il peut figurer devant lui, par une autre règle perpendiculaire à la 1ère, la direction de son regard, f.5.

_b_ Il fait voir de même que la ligne est fuyante quand la direction du regard ne lui est pas perpen-
(diculaire.

L. de front

Regard

-5-

-6-

_c_ Il fait observer aussi (à l'aide des 2 règles)- que pour être de front une ligne ne doit pas être forcément horizontale, mais qu'elle peut être de front tout en étant oblique quant au niveau : il suffit pour cela qu'elle soit parallèle à l'observateur et perpendiculai-re à la direction de son regard.

_d_ Les élèves répètent en commun les expériences faites devant eux; ils sont invités à tenir leur règle horizontale et de front, horizontale et fuyante, de front sans être horizontale. _ Expériences nombreu-ses dans la classe : bords des tableaux, des cartes, etc.

_e_ En répétant les mêmes observations avec des objets plans, ardoises, cahiers, tableaux, on fera comprendre qu'une surface est de front quand la direction du regard lui est perpendiculaire, c'est à dire forme avec elle, au point de rencontre, des angles droits dans toutes les directions ou, plus simplement, quand cette surface est parallèle au visage de l'ob-servateur. Toute surface qui ne remplit pas cette condition est fuyante. - - - - - - - - -

_ f _ Inviter les élèves à placer des objets plans choisis autour d'eux, dans la position dite de front. _ Inversement, les faire placer eux-mêmes devant certains objets, tableaux, vitres, etc.. de telle sorte que ces objets soient vus par eux de front. _ Leur faire désigner dans la salle, des surfaces qu'ils voient fuyantes.

Chapitre III.

x. Tableau.

En perspective, les objets sont supposés vus à travers une vitre ou tableau transparent imaginaire, vertical et de front. Il en résulte que toutes les lignes et surfaces vues de front sont parallèles à ce tableau imaginaire, et que toutes les lignes ou surfaces fuyantes, sont dirigées obliquement par rapport à ce même tableau.

Cette vitre ou tableau perspectif est indiquée en VVVV, fig. 7. _ L'observateur placé derrière la vitre et parallèlement à elle, aurait les yeux à l'emplacement figuré par l'ellipse oo marquée en noir; il regarderait, bien entendu, devant lui, et perpendiculairement à VV.

Exercice : Mettre les élèves devant une fenêtre ou une porte vitrée; leur montrer, à travers les carreaux, des objets extérieurs disposés à l'avance, et leur faire désigner, sur ces objets, des lignes et des surfaces de front, des lignes et des surfaces fuyantes,

Chapitre IV.

XX. _ Directions apparentes de l'horizontale.

_A_ En tenant leur règle horizontale et de front, les élèves constatent que, dans cette position, la règle paraît horizontale, _ et que si on l'élève ou l'abaisse en la maintenant de front, elle semble toujours horizontale ; ils peuvent conclure eux-mêmes qu'une horizontale de front paraît toujours horizontale en perspective.~~~~~~~~

Expériences: Bords supérieur et inférieur d'une armoire, d'un tableau, d'une fenêtre, vus de front.

_b_ La même règle placée et maintenue horizontale au niveau des yeux, peut-être tournée à droite ou à gauche, ce qui permet de voir qu'au niveau des yeux, une horizontale, même fuyante, semble constamment horizontale.

-7-

F. face de front, _ D face fuyante, _
AB, BC _ Droites de front,
_ EF. Droite fuyante _

_C_ Toujours horizontale, mais tenue au-dessus du niveau des yeux, si on fait tourner la règle horizontalement à gauche ou à droite, elle semblera en fuyant s'abaisser par son extrémité éloignée ; au-dessous des yeux et tenue de même façon, elle paraîtrait au contraire s'élever. Les élèves en concluront qu'une horizontale fuyante semble s'élever ou s'abaisser vers l'horizon, par son extrémité éloignée, selon qu'elle est tenue au-dessous ou au-dessus de l'horizon. — Ces expériences devront être répétées pour que les faits dont elles sont la confirmation se gravent dans les jeunes esprits.

<u>Expériences</u> : ardoise, livres, tenus verticalement et fuyants, assez près du visage : bien observer l'inclinaison apparente des bords supérieur et inférieur. — Une porte, une fenêtre à demi-ouverte, l'extrémité supérieure et le pied des arbres d'une allée, une persienne, donnent aussi la même impression (f. 8)

Exercices :

Faire dessiner les objets indiqués dans les expériences précédentes et vus dans les positions décrites, au moyen de sim-

ples rectangles donnant l'idée de la <u>direction apparente des bords horizontaux</u>.

Faire dessiner aussi des bandes rectangulaires de carton suspendues verticales et fuyantes : des filets horizontaux tracés sur ces cartons, et dessinés aussi par les élèves, rendront l'expérience plus sensible et le dessin plus fructueux (f. 9 à 12)

XX La Verticale

Il n'y a pas à faire sur les verticales des observations répétées comme sur les horizontales : il suffit de regarder autour de soi, pour se rendre compte par de multiples exemples, que toutes les verticales demeurent verticales en perspective. — Il sera facile de le faire remarquer aux élèves.

Chapitre V

X. Plan d'horizon. Ligne d'horizon.

En se servant d'un carton, d'une ardoise d'un objet plan tenu bien horizontal et au niveau de son œil, le Professeur montre ce qu'on entend par niveau

de l'horizon. Il explique que, si le carton figurant ce niveau pouvait être étendu en tous sens, il rencontrerait forcément les murs de la salle, et qu'il les rencontrerait suivant une ligne droite horizontale située juste au niveau de ses yeux: c'est cette ligne horizontale qui figure pour lui, dans la salle, la ligne d'horizon (f. 13)

Il fait renouveler l'expérience en commun, de façon que tous les élèves puissent trouver chacun la hauteur de sa ligne d'horizon; il a bien soin de faire remarquer que ce niveau est variable d'un individu à l'autre, puisqu'il dépend du niveau plus ou moins élevé des yeux de l'observateur suivant la position de celui-ci.

Cette ligne d'horizon est extrêmement importante : il faut se la représenter sans cesse bien qu'elle soit imaginaire, car on peut dire que toute la perspective repose sur elle.

Au bord de la mer, dans une grande plaine, elle est toujours figurée à l'endroit très reculé où le ciel semble s'unir à la mer ou à la terre (f. 14).

Exercice

Faire désigner par les élèves, à tour de rôle, un point que l'on marque sur le mur, au niveau que l'élève nommé pense être celui de sa ligne d'horizon. À l'aide d'une baguette, vérifier si le niveau de l'œil de l'écolier et du point indiqué sont bien les mêmes. Il y aura souvent erreur, car les enfants sont toujours portés à prendre leur horizon trop élevé; il faudra donc reprendre cet exercice au début de chaque leçon, afin d'habituer les enfants à se figurer la ligne d'horizon juste à son niveau.

On peut trouver pratiquement la ligne d'horizon : 1º Avec un cahier tenu horizontalement f. 15, au-dessus des yeux, on voit le dessous du cahier, au-dessous des yeux, on voit le dessus du cahier; au niveau des yeux, on voit le bord antérieur du cahier — 2º Avec une règle horizontale fuyante, f. 16, au-dessus de l'horizon, la règle s'abaisse à l'extrémité éloignée, au-dessous de l'horizon, la règle s'élève à l'extrémité éloignée.

au niveau de l'horizon, la règle paraît horizontale.

— 3° Avec un papier plié en quatre de façon à former un angle droit, ce papier étant tenu vertical et dans une direction oblique par rapport à l'observateur f. 17,

au-dessous de l'horizon, l'angle droit paraît obtus,

au-dessus de l'horizon, l'angle droit paraît aigu, quand le bord supérieur de l'angle droit sera au niveau de l'horizon, il paraîtra horizontal, et l'angle aura l'aspect d'un angle droit;

— 4° En examinant, sur un objet quelconque placé à portée, f. 18, deux lignes, (AB, CD, par exemple,) que l'on sait être parallèles et horizontales; prolonger ces lignes à vue d'œil jusqu'à leur rencontre en O, et par ce point supposer une horizontale de front OH qui figurera la ligne d'horizon.

— 5° En élevant un flacon à demi-plein d'un liquide quelconque, de façon que le niveau du liquide soit vu sous l'apparence d'une simple droite horizontale, cette ligne indique le niveau de l'horizon.

— 6° Le niveau du cercle supérieur du poids terminant un fil à plomb, f. 19, peut servir dans les mêmes conditions que le niveau d'un liquide, à préciser la hauteur de la ligne d'horizon.

— 7° Enfin, à l'aide d'un petit miroir que l'on tient suspendu vertical devant son visage, au moment où l'on voit l'image de son œil dans le miroir, cette image indique le niveau de la ligne d'horizon, f. 20.

Chapitre VI

XX
XX Direction perspective des parallèles de front,
des parallèles fuyantes, des horizontales fuyantes,
des horizontales parallèles au rayon visuel.

—a— Avec une ardoise, un livre, ou tout autre objet
rectangulaire présenté de front, faire observer que les
bords qui sont des parallèles de front, paraissent toujours parallèles, quelle que soit leur direction (horizontale, verticale ou oblique). Faire exécuter l'expérience aux élèves qui concluront que des parallèles de front

conservent, en perspective, une apparence parallèle, f. 21
—b— Avec les mêmes objets tenus dans une position
fuyante, et assez près de l'œil, faire remarquer que
les bords parallèles semblent se rapprocher l'un de l'autre à mesure qu'ils s'éloignent de l'œil, f. 22. On peut
donc dire que des parallèles fuyantes semblent se rapprocher vers un même point de fuite, au fur et à mesure
qu'elles s'éloignent de l'œil.
—c— En se plaçant près d'une grille, d'un mur de grande longueur, à l'extrémité d'une rangée d'arbres, il est
facile de voir que la grille, le mur, la rangée d'arbres diminuent de hauteur dans l'éloignement et que, forcément, les horizontales supérieure et inférieure qui les

limitent semblent se rapprocher, f. 23. De même, en
regardant de côté une voie de chemin de fer, f. 24, les
bords de la voie, les rails, qui sont des horizontales fuyantes, paraissent converger jusqu'à se confondre au loin
en un point unique, qui est le point de fuite de ces
lignes.

Si la vue est assez étendue, on remarquera que
ces points de fuite des horizontales fuyantes sont situés sur la ligne d'horizon, car la crête des arbres, celle
du mur, plus élevées que l'horizon, la voie ferrée, plus
basse que le niveau de l'œil, semblent s'abaisser ou
s'élever, jusqu'à la rencontre de cette ligne d'horizon.
Donc, les parallèles horizontales fuyantes ont toujours
leur point de fuite sur l'horizon.
— d — Enfin, il reste une catégorie de parallèles horizontales qui, au lieu d'être fuyantes, sont parallèles à
la direction du regard, et comme telles, perpendiculaires au tableau, f. 25. la perspective de ces droites forme
un cas particulier. Pour la compréhension de ce qui va
suivre, il sera bon de figurer au moyen de règles, ou
mieux, avec des ficelles tendues d'un mur à l'autre,
dans la classe, des parallèles à la direction générale du
regard des élèves. Si ces ficelles peuvent être tendues
sur une grande longueur, à travers une cour, par
exemple, cela sera préférable, faire en sorte de les
placer à des niveaux divers, au-dessus et au-dessous des
yeux, à gauche et à droite des élèves. Placer ceux-ci
au départ des ficelles, et faire préciser le niveau moy-
en où l'on pourrait marquer sur le mur d'en face la
ligne d'horizon. Aussitôt les enfants s'apercevront
que toutes les ficelles parallèles semblent converger

vers un point unique situé sur la ligne d'horizon; celles qui sont à droite et celles qui sont à gauche vont à la rencontre les unes des autres; celles qui sont au-dessus des yeux ont l'air de s'abaisser; et celles qui sont au-dessous paraissent s'élever comme si elles voulaient aussi se rencontrer; la conclusion à tirer c'est que tous ces fils, comme toutes les horizontales parallèles à la direction du regard, convergent vers un point de la ligne d'horizon, toujours le même dans toute expérience analogue, celui qui est exactement en face de l'œil de l'observateur.

Faire déplacer les enfants, les envoyer en face, à l'autre mur, pour qu'ils regardent en sens inverse : le même effet se produira. — Les placer à une extrémité du mur, de façon que tous les fils soient à leur gauche ou à leur droite; ils les verront encore converger de même façon, vers le point qui sera en face de leurs yeux, sur la ligne d'horizon.

Ce point, très important, se nomme point principal de fuite, ou simplement point principal, et non point de vue comme on l'appelle souvent à tort. (Le point de vue se confond exactement avec les yeux.)

Mais le moyen le plus pratique de faire vérifier le principe qui vient d'être expliqué, c'est d'emmener les écoliers sur une route, une longue avenue d'arbres, une voie ferrée, (f. 26, 27 et 28). Du milieu de la route, de la voie ou de l'avenue, ils verront s'allonger devant eux les bords de la route ou de la voie, les rails parallèles qui paraîtront se rapprocher l'un de l'autre, se relever en même temps vers le point situé sur l'horizon en face de leurs yeux : ils verront aussi converger les <u>horizontales parallèles</u> passant par les pieds et les cimes des arbres, qui s'abaissent ou s'élèvent toutes dans l'éloignement vers vers le même point principal de <u>fuite, situé en face de l'œil de l'observateur, sur l'horizon.</u>

Toutes ces conclusions pourront encore être vérifiées dans la rue, où une foule d'objets, trottoirs, maisons, donnent des parallèles qui, avec l'éloignement assez prononcé, offriront des effets frappants. En classe, l'examen de vues du même genre, sur de simples <u>cartes postales illustrées</u>, sera d'un grand

profit au même point de vue. ——————

———— *Exercices* ————

—1º Sur un objet cubique, sur une caisse, sur un meuble, faire préciser la direction de toutes les arêtes vues. faire indiquer celles qui sont horizontales ou verticales, de front ou fuyantes, celles qui, par rapport à la ligne d'horizon, <u>paraissent montantes ou descendantes.</u>

—2º À l'inverse, faire tracer une ligne horizontale figurant la ligne d'horizon, f. 29, et nombre de droites représentant <u>des verticales, des horizontales de front</u> et <u>des horizontales fuyantes</u> placées à des niveaux différents, <u>des horizontales parallèles au rayon visuel</u>, —— (c'est à dire <u>perpendiculaires au tableau</u>.)

— 3º — Placer les élèves devant une fenêtre ou une porte ayant un battement fermé vu de front, et l'autre ouvert vu fuyant; leur demander de préciser le niveau de la ligne d'horizon et de dessiner sommairement par de simples lignes droites, les montants et traverses de la fenêtre ou de la porte; — faire répéter l'exercice sur une paire de persiennes: il y aura une quantité de lames horizontales à figurer (toujours par de simples droites) en observant bien leur direction apparente, f. 30.

Chapitre VII.
— Appréciation et reproduction des rapports. —

XX Pour dessiner aussi exactement que possible, il faut savoir représenter les lignes ou les objets considérés, en leur conservant sur le dessin, les rapports de grandeur qu'ils ont entre eux dans leur apparence réelle. — Les artistes et les dessinateurs professionnels ont le coup d'œil assez juste pour y réussir à vue; il est donc indispensable d'exercer son œil et de commencer, chaque fois que l'on fait une construction, par marquer d'abord à vue les grandeurs considérées: la vérification et et la rectification doivent venir seulement après.

X. — On emploie un moyen d'appréciation que je vais expliquer ici, pour évaluer les grandeurs, les contrôler sur le dessin et les rectifier, s'il y a lieu, comme cela est nécessaire le plus souvent.

Voici le procédé pratiqué par tous les dessinateurs: soit, par exemple, à évaluer le rapport apparent des lignes AB et CD. On tient son crayon de front et à bout de bras, f. 31, — (à bout de bras pour qu'il soit toujours à la même distance de l'œil, et ceci est essentiel, car autrement, les mesures évaluées varieraient pour l'œil à chaque nouvelle opération). On place le crayon tenu ainsi, entre l'œil et c d la plus petite des grandeurs à comparer, de façon que la partie supérieure c'd' du crayon semble recouvrir c d; en se servant du bout du pouce comme curseur s'élevant ou s'abaissant sur le crayon, on arrête en d' sur celui-ci la mesure apparente de c d. Tenant toujours le crayon de front, on conserve à l'aide de l'ongle la mesure c'd' relevée, et on reporte cette mesure sur la gran-

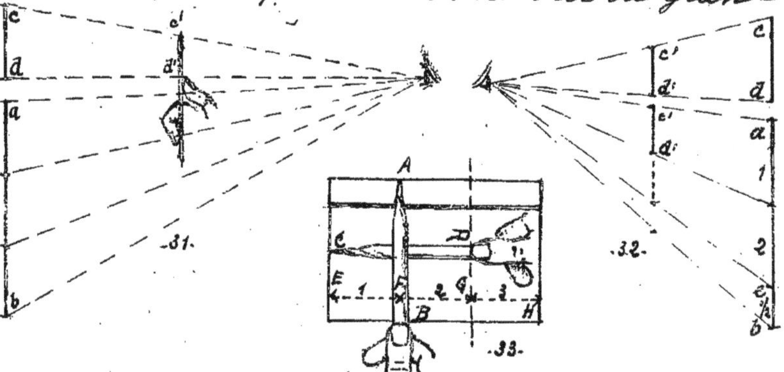

deur a b, autant de fois successivement qu'elle peut y être contenue (ici 3 fois) et l'on apprécie ainsi le rapport entre a b et c d.

✗ Il arrive rarement que de deux grandeurs comparées, la plus petite soit contenue exactement un certain nombre de fois dans la plus grande; l'évaluation faite, il y a toujours sur la grande longueur un reste qu'il fait apprécier à vue, par rapport à la plus petite des 2 grandeurs. — Ainsi dans l'exemple de la f. 32, nous dirons après avoir reporté 2 fois c d sur a b, que cette ligne est contenue 3 fois ½ dans a b, parce que, en plus, des 2 reports opérés, il reste sur a b une grandeur e b égale à la moitié de c d. Le rapport est donc $2 \frac{1}{2} \times 1$ ou 5×2, c'est à dire que c d est les $\frac{2}{5}$ de a b.

✗ Voici un autre exemple. Il s'agit cette fois de comparer la hauteur et la largeur d'une boîte d'apparence rectangulaire, f. 33. On tient son crayon comme cela a été expliqué, vertical, de front, et à bout de bras, de façon que la pointe semble affleurer en A le niveau de la hauteur de la boîte, et on arrête avec le pouce, en B, la hauteur qui correspond sur le crayon à celle de la boîte. En maintenant la tête dans la position primitive et le bras tendu à la même longueur que précédemment, on reporte sur la longueur apparente de la boîte, dans la position C D, la hauteur A B conservée avec le pouce, et on compare ainsi les 2 dimensions l'une à l'autre : on voit alors que la largeur de la boîte excède sa hauteur d'environ moitié, puisque sur la largeur totale E H, il reste en plus de E G, une grandeur G H égale à la moitié de E G. Un croquis explicatif analogue à celui qui vient d'être donné en exemple, pourra être fait sur le tableau noir, afin de rendre plus sensibles les explications qui précèdent.

✗ Quand les rapports entre plusieurs grandeurs sont établis, il faut savoir les reproduire sur le papier, tels qu'on les a évalués. — Si l'on veut par exemple dessiner un rectangle a b c d dont la hauteur est moitié de la longueur, f. 34, il faut le tracer en lui conservant ce rapport de moitié entre ses dimensions. Ainsi les rectangles a' b' c' d' et a" b" c" d" figureront aussi bien que l'autre le premier rectangle a b c d, l'un à une échelle diminuée, l'autre à une échelle augmentée, puisque tous deux conservent la relation de moitié entre leurs dimensions, relation indiquée par la figure a b c d.

XX Procédé simple de reproduction des rapports, à employer, de préférence au précédent, à l'école primaire. — Dans la pratique, pour faire établir un dessin par de jeunes enfants qui trouveraient quelque difficulté à évaluer et à reproduire des rapports de mesures, voici comment on pourra procéder. Il suffira de faire prendre, à l'aide du crayon tenu de front, et du pouce faisant office de curseur, f. 35, les mesures apparentes

des grandeurs à reproduire — (sans s'inquiéter du rapport existant entre elles) —; toutes les mesures relevées successivement seront augmentées ou diminuées un même nombre de fois, dans l'indication sur le dessin, et elles conserveront ainsi dans la reproduction, le rapport exact qui les caractérise sur l'apparence des grandeurs à dessiner, f. 36.

Ainsi, pour dessiner un rectangle a b c d sur la feuille f f f f, voici comment il faudrait procéder. Pour déterminer la proportion dans laquelle toutes les mesures seront augmentées, eu égard au format de la feuille, il faut : 1° prendre avec le crayon de front la mesure de a b, et chercher combien de fois la grandeur a' b' qui la représente sur le crayon peut être contenue dans la largeur de la feuille (moins la marge que l'on veut laisser) : ici, a' b' est contenue 6 fois dans l'espace à couvrir de l en l, f. 36 et 37. — 2° Prendre de même en b' d' la mesure apparente de b d, et chercher également combien elle peut s'inscrire de fois dans l'espace H H à couvrir en hauteur sur la feuille : ici 2 fois seulement. Les mesures apparentes relevées sur le crayon ne pourront donc être que doublées sur le dessin, puisque la hauteur b' d' ne peut s'y indiquer que 2 fois, et le rectangle a" b" c" d" sera la représentation de la figure initiale a b c d. — Pour placer ensuite la droite g h qui coupe le rectangle, il suffit de relever les grandeurs c g et b h en c' g' et b' h', et de doubler ces 2 mesures apparentes en c" g" et b" h" pour fixer sur le dessin g" h" qui représente g h.

Exercices

— 1°. Tracer au tableau noir des lignes de grandeurs et de directions différentes, les faire mesurer et reproduire en les amplifiant ou diminuant toutes dans la même proportion. Opération semblable pourra être faite sur des arêtes de meubles, des bords de cartes ou de tableaux

— 2°. Tracer au tableau des rectangles qui seront reproduits après évaluation de leurs proportions, et avec augmentation ou diminution des mesures relevées à l'aide du crayon.

— 3°. Les arêtes des meubles ou des tableaux, les rectangles apparents sur les meubles ou les portes, sur les fenêtres, seront aussi mesurés, et dessinés sommairement, en tenant compte des mesures observées.

Chapitre VIII

XX Usage du viseur.

Pour aider les débutants à apprécier la direction des lignes, et à les reproduire suivant une pente convenable, on peut faire usage du viseur, facile à construire, qui va être décrit. Dans un carton assez fort, découper une ouverture rectangulaire d'environ 4 cm. en largeur et 10 en hauteur, ou limitée si l'on veut sur 3 côtés seulement, f. 38. Diviser le côté inférieur en 8 parties égales, et porter sur les 2 montants des divisions de même grandeur que les précédentes.

Pour évaluer pratiquement la pente de AB et AC avant de les reproduire, il faut placer le cadre viseur exactement vertical et dans une position de front, entre l'œil et les lignes à examiner, de façon qu'une extrémité des lignes coïncide, en A par exemple, avec une division du bord inférieur tenu bien horizontal. On remarque ainsi que AB a une pente marquée par 4 divisions à gauche et 4 divisions en bas (c'est à dire est inclinée à 45° suivant la diagonale d'un carré)—; que la pente de AC se mesure par 3 divisions contre 4 en bas, que DE s'incline suivant une pente de 2 X 6, que FG accuse une inclinaison de $1\frac{1}{2} \times 2\frac{1}{2}$. Dès lors on reproduit aisément ces lignes comme elles le sont en A'B', A'C', D'E', F'G' avec leurs pentes respectives exactes, f. 39.

Le même viseur peut servir à évaluer l'ouver-ture d'un angle, comme celle de BAC dans fig. 38. Dans cet exemple, la pente des lignes BA et AC étant bien évaluée sera un élément suffisant pour la construc-tion d'un angle égal à l'angle observé. Si l'angle é-tait dirigé en sens inverse et avait son sommet en haut, il suffirait de retourner le viseur dans la posi-tion contraire, avec le bord horizontal en haut.

Ce viseur rendra de grands services aux dé-butants pour vérifier leurs constructions; au bout d'un certain temps, ils pourront et devront s'en passer. Pour acquérir rapidement l'habileté nécessaire, il faudra toujours, avant de recourir au viseur, placer la ligne à tracer avec l'inclinaison que l'on croira conve-nable; on s'aidera du crayon tenu de front horizon-talement, et formant avec la ligne considérée un an-gle qui aidera à apprécier l'inclinaison à reproduï-re, f 40. La mise en place à vue effectuée, on rectifiera s'il y a lieu à l'aide du viseur.

——— Exercices ———

—1º Tracer sur le tableau noir des angles multiples, de toutes grandeurs et dans toutes les positions, les faire mesurer et reproduire.

—2º Faire évaluer de même sur les objets mobiliers qui entourent les élèves, les angles formés par des arêtes se rencontrant selon une apparence perspective quelcon-que, et imposer le tracé d'angles équivalents à ceux qui auront été observés.

Chapitre IX.

Carré

Nous allons maintenant aborder la perspective du carré. Pour faciliter les explications, il est indispensable de se munir d'une planchette assez épaisse destinée à rendre plus claires les observations nécessaires.

Un carré peut être vu :

— a — au-dessus de l'horizon, f. 41, 44, 47, 50.

— b — au niveau de l'horizon, f. 42, 45, 48.

— c — au-dessous de l'horizon, f. 43, 46, 49, 51, 52, 53.

— d — horizontal, f. 41 à 49.

— e — horizontal de front, f. 41, 42, 43.

— f — horizontal, et sans être de front, avoir 2 côtés parallèles à l'observateur et au tableau, f. 44, 45, 46.

— g — horizontal, et avoir ses côtés obliques par rapport à l'observateur, f. 47, 48, 49.

— h — oblique complètement, quant au niveau et à la direction, f. 50.

— i — vertical, f. 51, 52, 53

Observations :

XX — a — Si nous tenons notre planchette horizontalement au-dessus du niveau de nos yeux, nous constatons qu'elle nous montre sa face de dessous qui semble fuir en s'abaissant, f. 41, 44, 47, 50.

XX — b — Si nous la plaçons exactement au niveau de nos yeux, nous observons qu'elle laisse voir seulement son épaisseur antérieure, f. 42, 45, 48

XX — c — Si nous l'abaissons au-dessous de nos yeux, nous voyons sa face de dessus qui semble fuir en s'élevant,

f. 43, 46, 49, ou _son bord supérieur_ qui semble s'élever aussi, f. 51, 52, 53.

XX.ª Nous remarquons que le _mouvement de fuite descendante_ de la _face de dessous_, observé dans la position élevée (f. 41, 44, 47, 50) — et le _mouvement contraire de fuite ascendante_ de la _face de dessus_, observé dans la position basse — (f. 43, 46, 49) — semblent converger l'un vers l'autre et que leur rencontre se ferait sûrement sur la ligne d'horizon. ceci est une conséquence forcée des observations antérieures, puisque nous savons

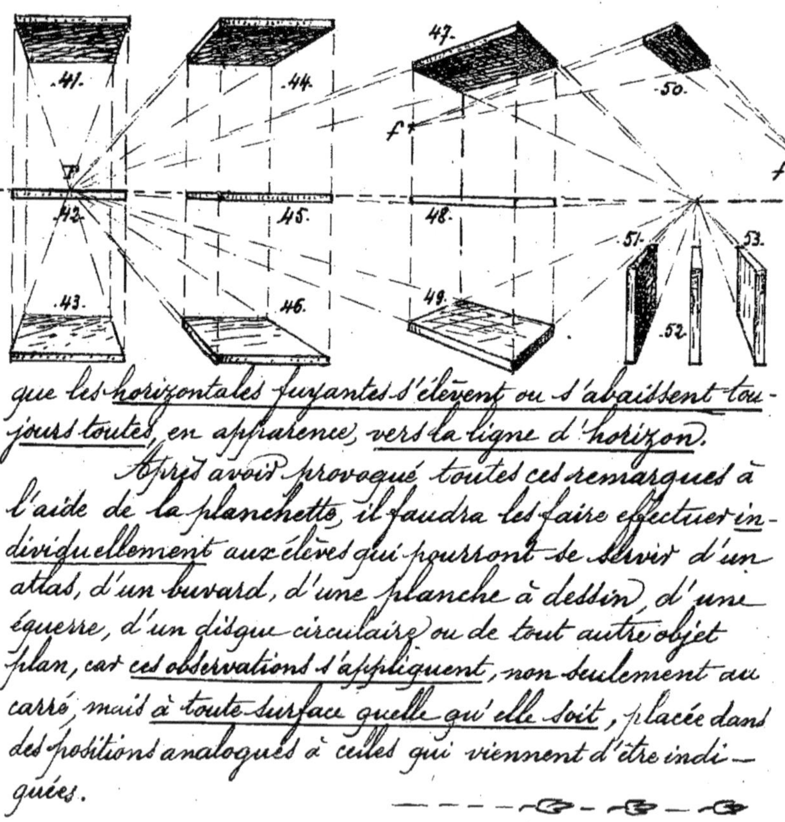

que les _horizontales fuyantes s'élèvent ou s'abaissent toujours toutes_, en apparence, vers la ligne d'horizon.

Après avoir provoqué toutes ces remarques à l'aide de la planchette, il faudra les faire effectuer individuellement aux élèves qui pourront se servir d'un atlas, d'un buvard, d'une planche à dessin, d'une équerre, d'un disque circulaire ou de tout autre objet plan, car _ces observations s'appliquent_, non seulement au carré, mais à _toute surface quelle qu'elle soit_, placée dans des positions analogues à celles qui viennent d'être indiquées.

X _ e _ Carré horizontal de front (f. 41, 42, 43)

Notre planchette nous montre que les bords d'avant et d'arrière restent horizontaux comme étant 2 horizontales de front, le bord le plus rapproché montrant toute son épaisseur, — que les bords de gauche et de droite sont des parallèles horizontales qui s'abaissent (41) ou qui s'élèvent (43) vers un même point de fuite sur la ligne d'horizon. Mais puisque le carré est de front, ces parallèles horizontales sont en même temps parallèles à la direction du regard et perpendiculaires au tableau, elles concourent donc, comme cela a été expliqué (chap. VI) vers le point très important appelé point principal de fuite. Et toujours parce que le carré est de front, le regard est forcément dirigé suivant l'axe médian du carré ; il en résulte que le point principal se marque à la rencontre de l'axe médian prolongé et de la ligne d'horizon en P, et c'est vers ce point que se dirigent les côtés horizontaux fuyants.

X.f _ Carré horizontal ayant ses bords d'avant et d'arrière parallèles au tableau, et placé de côté par rapport à l'observateur. — (f. 44, 45, 46).

Les bords d'avant et d'arrière, de front, (planchette) restent horizontaux. Les bords de gauche et de droite, parallèles horizontales perpendiculaires au tableau, s'abaissent ou s'élèvent vers un même point de la ligne d'horizon qui, pour les raisons déjà énoncées (chap. VI) sera encore le point principal de fuite. P.

X.g _ Carré horizontal ayant ses côtés obliques à l'observateur et au tableau, f. 47, 48, 49).

A l'aide de la planchette, comme pour les exemples

précédents et suivants, observer que le carré étant hori_
zontal le double point de fuite des côtés est sur l'horizon:
2 côtés parallèles s'élèvent ou s'abaissent en fuyant à droite,
tandis que les 2 autres, également parallèles et horizon_
taux, s'élèvent ou s'abaissent en fuyant à gauche
vers un point de fuite opposé au 1er.
X_h_ **Carré** situé dans un plan oblique au tableau,
f. 50_ Deux côtés parallèles se rapprochent vers un point
de fuite accidentel, f, situé en dehors de l'horizon. les 2
autres vont vers un point de fuite opposé f, également
accidentel et en dehors de l'horizon.
X_i_ Carré vertical_ (f. f1, f2, f3)
    Toujours au moyen de la planchette, nous cons_
tatons que le carré vertical placé juste en face de nous
et perpendiculairement au tableau (f. f2), nous mon_
tre seulement son bord antérieur, _ que, placé à notre
gauche (f1), il nous montre, avec son même bord anté_
rieur, sa face de droite, _ que, placé à notre droite, (f3)
nous voyons encore son bord antérieur, et, en plus, sa fa_
ce de gauche, _ que, dans ces 3 positions, l'épaisseur su_
périeure semble s'élever si le carré est au-dessous de
l'horizon, comme l'épaisseur inférieure semblerait s'a_
baisser si le carré était au-dessus de l'horizon.
_ Toutes ces observations que nous venons d'indiquer,
devront, cela va sans dire, être provoquées peu à peu, et
non en une seule fois. Il appartiendra aux Instituteurs
de les morceler, de les faire effectuer progressivement à leurs
jeunes élèves, au cours des nombreux exercices auxquels
elles donneront lieu. Quand ces remarques auront été
répétées, fortement établies, et que l'on fera dessiner des
carrés, des rectangles, ou des objets de formes analogues,

il faudra encore les renouveler rapidement au début
de chaque dessin.

X Mise en place d'un carré par l'observation. Exemple.
Examiner d'abord au point de vue perspectif le carré ou l'objet à dessiner, tel doit toujours être le début
de la leçon. On passe ensuite à l'observation des
proportions et là encore, les débutants peuvent s'aider
du viseur déjà utilisé, pour vérifier les mesures prises auparavant avec le crayon et le pouce curseur.

Soit à mettre en place ABCD, f. 54.

Nous remarquons que le carré est au-dessus de l'horizon et qu'il montre sa face inférieure, — que ce carré
horizontal ayant ses côtés obliques par rapport à
l'observateur et au tableau, 2 côtés BA et CD s'abaissent à gauche vers un même point de la ligne d'horizon, que les 2 autres côtés BC et AD s'abaissent à droite vers un autre point de la ligne d'horizon.

Nous passons ensuite à la recherche des proportions du carré et à leur vérification par le viseur.

Nous plaçons notre viseur vertical et de front (f. 54),
et en le maintenant dans cette position, nous encadrons
le carré à l'intérieur, de telle sorte que 3 sommets A D C,
soient en contact avec les bords de ce viseur. Nous observons que la hauteur du carré correspond à cinq divisions verticales, ce qui établit le rapport de 5×8 entre
la hauteur et la largeur du rectangle enveloppant EFGH.
Notre viseur nous montre ensuite que la verticale passant
en B correspond à la 3ème division (au ⅜ de la largeur) que
le point D s'appuie au milieu de la 3ème division à gauche:
nous plaçons ces points B et D dont les niveaux étaient déjà connus. Il nous reste à préciser la hauteur des points A

et G : C est au niveau de la 2ème division verticale, A est au milieu de la 3ème; ces points marqués, le carré est achevé. Nous vérifions avec soin si les côtés BA et CD, BC et AD, fuient bien d'un côté et de l'autre vers les mêmes points.

× Diagonales, centre et médianes du carré perspectif

La perspective du carré obtenue, si l'on veut établir perspectivement le centre du carré, il suffit, comme dans le carré géométral, de mener les diagonales qui, par leur rencontre, précisent en O le centre cherché, f. 55. — Pour obtenir ensuite les médianes, on peut se

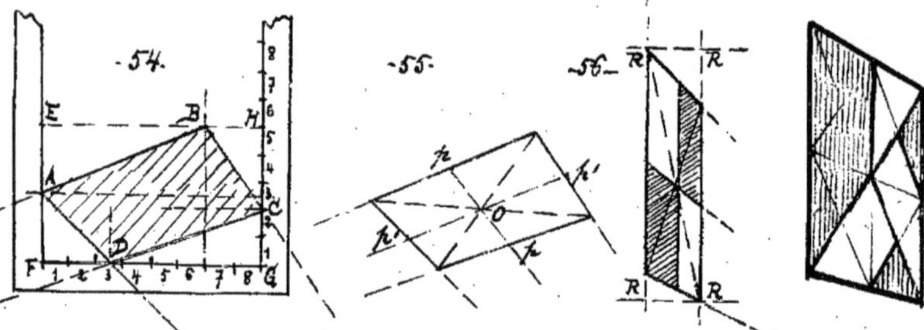

contenter de tracer au jugé, par le centre, des parallèles perspectives pp et p'p', aux côtés du carré; avec de l'exercice, on finit par acquérir l'habileté nécessaire pour tracer ainsi à vue les médianes du carré. (On expliquera d'ailleurs, plus loin, un procédé exact de division des côtés du carré, chap. X).

Exercices d'application.

×× Faire dessiner le carré et le rectangle dans toutes les positions. Se servir pour cela de planchettes, de cartons à dessin, des tableaux qui sont dans la classe, des

fenêtres et de leurs vitres, de boîtes ou de caisses occupant des positions variées et dont certaines faces carrées
ou rectangulaires devront être dessinées.
— Le dessin montrant un carré vertical vu très en raccourci et divisé en 4 carrés égaux (f. 57), est d'une bonne construction et ses divisions sont exactes perspectivement.

Pour construire un dessin semblable, il faut:
1° tracer le rectangle enveloppant RRRR, après en a-
voir mesuré les proportions, f. 56.
2° apprécier la pente des côtés horizontaux fuyants pour
fixer ces côtés.
3° chercher, en traçant les diagonales, le centre perspectif qui aidera au placement des médianes, observer
que la médiane horizontale prend la même direction
fuyante que les 2 côtés horizontaux.

Chapitre X

Quelques procédés usités pour faciliter
certaines constructions perspectives.

— 1° Diviser perspectivement une horizontale fuyante
en parties égales.
En géométrie, pour diviser par exemple AB (f. 58)
en 3 parties égales, il faut:
— a — par une extrémité de AB tracer une droite quelconque AB' illimitée; — b — porter sur AB' 3 divisions égales marquées par les points d; — c — joindre B et B'; —
d — par les points de division d marqués sur AB' mener

dd' parallèles à BB' et on obtient sur AB 3 divisions é-
gales marquées par les points d'.

    Perspectivement, la construction ressemble à la pré-
cédente, f. 59. — Supposons AB, horizontale fuyante ;
pour la diviser perspectivement en 3 parties égales, il
faut :

    — a — tracer par l'extrémité de AB la plus rapprochée
de l'observateur — (ici A), AB' horizontale de front ; — b —
porter sur AB' 3 divisions égales marquées par les points
d — (parce qu'elle est de front, les divisions portées sur
AB' restent égales en perspective, il n'y a donc qu'à

les placer) ; — c — tracer B'B que l'on prolonge jusqu'en
f, son point de fuite sur l'horizon ; — d — mener,
par les points de division d d, des parallèles fuyantes
d f à B'Bf — (ce sont bien des parallèles menées dans l'espace, puisqu'elles vont vers un même point de fuite
f sur l'horizon). — Ces parallèles déterminent en d'
d', sur AB, 3 divisions égales perspectivement.

    — 2° On opère de même façon pour diviser perspec-
tivement une horizontale fuyante en parties proportionnelles à des longueurs données a, b, c. La seule différence c'est qu'au lieu de porter sur AB', droite de
front, f. 60, des divisions égales comme dans le cas pré-

cédent, on porte les longueurs données a, b, c, qui fixeront le rapport des divisions proportionnelles a'. b'. c' que l'on veut obtenir en perspective. — Sur AB, dans la f. 60, il faut remarquer que a' qui correspond à a, la plus petite division portée sur AB, paraît plus grande que c' qui correspond à la plus grande division c : c'est justement l'effet perspectif qui fait paraître c', division éloignée, plus petite que a', division rapprochée.

Exercices

Tracer sur une planche ou un carton des bandes parallèles d'inégales largeurs et se répétant régulièrement dans le même ordre, f. 61. présenter ce carton vertical et fuyant, et le faire dessiner avec les bandes qui y sont tracées, f. 62. — Faire dessiner de même un papier peint rayé de bandes verticales et vu fuyant.

✗ _3º_ _Parallèles perspectives obtenues par l'emploi du réseau perspectif, le point de fuite des parallèles étant inaccessible_, f. 63.

Soit HH la ligne d'horizon — On donne AB et AC parallèles perspectives dont les points de fuite sont inaccessibles. Pour leur mener des parallèles perspectives, on établit un réseau perspectif de la façon suivante : on trace les verticales BV, AV, CV, et on les divise en 4 ou 8 parties égales selon leur longueur, jusqu'à la ligne d'horizon ; on joint les points de division par des parallèles perspectives 1–1, 2–2, 3–3, etc, qui constituent le réseau perspectif cherché. Et pour obtenir une parallèle quelconque XZ, XY, menée perspectivement à AB ou AC, il suffit de la tracer à vue entre les 2 lignes du réseau qui l'avoisinent, de telle sorte qu'elle partage sur toute sa longueur l'écartement de ces 2 lignes dans un rapport constant.

X — Exercices : Reprendre la planchette portant des bandes parallèles de largeurs inégales, qui a servi pour l'exercice précédent ; la placer verticale et fuyante de façon que les bandes soient dirigées horizontalement, f. 64 et 65. — Les élèves en feront sur leur feuille une mise en place aussi grande que possible, de telle sorte que les bords parallèles figurés en AB et CD aient leur point de fuite inaccessible ; ils traceront ensuite les bandes fuyantes en employant un réseau

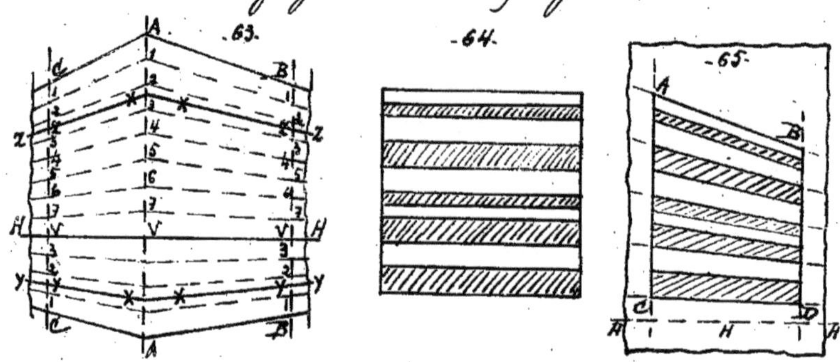

de parallèles perspectives, f. 65. —

Présenter de même le dessin géométral d'une grille en fer forgé formée de barreaux verticaux et horizontaux, d'un carré d'étoffe genre écossais montrant des bandes et des filets se coupant à angles droits ; pour les dessiner, les écoliers feront l'application des problèmes précédents : division d'une fuyante en parties égales ou proportionnelles et emploi du réseau perspectif.

Applications.

X — Dessiner des filets, des grecques, des carrés ornés d'étoiles ou de rosaces, une équerre de menuisier, une échelle, un damier, une fenêtre ou une persienne. Les filets, grecques, carrés ornés, échelle, fenêtre, seront présentés verticaux et fuyants; de plus, les filets, les carrés ou rectangles, l'échelle et tous les objets analogues, qui sont mobiles et peuvent être déplacés seront dessinés dans des positions quelconques.

Voici, dans les fig. 66 à 69, quelques exemples des dessins à demander aux élèves. Ces fig. 66 à 69 sont vues: la 1ère verticale fuyante — la 2ème, horizontale au-dessus de l'horizon — la 3ème et la 4ème, horizontales au-dessous de l'horizon. Les dessins d'élèves 70 et 71 montrent: l'un, une étoile, et l'autre, une rosace, au centre de 2 carrés verticaux vus avec un effet perspectif assez marqué.

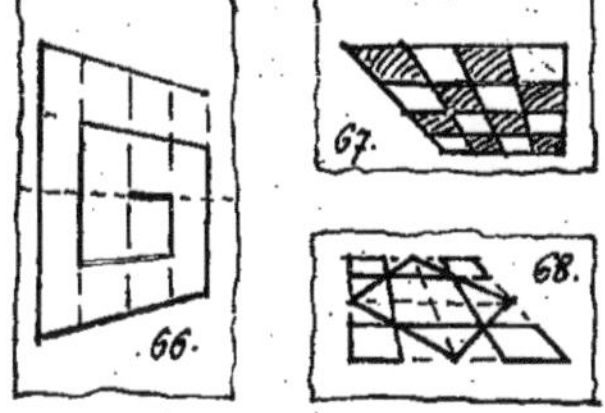
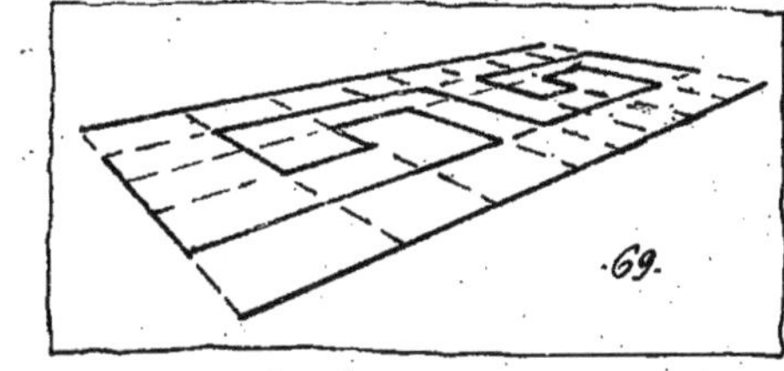

✗ Dans l'exemple donné par les fig. 72 et 73, on a usé d'un procédé rapide pour obtenir la division du carré et de ses côtés en parties égales perspectivement. Le carré ABCD étant mis en place, pour réaliser ce mode de division, il faut: 1º tracer les diagonales qui fixent le centre perspectif O; 2º mener par le centre O, les médianes (parallèles perspectives aux côtés du carré) qui partagent les côtés en 2 et le carré en 4; 3º répéter dans chaque carré partiel AEOF et GOHC, le tracé précédent, pour obtenir les parallèles perspectives IJ, KL, MN, OP, aux côtés du carré; 4º il ne reste plus qu'à placer la figure décorant le centre du carré. ⸺

L'emploi du réseau perspectif peut rendre service dans beaucoup de constructions dérivées du carré ou du rectangle, du même genre que celles qui sont indiquées dans les fig. 74 à 80.

X – a – *Pour dessiner l'équerre*, f. 74 et 75, observer les proportions du rectangle enveloppant AB CD (imaginaire), et le mettre en place exactement ainsi que la ligne d'horizon; apprécier de même les largeurs des branches verticale et horizontale, (s'aider, si besoin est, du viseur pour la vérification); faire les constructions nécessaires en tenant compte des proportions établies, en observant la direction des horizonta-

les parallèles fuyant vers le même point de fuite inaccessible; tracer à vue ces horizontales ou s'aider d'un réseau.

Cette équerre verticale a été dessinée par un élève dont le travail est excellent comme construction perspective et comme exécution. L'auteur, qui se prépare à l'examen du certificat d'études, a dessiné très exactement les épaisseurs de droite, et celle de dessous que le mode de suspension de l'équerre permettait d'entrevoir.

x _ b _ <u>Pour l'équerre horizontale</u>, f. 76,

traçer le rectangle enveloppant ABCD après en avoir relevé les proportions, et marquer la ligne d'horizon, re-pérer les points de contact E, F, et les placer; mener les horizontales fuyantes AE, EF; apprécier les largeurs des 2 branches et les compléter en menant aux lignes précé-dentes des parallèles perspectives, (à vue ou à l'aide d'un réseau.

x _ <u>Construction d'une échelle</u>, f. 78

Tracer le rectangle enveloppant imaginaire ABCD. avec des proportions convenables, et placer l'horizon; relever l'écartement apparent (AE, FC) des deux mon —

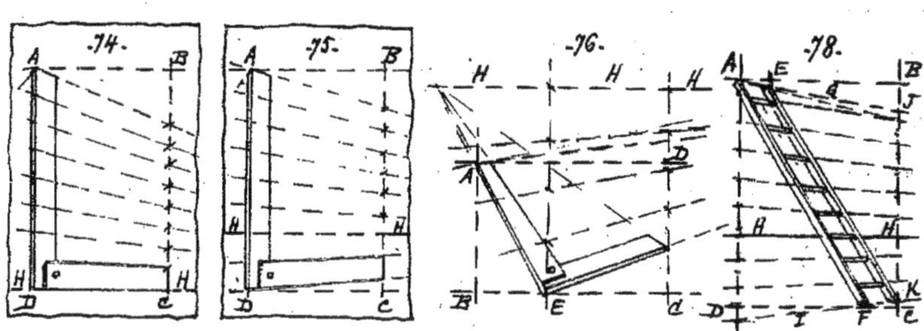

tants, et fixer la position de ces montants; bien ob-server, en les plaçant, leurs proportions en épaisseur dans les 2 sens; mener les horizontales fuyantes pa-rallèles AG, IK ; construire sur les verticales AHD, JHK, un réseau perspectif qui aidera à fixer la direction des échelons horizontaux parallèles à AGI, KFI. (Une partie de ces échelons s'abaisse, tandis que l'autre s'élè-ve vers l'horizon.

x _ d _ Châssis de fenêtre, f. 79,

Construire le rectangle enveloppant ABCD après exa-men de ses proportions apparentes; placer dans ce rectangle la ligne d'horizon à son niveau, apprécier la position des points E et F, pour fixer les horizontales supérieure et inférieure, dont l'une s'abaisse, tandis que l'autre s'élève vers un point de fuite inaccessible sur l'horizon ; — à l'aide d'un double réseau perspectif, figuré au-dessus et au-dessous de l'horizon, placer les traverses supérieure et inférieure du châssis, après en avoir apprécié la hauteur en fonction de la hauteur totale ; opérer de même pour le petit bois horizontal à mi-hauteur ; partager perspectivement le

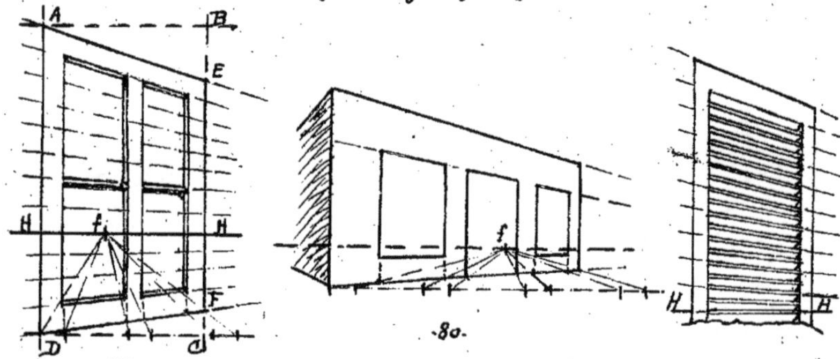

-79- -80- -81-

bord inférieur DF, en divisions proportionnelles aux largeurs et aux écartements des montants verticaux, ou achever simplement le tracé à vue.

— c — Le procédé de division de droites en parties égales ou proportionnelles, et le réseau perspectif pour le tracé des parallèles, pourront être utilisés dans la mise en place d'une façade de maison, (f. 80) dans le dessin d'une persienne, (f. 81) et dans nombre de cas analogues.

Chapitre XI.

Perspective de la Circonférence.

xx Pour rendre plus claires les explications qui suivent, se munir d'un disque de carton, d'un cerceau ou
de tout autre objet circulaire assez grand pour être vu de
toute la classe.

Présenter ce cercle:
1° de front — faire constater que dans cette position (f. 82)
la perspective reste circulaire, semblable à la forme même de l'objet;
2° horizontalement, au-dessus de l'horizon — faire voir

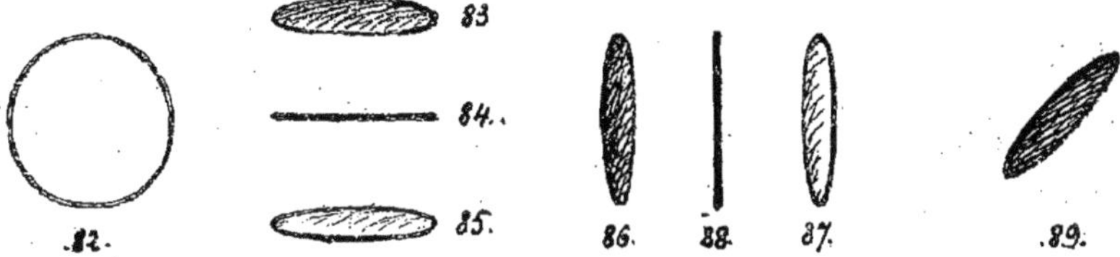

que le cercle se montre sous l'apparence d'une ellipse
qui présente sa face inférieure, f. 83.
3° horizontalement, au niveau de l'horizon — faire
remarquer qu'il laisse voir seulement son épaisseur
antérieure, et que, si celle-ci est très minime, la perspective du cercle se traduira par une simple ligne
droite, f. 84;
4° horizontalement, au-dessous de l'horizon — le cercle se voit sous l'apparence d'une ellipse montrant sa
face supérieure, f. 85.
5° verticalement, à droite et à gauche de l'observateur

le disque prendra encore l'aspect d'une ellipse, f. 86, 87.

6° verticalement, en face de l'œil — on le verra sous l'aspect d'une simple verticale, f. 88;

7° dans des positions quelconques — il se montrera sous la forme d'ellipses obliques, f. 89.

De ces expériences montrant le disque dans toutes sortes de positions, on peut conclure qu'un cercle, à moins qu'il ne soit vu de front, ou horizontal au niveau de l'horizon, ou vertical passant par le rayon visuel, se montre toujours sous l'aspect d'une ellipse.

Les observations qui précèdent pourront s'effectuer en plusieurs fois s'il est nécessaire; il faudra en tout cas les répéter souvent, y revenir en toute occasion, afin de les graver dans l'esprit des élèves. Un excellent moyen de les fixer, ce sera de faire dessiner sommairement, au fur et à mesure des explications, une roue ou roulette, un disque présenté dans toutes positions.

XX Procédé approximatif — (Toujours suffisant à l'école primaire) — pour tracer l'ellipse perspective du cercle, dans tous les cas où l'on n'a pas besoin d'une précision absolue.

Il faut :

— a — prendre avec le crayon et le pouce curseur les proportions des 2 axes AB et CD de l'ellipse que l'on veut reproduire, f. 90. (On peut vérifier avec le viseur l'exactitude des mesures relevées : encadrer l'ellipse vue à l'intérieur du viseur tenu de front, et constater ainsi les proportions des axes qui sont ici de 6 × 8, c'est à dire que le petit est les $\frac{6}{8}$ ou les $\frac{3}{4}$ du grand)

— b — Tracer d'abord le grand axe en observant bien son inclinaison apparente pour la reproduire exacte-

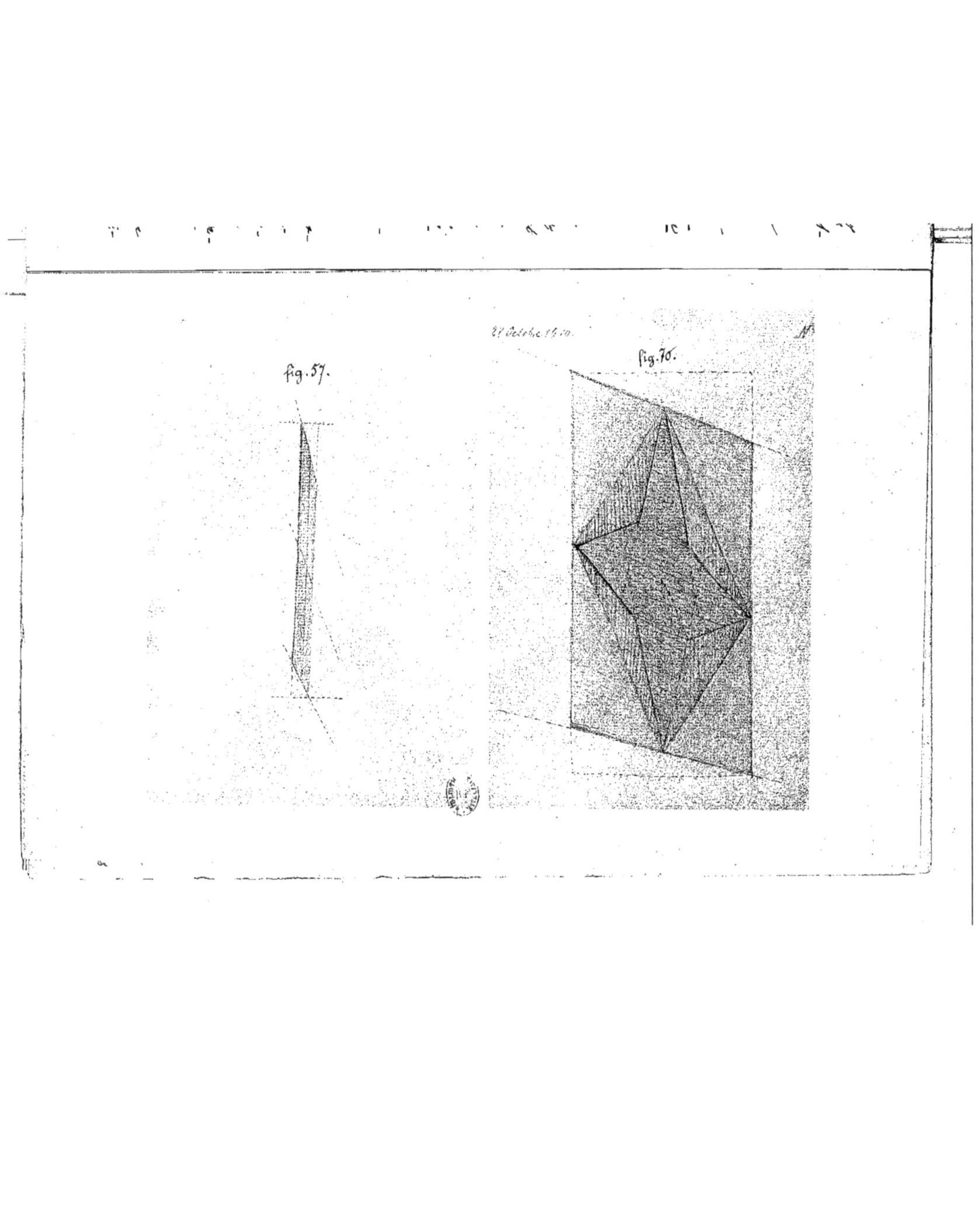

21 Octobre 1810.
fig. 57.
fig. 70.

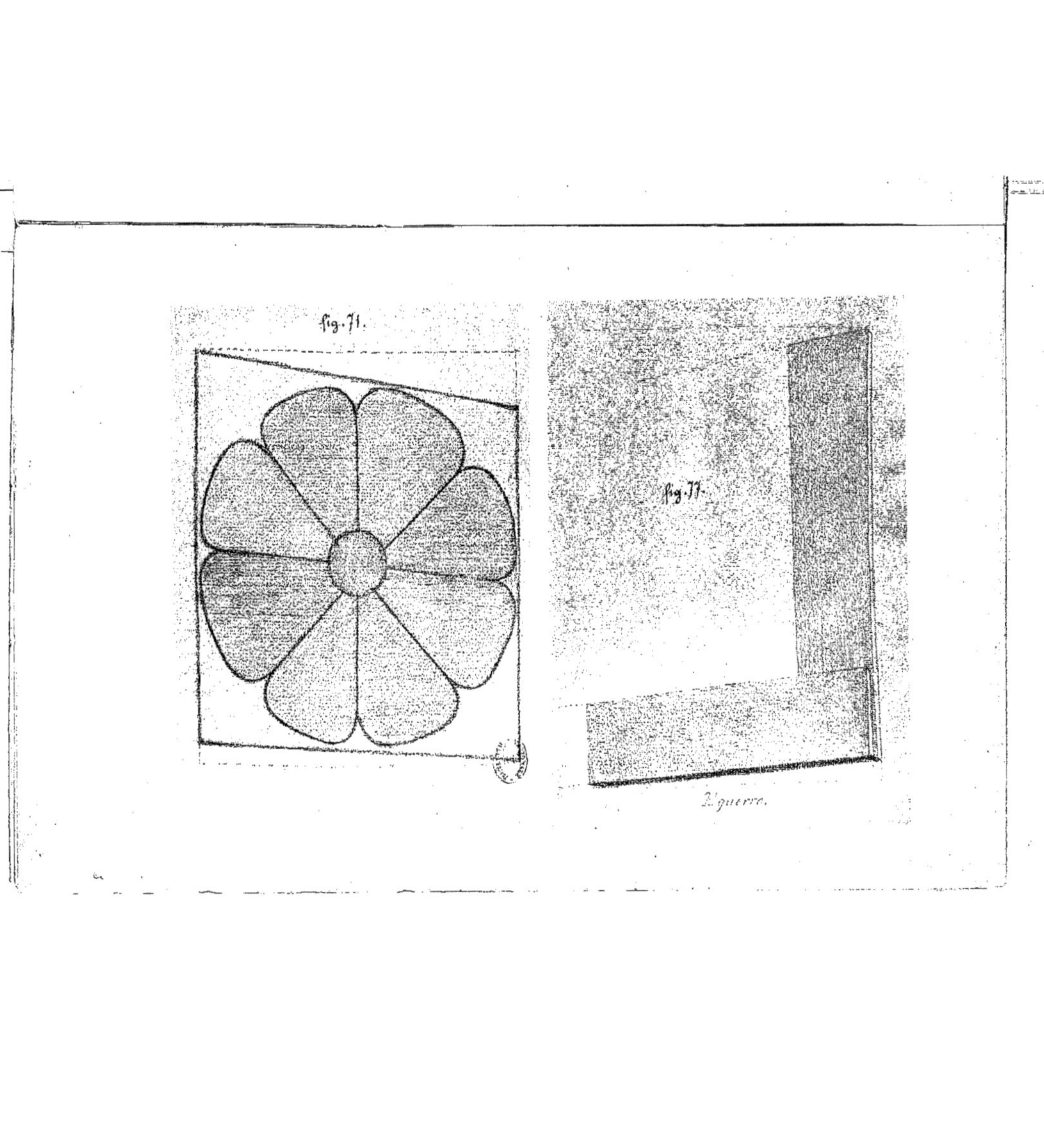

fig. 71.
fig. 77.
Equerre.

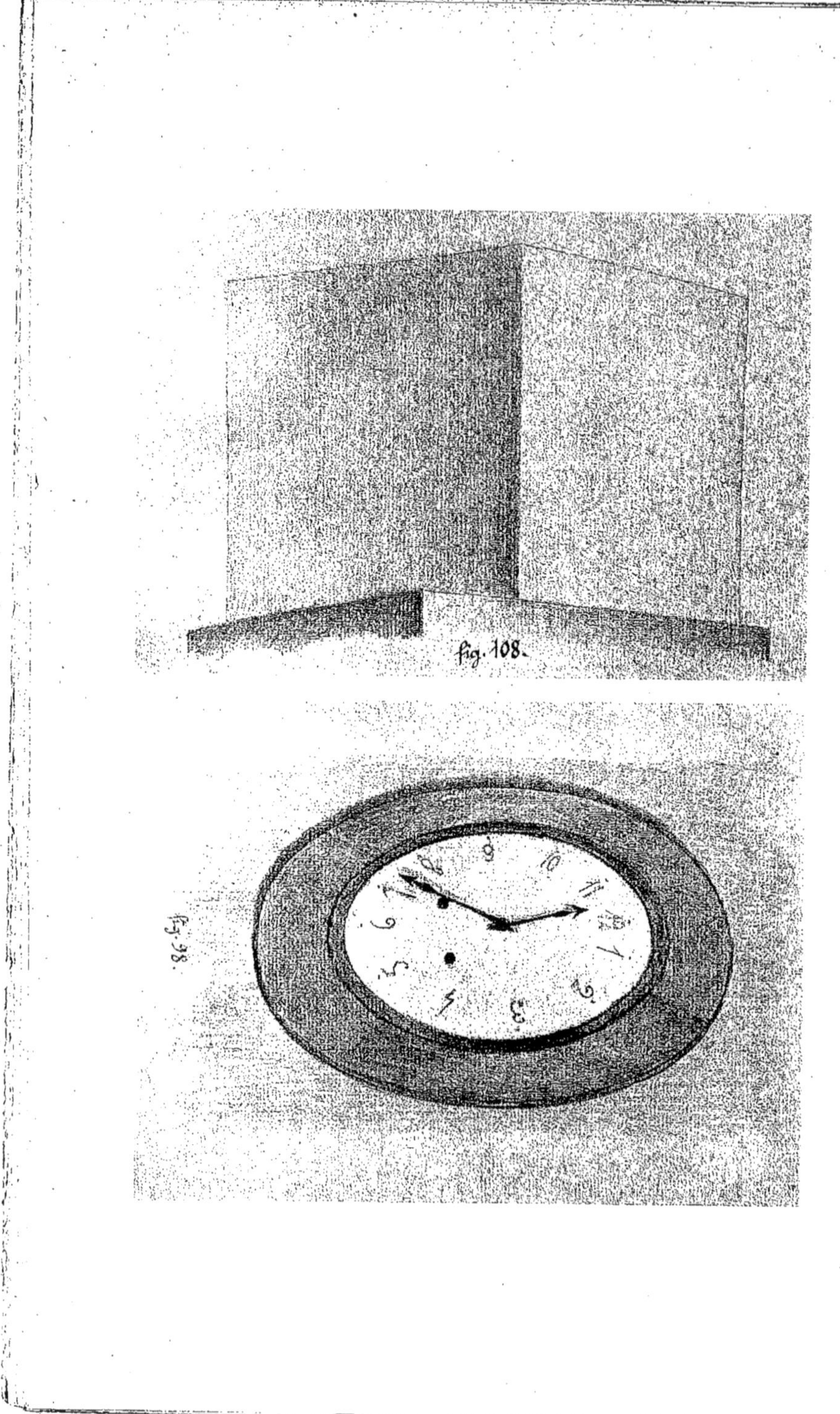

fig. 108.

fig. 98.

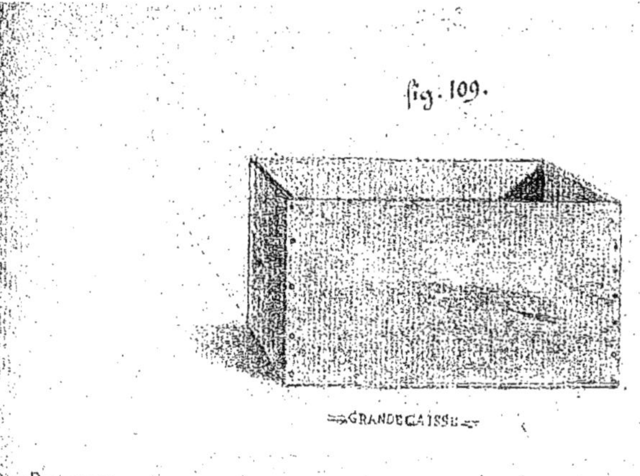

fig. 109.

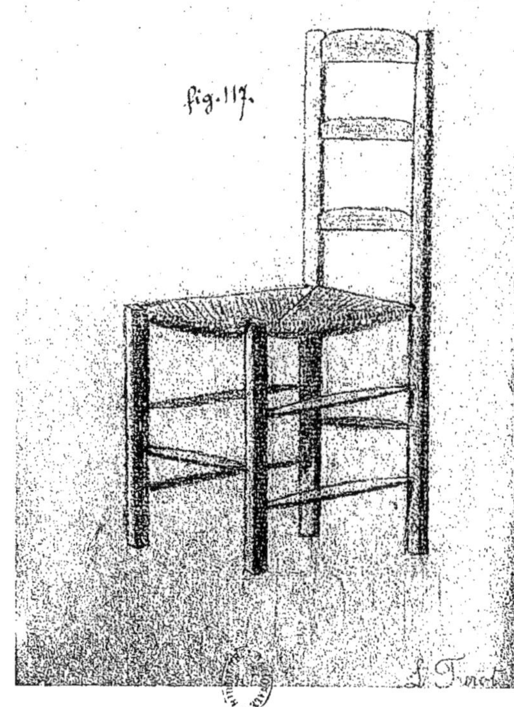

fig. 117.

fig. 127.

fig. 128.

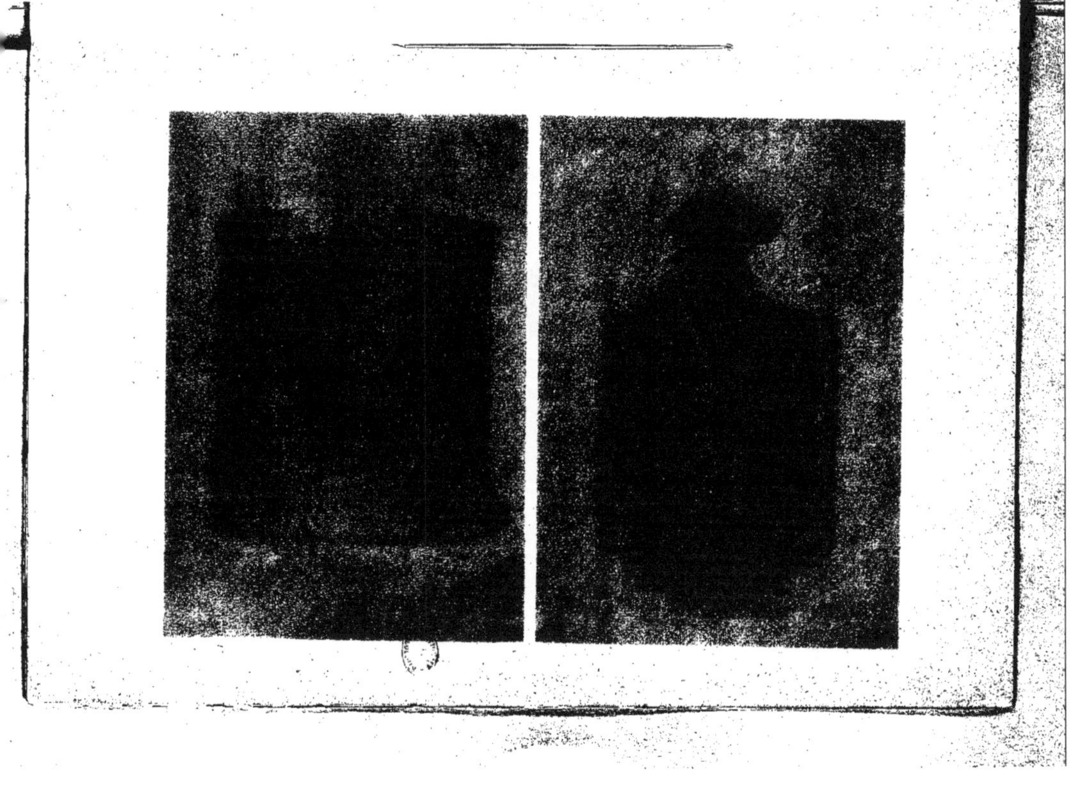

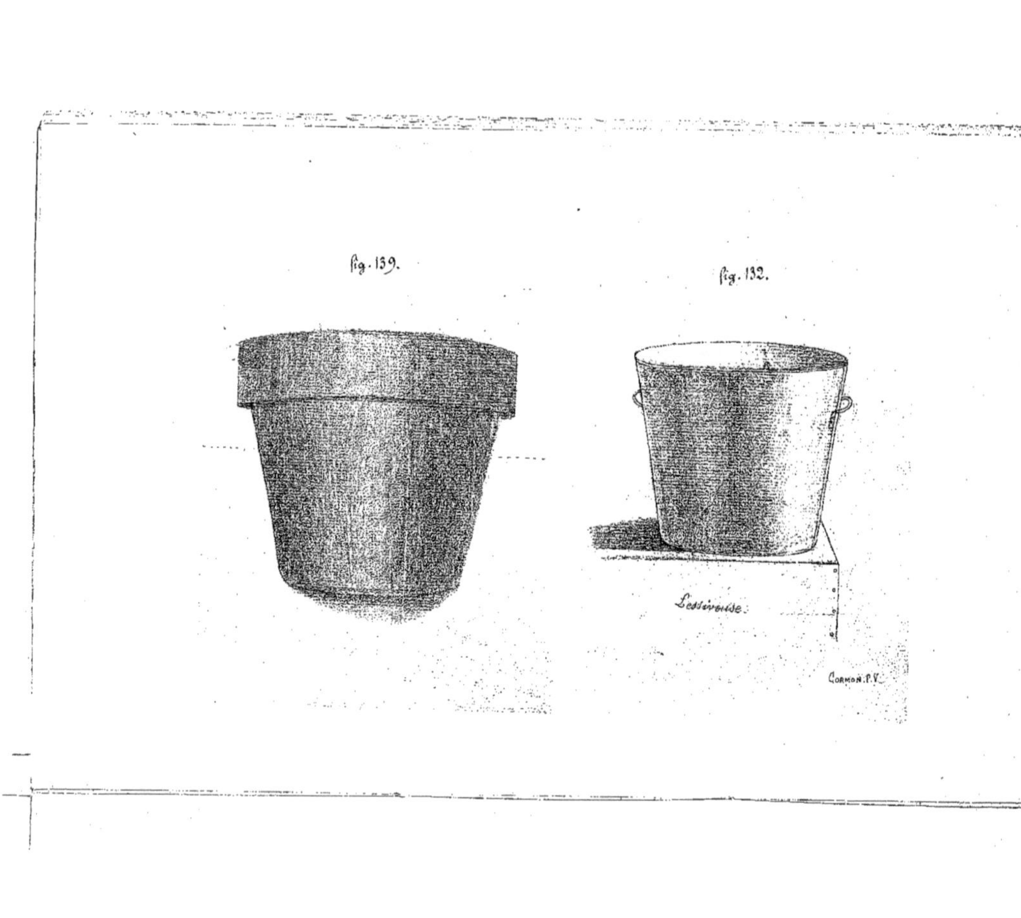

fig. 139.
fig. 132.
Lessiveuse.
CORMON. P.V.

P. Burette.
Fig. 141.
J. H. 1910
Fig. 142.
A. Legros.

Fig. 140.

fig. 148.

ment — (apprécier cette inclinaison à l'aide du crayon horizontal, moyen indiqué au chapitre VIII ; le viseur tenu de front et comme l'indique la fig. 91
pourrait aider ensuite à la contrôler.)
— c — mener le petit axe par le milieu du grand,
et compléter ensuite le rectangle RRRR en lui donnant les proportions 6 × 8 relevées auparavant.
— d — inscrire dans ce rectangle l'ellipse perspective.
✕✕ Deux remarques importantes à propos du tracé
de l'ellipse perspective.
1° Il ne faut jamais, quand on trace cette ellip-

se, la terminer en pointe aux extrémités du grand
axe, comme le montre la f. 92. le procédé est
mauvais, il fausse la perspective. Une circonférence ne peut donner sur sa perspective un angle,
une brisure, une pointe. elle donne, au contraire,
une courbe continue, tangente aux milieux des côtés
du rectangle qui l'encadre.
— 2° Il ne faut pas non plus confondre le grand axe
de l'ellipse avec le diamètre perspectif du cercle. La
moitié du cercle la plus rapprochée de l'observateur

doit occuper _sur la perspective totale_, _un plus grand espace que la moitié éloignée_, qui, forcément paraît plus réduite. Le diamètre perspectif est donc à une petite distance de l'axe de l'ellipse; il peut être légèrement au-dessus, comme E F de la f. 90, ou selon le cas, légèrement au-dessous. Il faut y penser quand, dans une construction, on a besoin d'indiquer ce diamètre.

— _Insister sur ces 2 remarques_ et y revenir souvent: on trouve toujours, malgré les répétitions fréquentes, des tracés défectueux d'ellipses portant les défauts qui viennent d'être signalés.

— Procédé plus exact _pour obtenir le tracé perspectif de la circonférence_.

Il faut considérer la circonférence comme si elle était inscrite dans un carré dont on détermine d'abord l'apparence perspective A B C D, f. 93.

Rechercher ensuite le centre O par le tracé des diagonales; le centre connu aide à obtenir les médianes que l'on mène parallèlement aux côtés du carré, et fuyant dans les mêmes directions; — ces médianes déterminent les milieux E F G H des côtés du carré qui sont, en perspective comme en géométral, les points de contact de la circonférence avec le carré circonscrit.

Marquer sur les demi-diagonales quatre points I, J, K, L, situés aux 3/10⁵ de ces demi-diagonales: on les place d'abord aux 3/10⁵ exacts, et on les recule ensuite très légèrement, de façon à raccourcir un peu la fraction de ligne la plus éloignée de l'œil.

Réunir enfin les points E J F K G L H I par l'ellipse perspective.

Exercices :

_1.°_ <u>Faire dessiner des polygones, étoiles, rosaces inscrits dans des circonférences,</u> et présentés verticaux et
fuyants, ou horizontaux au-dessus et au-dessous de
l'horizon — (Les tracer à l'avance, en grand, sur
des cartons que l'on pourra disposer de façon à ce
qu'ils soient vus de toute la classe).

Dans l'exemple 94, il faut :

_ a _ mettre en place le carré, la circonférence inscrite, avec les médianes et diagonales du carré,

_ b _ inscrire l'octogone et le carré c c c c dont les som-

mets sont connus.

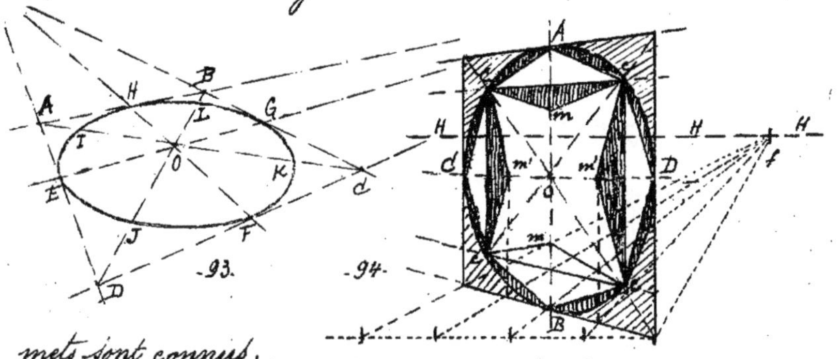

_ c _ déterminer les milieux perspectifs des demi-média-
nes du grand carré, qui marquent les angles rentrants
de l'étoile ; OB et OA sont 2 verticales, les divisions faites sur elles restent égales en perspective ; il suffit donc
de marquer m et m en leur milieu ; — pour obtenir
m et m', il suffira de diviser OC et OD qui sont 2 horizontales fuyantes, par le procédé spécial (chap. X)

_ d _ ces points obtenus, tracer l'étoile.

_2.°_ Procédé de division d'une circonférence perspective

en parties égales.

Soit à diviser, pour la construction d'une rosace, l'ellipse perspective O en 12 parties égales. (f. 95)

Sur un côté du carré perspectif circonscrit à l'ellipse, on décrit une demi-circonférence que l'on divise en 6 parties égales; on projette les points de division sur le côté du carré qui sert de diamètre à la demi-circonférence, en a'b'c'd'e', et l'on trace les fuyantes a'a", b'b", c'c", d'd", e'e", qui partagent proportionnellement le côté opposé du carré : ces fuyantes déterminent sur l'ellipse 12 divisions égales perspectivement. — Ce procédé convient quand il s'agit de placer exactement les heures autour d'un cadran d'horloge, ou de marquer les ca

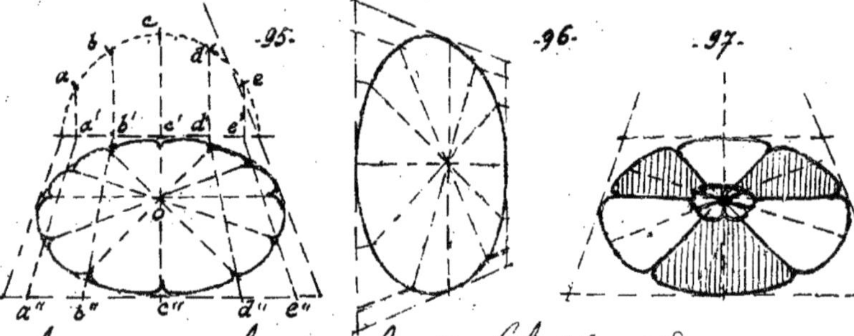

nelures sur un fût de colonne. (f. 95 à 97)

Les indications qui précèdent, relatives au tracé exact de la circonférence et à sa division en parties égales, sont destinées à de grands élèves faisant déjà partie d'un cours complémentaire.

Je signale ici un dessin qui aurait pu être fait en utilisant ces 3 procédés, et qu'un jeune élève de 11 ans ½ a bien exécuté par l'observation. Je félicite ce garçonnet, car il a produit l'illusion de l'horloge encastrée dans l'épaisseur du mur, et montrant sur celui-ci presque à plat, seulement son cadran. La perspective des circonférences est bonne, laissant aux bons endroits des espaces rétrécis ou élargis (f. 98) Le placement des heures est exact, et on trouve même sur le cadran l'ombre portée des aiguilles; de plus, les colorations sont vraies.

Chapitre XII

Perspective du cube, du parallélipipède en des objets de formes analogues.

XX Présenter aux élèves un cube en fil de fer montrant ses 12 arêtes, à défaut, un cube plein ou une boîte quelconque de forme semblable. ∽∽∽

-99- -100- -101- -102-

: 1° Faire constater que le cube placé :

– à gauche de l'observateur (f. 99), montre sa face d'avant et celle de droite.

– de front, montre sa face d'avant sans déformation (f. 100),

– à droite de l'observateur, (f. 101) montre sa face d'avant et celle de gauche,

– obliquement, montre 2 faces latérales fuyantes (f. 102),

– au-dessous de l'horizon, montre sa face supérieure,

f. 99 – la face supérieure au niveau de l'horizon, cette face se traduit par une simple ligne horizontale,

fig. 100.

au-dessus de l'horizon, montre sa face inférieure, f. 101 — une face au-dessus et l'autre au-dessous de l'horizon, les arêtes supérieures s'abaissent et les arêtes inférieures s'élèvent vers l'horizon (f. 102).

— 2° — À l'aide du même cube présenté dans toutes sortes de positions, faire reconnaître que les 12 arêtes sont dirigées parallèlement, quatre par quatre, dans trois directions différentes. Faire montrer sur le cube, sur la boîte, sur le plumier, les 3 groupes différents de chacun 4 arêtes orientées de même façon: cela familiarisera les élèves avec l'idée qu'en dessinant n'importe quel cube ou parallélipipède, ils auront toujours à se préoccuper de 3 directions différentes pour placer les arêtes du solide et orienter sa construction.

Il faudra renouveler souvent ces deux sortes d'observations, car elles sont importantes, et c'est surtout en dessin à vue que les progrès sont subordonnés à de nombreuses répétitions.

✕ Mise en place du cube ou de tout solide analogue.

Cette mise en place peut se faire facilement. Elle comporte toujours et avant tout, un examen attentif du solide au point de vue perspectif, c'est-à-dire au point de vue de sa position par rapport à l'observateur et à la ligne d'horizon, et de ce qui en résulte pour la direction des faces et des arêtes — (se reporter aux deux séries d'observations qui viennent d'être indiquées.)

✕ Moyen pratique de mise en place d'un cube vertical, opérations successives.

— a — L'examen du cube fait constater que: le solide étant vertical, 3 de ses arêtes vues restent verticales; — qu'étant au-dessous de l'horizon, il montre sa face supérieure qu'il montre deux faces latérales fuyantes ; — que les arêtes horizontales fuyantes se partagent en 2 groupes dirigés à gauche et à droite vers 2 points de fuite différents (faire reconnaître celles qui vont vers le même point et marquent une tendance à se rapprocher) (f. 103).

_b_ _Recherche des proportions d'ensemble_ et tracé du rectangle enveloppant MNOP.

Comparer avec le crayon tenu vertical et de front, la _plus grande hauteur vue_ H (comprise verticalement entre les niveaux des points F et G), et _la plus grande largeur ap

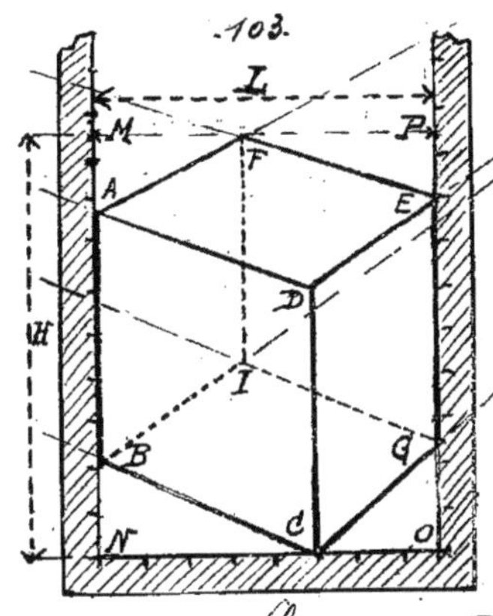

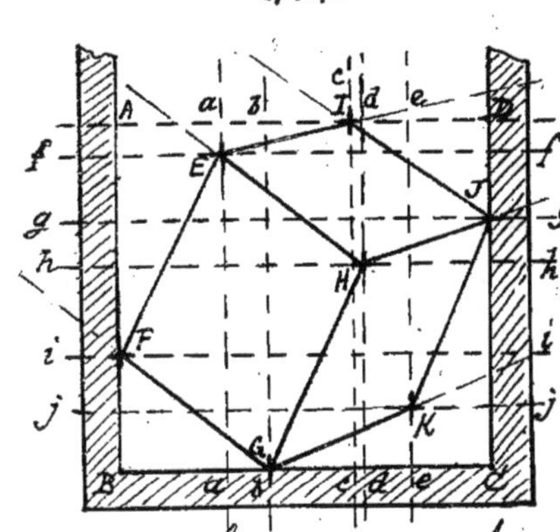

parente L (limitée par les arêtes verticales AB et EG), afin d'établir sur le dessin MNOP reproduisant les proportions observées — (ici 10×8 ou 5×4). — La vérification peut s'opérer à l'aide du viseur tenu vertical, de front, et de façon à encadrer le solide comme le montre la f. 103 : on apprécie ainsi à l'œil à l'aide des branches verticales, que le point supérieur F s'élève jusqu'au niveau de la 10ᵉ division, ce qui indique que la largeur apparente est les 8/10 de la hauteur vue.

Dans cette construction, comme dans les précéden

tes ou les suivantes, de jeunes élèves peuvent éviter cette évaluation de rapports entre les dimensions à reproduire en utilisant le procédé simple de reproduction des rapports expliqué au 7ᵉᵐᵉ chapitre

— C — Mise en place, dans la largeur d'ensemble des arêtes verticales; il est bon de commencer par elles parce qu'un seul point suffit à les fixer.

Apprécier avec le crayon et vérifier avec le viseur, la position de l'arête verticale antérieure DC qui est ici aux 3/5 de la largeur d'ensemble, et la placer ainsi sur le dessin; quant aux 2 autres AB et EG, leur position était connue d'avance. — Procéder de même pour placer le point supérieur F, qui est l'extrémité de l'arête verticale cachée derrière le solide, on trouve qu'il correspond sensiblement au milieu de la 3ᵉᵐᵉ division sur la largeur totale.

— d — Limitation en hauteur des 3 arêtes verticales, afin de déterminer en même temps la direction des arêtes horizontales fuyantes; il sera bon de se souvenir que ces dernières sont parallèles dans 2 directions différentes.

Contrôler et vérifier ensuite avec le viseur, la position du point D, des points A et B, E et G, qui limitent en hauteur les 3 arêtes verticales; limiter ces arêtes et tracer du même coup les arêtes horizontales fuyantes: ET, DA, BC fuient vers un même point en s'élevant vers l'horizon et en tendant à se rapprocher; AF, DE, CG fuient dans la direction opposée. — La mise en place est alors complète.

X Mise en place d'un cube ou d'un parallélipipède oblique

Il faut : — a — faire l'examen du cube au point de vue

perspectif : il est au-dessous de l'horizon et laisse voir sa face supérieure (f. 104); — parce qu'il est oblique, toutes ses arêtes sont dirigées obliquement; elles forment 3 groupes de parallèles orientées dans 3 sens différents;

—b— chercher avec le crayon et le pouce (et vérifier avec le viseur) _les proportions d'ensemble_, et établir sur le dessin le rectangle enveloppant ABCD;

—c— fixer l'espacement sur la largeur totale vue (par les mêmes procédés, crayon et viseur) _des angles EGIHK_, et indiquer successivement ces espacements par des droites verticales abcde illimitées;

—d— préciser de même sur la hauteur totale les niveaux _des angles EJFHK_, et après les avoir relevés et contrôlés, les fixer sur le dessin par des horizontales fghij;

_—e—_ la rencontre des lignes d'écartement et des horizontales marquant les niveaux, _détermine la position des angles du cube_; le dessin s'achève donc aisément par le tracé des arêtes fuyantes, réunissant les angles 2 à 2. Il faut se souvenir dans ce tracé final, _que les parallèles orientées dans le même sens, doivent tendre à se rapprocher au fur et à mesure de leur éloignement_ de l'observateur : ainsi JI, EH, GF fuiront à gauche vers le même point, tandis que EI, HJ, GF fuiront vers un point opposé.

◦ Dessin libre. ◦

x. Problèmes sur la mise en place du Cube.—

Un excellent exercice est celui qui consiste à donner aux élèves une partie du tracé perspectif d'un cube, en les obligeant à compléter la figure; ils sont ainsi forcés de réfléchir sur la direction perspective des lignes formant la silhouette complète du cube.

— Ainsi dans l'exemple 105 on donne la ligne d'horizon, l'arête verticale AB et les deux arêtes inférieures BC et BD. — Les élèves cherchent le mode d'achèvement. Ils doivent : sachant que BC et BD ont, sur la base supérieure, des parallèles partant du point A, prolonger BC et BD jusqu'en f et f' points de fuite sur l'horizon ; — joindre ensuite A à f et f' à gauche et à droite pour fixer la direction A f et A f' des arêtes parallèles ; tracer enfin CE et DF arêtes verticales terminant la construction — (sur la f. 105 les lignes pleines sont les données, les lignes doublées sont les réponses)

— Dans les 2 problèmes qui suivent (f. 106 et 107) les

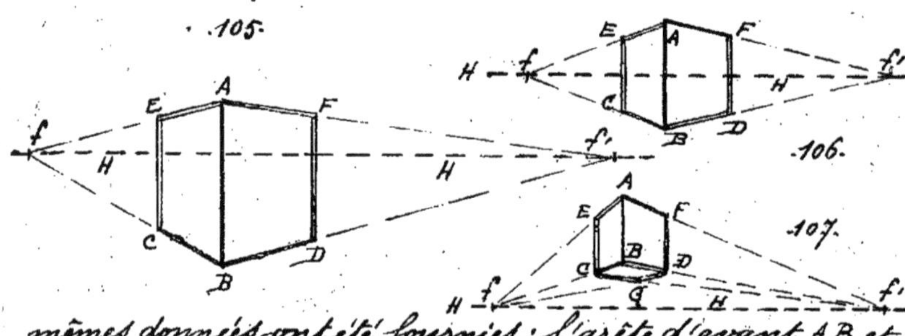

mêmes données ont été fournies : l'arête d'avant AB et 2 arêtes BC et AF appartenant une à chacune des bases. Il faut : prolonger AF et BC pour déterminer f et f' vers lesquels fuiront les arêtes parallèles à chercher ; fixer les directions de BD et AE en traçant A f et B f' ; placer les arêtes verticales EC et FD ; dans la fig. 107, mener Df et Cf' qui complètent la base inférieure.

Deux dessins d'élèves.

1º. Boîte à chapeau, sans couvercle, placée sur un support en bois, f. 108. — Le dessin est d'un aspirant au certificat d'études ; sa bonne construction dénote de la justesse d'observation ; les arêtes vues, de l'ouverture supérieure, sont bien dirigées ainsi que celles du support ; la coloration est bonne et bien appliquée, et le met également en valeur les lumières et les ombres.

2°.— Caisse en bois, f. 109.— Bonne observation et dessin bien construit ; je lui fais seulement le reproche d'être trop petit.— Pour construire il fallait : placer le rectangle enveloppant l'ensemble, placer dans la largeur totale les arêtes verticales et les limiter en hauteur, — tracer les arêtes horizontales fuyantes qui se dirigent 3 par 3 dans deux directions différentes ; — la caisse étant presque de front, on aurait pu croire que trois de ces arêtes étaient des horizontales de front car elles en ont à peu près l'apparence : c'était un écueil et le jeune dessinateur a su l'éviter.

Exercices :

✗ 1° Boîte fermée, fig. 110-111-112.— Commencer, comme toujours, par l'examen du modèle ; construire le rectangle enveloppant et placer, si possible, la ligne d'horizon ; apprécier dans la largeur totale, l'écartement des arêtes verticales et fixer leur position par des verticales indéfinies ; limiter ces verticales en hauteur ; compléter le tracé, en tenant compte de l'inclinaison des horizontales fuyantes allant à gauche et à droite ; limiter la hauteur du couvercle et le tracer.

✗ 2°.— Boîte ouverte vue de front, f. 113.— L'examen montre qu'en raison de la position de la position de la boîte, plusieurs horizontales sont de front et restent horizontales en perspective, ce qui rend leur placement facile ; — que deux arêtes latérales de la boîte, sont deux horizontales parallèles au rayon visuel principal et fuient au point principal P sur l'horizon. ∞∞∞

Pour mettre en place il faut : — déterminer les proportions du rectangle enveloppant ABCD et le tracer ; — apprécier les niveaux des horizontales de front AD, EF, GH, et placer ces horizontales ; — mesurer la largeur occupée par le bord supérieur du couvercle et le limiter en IJ ; — mesurer sur EF, la largeur de la charnière à la jonction du couvercle et de la boîte, et l'arrêter en KL ; — tracer les horizontales parallèles aboutissant en P ; — placer les côtés IK et JL du couvercle fuyant vers un point de fuite accidentel ; — marquer les épaisseurs en observant que celles d'avant et d'arrière sont plus rétrécies (surtout celle d'arrière) que celles de gauche et de droite.

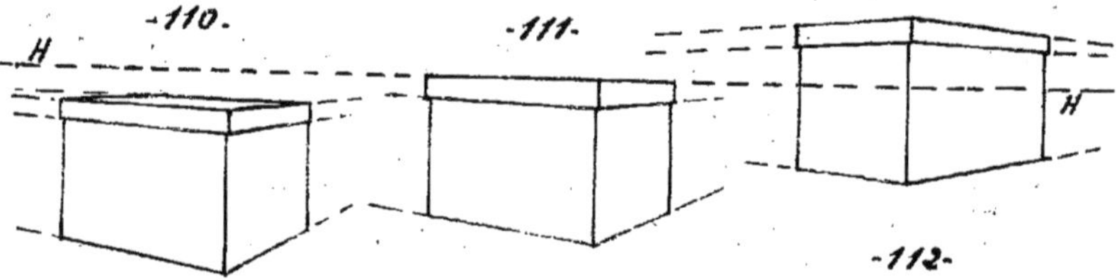

x. 3º — Boîte ouverte vue obliquement. — L'observation montre que la boîte étant vue obliquement, quatre parallèles horizontales fuyantes se dirigent à droite vers un même point de fuite sur l'horizon (voir chap. VI) ; tandis que 3 autres fuient à l'opposé vers un autre point.

Pour construire il faut : — mesurer et tracer le rectangle enveloppant ABCD ; — apprécier l'écartement en largeur des trois arêtes verticales et les tracer illimitées ; — opérer le placement dans la largeur totale, du 4ᵉᵐ angle, (arrière de l'ouverture), une verticale le fixe en E ; — limiter la hauteur de ce 4ᵉᵐ angle et le fixer définitivement ; — limiter aussi la hauteur des trois arêtes verticales ; — fixer par deux verticales, la

position dans la largeur totale, des deux angles d'a-
vant du couvercle relevé et placer ces 2 angles à leurs
niveaux ; — compléter le tracé en observant la direction
des 4 arêtes horizontales parallèles fuyantes qui vont
vers le même point à droite, celle des 3 autres qui vont
à l'opposé, et celle des 2 côtés latéraux du couvercle
se rapprochant vers un point de fuite accidentel.
x. 4º. — Faire dessiner de même un plumier. ⟶⟶⟶
— 5º. — Deux caisses ouvertes posées l'une sur l'autre.
En observant les 2 caisses, on voit que celle du dessus
est coupée par la ligne d'horizon ; il en résulte que les
arêtes des bases supérieure et inférieure de cette caisse

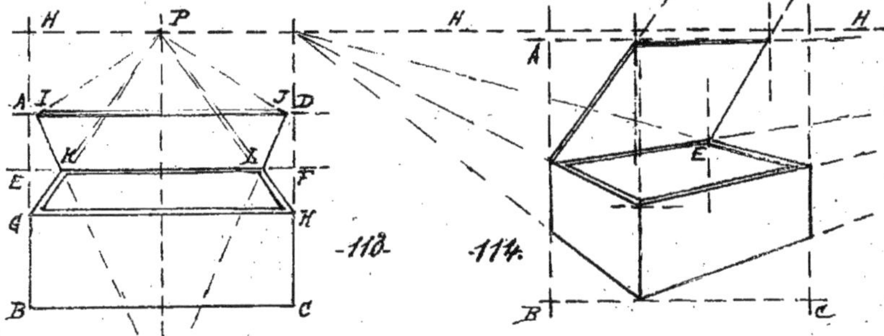

(horizontales parallèles fuyantes) — se partagent en deux
faisceaux s'élevant et s'abaissant, à gauche et à droite, vers 2 points de fuite f et f' situés sur l'horizon ; —
on voit aussi que la caisse inférieure étant au-dessous
de l'horizon, les arêtes de ses bases — (parallèles horizontales fuyantes) — semblent s'élever vers deux autres
point de fuite f" et f'" situés aussi sur l'horizon.
Pour construire : — apprécier les proportions du
rectangle total enveloppant imaginaire, le tracer,
et placer à son niveau la ligne d'horizon ; — apprécier sur la hauteur totale, la hauteur du rectangle

partiel imaginaire, enveloppant la caisse supérieure vue
en entier ; — placer dans la largeur de ce rectangle, à
leur écartement exact, les arêtes verticales de la caisse
du haut ; — limiter la hauteur de ces arêtes ; — tracer les
horizontales parallèles fuyantes limitant les 2 bases,
elles forment 2 groupes se relevant ou s'abaissant vers
f et f' ; — tracer les épaisseurs en observant que la jonction des faces intérieures et du fond, ne correspond
pas aux angles extérieurs à cause de l'épaisseur des
parois ; ═ construire la 2ᵐ caisse de même façon :
placer les arêtes verticales à leur écartement exact
dans la largeur totale ;
limiter ces arêtes
en hau-
teur ; com-
pléter par
le tracé
des arêtes
horizontales pa-
rallèles fuyantes, —
semblant se relever
vers 2 points de fuite
f" et f''' sur l'horizon.

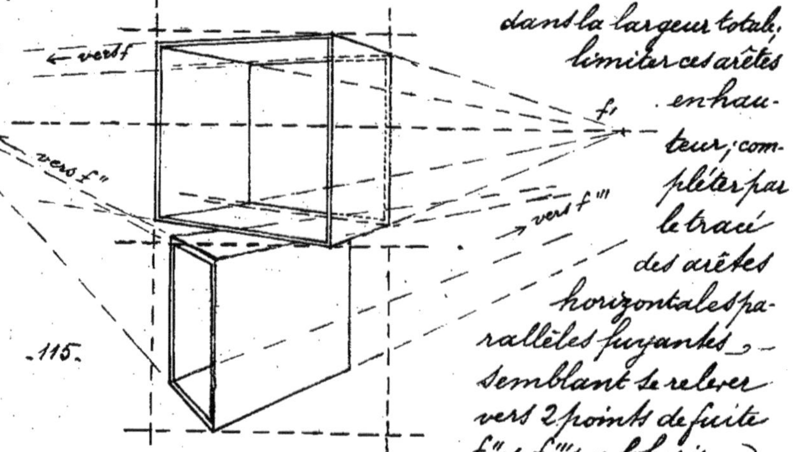

X. 6º — Tabouret placé à une certaine hauteur, sur
une table. — f. 116 — Nous observons que la ligne d'horizon passe à une faible distance au-dessus du
niveau des 4 pieds ; il en résulte que les côtés du
carré circonscrit aux pieds semblent s'élever,
à l'inverse, ceux du bâtis supérieur et les traverses semblent s'abaisser vers l'horizon ; les uns et
les autres sont des horizontales parallèles fuyantes,

dirigées en 2 faisceaux vers 2 points de fuite sur l'horizon.

Il faut : — chercher les proportions du rectangle enveloppant et marquer, à son niveau, la ligne
d'horizon ; — apprécier l'écartement des 4 montants
et leur position dans la largeur de l'ensemble ; les
figurer par 4 verticales qui aideront à placer les
épaisseurs quand il s'agira de terminer ; — apprécier les niveaux supérieur et inférieur des montants
et les indiquer ; — relever, sur la hauteur totale,
les niveaux des extrémités les plus rapprochées des
traverses (celles qui paraissent ici les plus élevées),

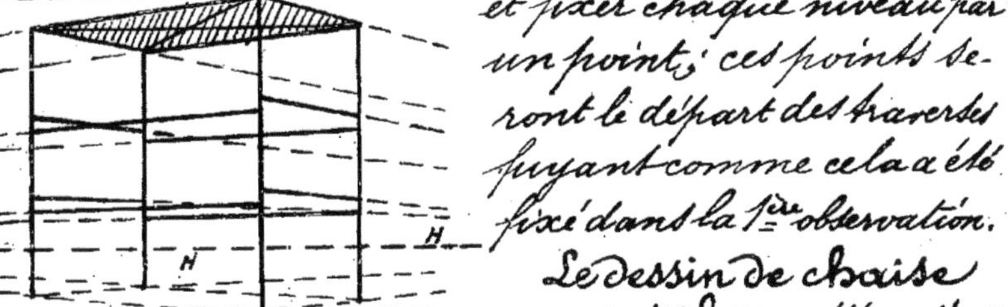

·116·

et fixer chaque niveau par
un point ; ces points se-
ront le départ des traverses
fuyant comme cela a été
fixé dans la 1ère observation.
Le dessin de chaise
reproduit, f. 117, a été construit
d'une manière analogue à celle qui vient d'être indiquée. — L'auteur a passablement observé, mais son
dessin montre quelques fautes dans la direction des
traverses inférieures : certaines des plus basses ont une
inclinaison trop faible par rapport à celles qui sont
au-dessus, et les unes ne pourraient rencontrer les
autres en s'élevant vers un point de fuite commun.
De même les traverses du dossier sont toutes figurées
horizontales ; eu égard à la position de la chaise, celles
du haut devraient, en raison de leur niveau, s'abaisser vers l'horizon dans le sens de l'éloignement. ○
Les pieds ne sont pas non plus à la place qui leur

conviendrait. Enfin le cadre du bâtis supérieur est incomplet.

<u>Faire dessiner</u> :

7º - une caisse de jardin ; - 8º - une valise fermée ; -
9º - une malle ouverte -

Chapitre XIII.

Perspective du Cylindre -

X. - Se munir pour faciliter les observations d'un cylindre en fil de fer, ou d'une boîte cylindrique, boîte à chapeau ou à man.

chon. - <u>Placer le cylindre dans diverses positions</u> et faire remarquer que :

- <u>au-dessus de l'horizon</u>, il montre en entier sa base inférieure elliptique et seulement la moitié de son cercle supérieur qui se relève en son milieu, f. 118.

- <u>la base inférieure étant au niveau de l'horizon</u>, elle se traduit par une simple ligne droite, f. 119.

- <u>coupé par la ligne d'horizon</u>, ses 2 bases montrent chacune une demi-ellipse, celle du dessus se relève en son milieu, celle du dessous s'abaisse, f. 120.

- <u>la base supérieure étant au niveau de l'horizon</u>, elle se traduit par une ligne droite, f. 121.

- <u>au-dessous de l'horizon</u>, le cylindre montre en entier sa base supérieure, et seulement moitié de son ellipse inférieure.

X.– Mise en place d'un Cylindre vertical. ..

Faire précéder cette mise en place d'un examen du solide au point de vue de sa position par rapport à l'observateur et à la ligne d'horizon, et des déformations
qui se produisent dans les ellipses des deux bases.

La construction se fait ainsi :

– 1º.– On recherche –(avec le crayon de front et on vérifie à
l'aide du viseur)– les proportions d'ensemble et on met
en place le rectangle enveloppant A B C D, f. 123.–

– 2º.– On place l'axe médian qui fixe le point le plus
élevé E et le plus bas F, des ellipses supérieure et inférieure,

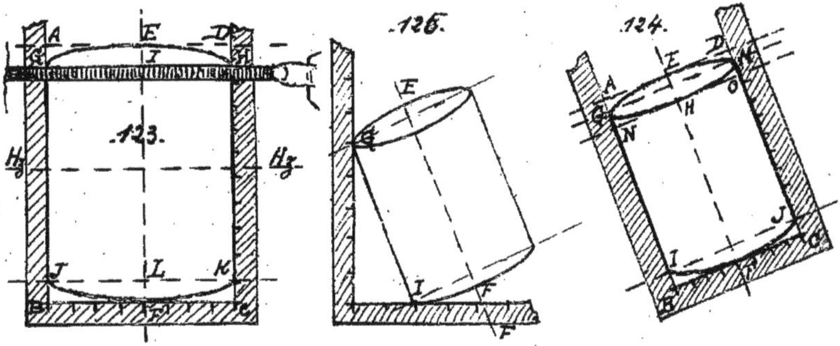

– 3º.– On apprécie ensuite à l'aide du crayon tenu horizontal de front dans la position indiquée en G H, l'a-
baissement vertical E I des points G et H au-dessous du
point le plus élevé E, afin de placer la demi-ellipse
supérieure G E H –(on peut aussi se servir du viseur)–

– 4º.– On évalue encore, avec le crayon tenu de même
façon, suivant la direction J K, l'élèvement vertical
F L des points J et K au-dessus du point le plus bas F,
pour placer la demi-ellipse inférieure. La construction
est alors achevée –

X.– Cylindre ou obliquement – f. 124.–

L'observation montre que le cylindre incliné, placé

à droite de l'observateur, laisse voir sa base supérieure orientée à gauche.

Pour le mettre en place, il faut :

— apprécier l'inclinaison de l'axe EF et la fixer sur le dessin (le viseur tenu de front, comme l'indique la f. 125, peut aider à préciser cette inclinaison ; pour plus de facilité on peut apprécier la pente de la génératrice GI parallèle à l'axe et qui a même inclinaison) ; — relever les proportions du rectangle enveloppant ABCD, et le tracer par moitiés égales de chaque côté de l'axe incliné EF ; — évaluer les niveaux des points G, H, M, par rapport à E le point le plus élevé de l'ellipse supérieure — (avec le crayon tenu de front, suivant le diamètre GM, et suivant la droite inclinée NO passant en H ; ou avec le viseur tenu comme le montre la fig. 124) — et tracer l'ellipse ; — évaluer de même la position des points I, J, par rapport à F, pour placer la demi-ellipse infre.

— Perspective de cercles superposés à la surface du cylindre, parallèlement à ses deux bases. — Le cylindre et la ligne d'horizon étant mis en place, prendre sur le rayon de l'une des 2 bases, un point p occupant une position repérée, au 1/3 du rayon par exemple, f. 126.

— tracer les diamètres d'd', d"d", des cercles à obtenir ;
— porter sur chacun un point p', p", placé aussi au 1/3 du rayon ;
— joindre A, point le plus élevé du cercle supérieur, au point p, et prolonger jusqu'en f point de fuite sur
— joindre les points p', p", au point de fuite f ; (f horizon.) on obtient des horizontales, parallèles perspectives à Apf, qui déterminent en A', A", les points de passage

des cercles sur l'axe médian de la figure ;

— on pourrait opérer de même sur le point arrière C du cercle, en menant la fuyante r c f, pour obtenir C' point arrière du second cercle ;

— on pourrait aussi, à l'inverse, connaissant un cercle intermédiaire, user du même procédé pour déterminer les cercles supérieur et inférieur.

Dessins d'élèves :

— 1° Un seau cylindrique très exact au point de vue de l'observation perspective : cercles bien tracés et donnant la courbure voulue par leur position ; le rendu est bon, il est fait au moyen d'une teinte légèrement bleutée donnant, sur le dessin, l'impression d'un seau émaillé de cette nuance ; à la partie inférieure, l'ombre portée, croisée dans 2 sens, est juste en raison de l'éclairage latéral double, f. 127.—

— 2° Marmite émaillée, f. 128.— Ce dessin montre les mêmes qualités que le précédent.— Pour le construire il fallait : déterminer le rectangle enveloppant et la ligne d'horizon ; — préciser les niveaux des extrémités des diamètres supérieur et inférieur et tracer les demi-ellipses ; — placer l'anse et passer au rendu, f. 128.—

— 3° Mesure en bois, f. 129.— Bonne mise en place ; dessin consciencieux dont les colorations reproduisent l'aspect du modèle ; l'auteur a eu le souci de la vérité, car il a traduit les taches existant sur la mesure qu'il dessinait.

— 4° Poids en cuivre, f. 130.— Bonne observation et bon

dessin: il faut en louer également la construction et la coloration qui donnent presque l'illusion du poids qui a été dessiné –

Exercices:

× 1º – Pot en faïence. – Nous voyons que: le pot placé au-dessous de l'horizon montre son ouverture supérieure; – l'épaisseur supérieure a son maximum aux extré-mités du diamètre, qu'elle est moindre à l'avant et plus réduite encore à l'arrière; – le fond diminue en hauteur apparente en allant vers les extrémités du diamètre, f. 131–

Il faut: établir les propor-tions de l'ensemble pour fixer celles du rectan-gle enveloppant ABCD (4×5 environ); – apprécier la profondeur de l'ouverture en raison de la hauteur totale (1/6 environ), et tracer l'ellipse en avantageant la moi-tié la plus rapprochée qui paraît ici la plus basse; – indiquer les épaisseurs de l'ouverture; – placer les demi-ellipses figurant le bord supérieur, en obser-vant leur niveau, et en indiquant le rétrécissement marqué par la courbe moyenne; – apprécier le niveau des extrémités E, F, de l'ellipse de la base, (un peu moins du 1/6ᵉ de la hᵗᵉ totale), et placer aussi le point inférieur G sur l'axe médian; tracer la courbe; – placer enfin l'épaisseur du fond.

Il va sans dire que les proportions indiquées pour le

dessin du pot en faïence —(comme toutes celles qui s'appliquent aux autres croquis du recueil)— ne doivent pas être suivies à la lettre dans la pratique; elles sont destinées à rendre les explications sensibles et ne sauraient s'appliquer au dessin d'un pot semblable, si celui-ci était réellement soumis à l'observation des élèves: le point de vue et, par suite, la figure et les proportions de l'objet changeraient pour chaque écolier.

×. 2º.— Chapeau, f. 132.— Examiner la position du chapeau par rapport à l'observateur et à l'horizon;— évaluer les proportions de l'ensemble et tracer le rectangle enveloppant (par moitié de chaque côté de l'axe médian);— évaluer la position de l'ellipse d'ouverture, sa largeur et sa profondeur, et la tracer; observer de même le mouvement des bords du chapeau et les placer;— terminer par la demi-ellipse du fond, après avoir apprécié son relèvement aux extrémités.

Faire dessiner:
×. 3º.— Boîte à chapeau — ×. 4º.— Boîte à manchon — ×. 5º.— Boisseau — × 6º. Tambour — 7º. Marmite cylindrique avec couvercle.

Chapitre XIV.

Perspective de la Pyramide.

×.— Se munir d'une pyramide en fil de fer, en carton ou en bois; la présenter dans des positions variées, et renouveler à son sujet les observations mentionnées pour le cube et le cylindre.

<u>Observer dans chaque position:</u>
— <u>la situation</u> de la pyramide par rapport à l'horizon et à l'observateur; — <u>la direction</u> du plan de la base et des côtés qui limitent celle-ci, (même observation pour la base supérieure si la pyramide est tronquée); — <u>la direction</u> des arêtes de la pyramide et <u>le niveau de son sommet.</u>

✗. — <u>Mise en place de la Pyramide.</u> — <u>La faire précéder d'un examen attentif</u> suivant l'indication qui a été donnée; <u>la construction se fait ensuite ainsi:</u>

— <u>Il faut</u> rechercher les grandes proportions et mettre en place le rectangle enveloppant ABCD, fig. 133 et 134; — préciser la position en largeur du sommet S et des angles vus E, F, G; — fixer cette position par des verticales imaginaires indéfinies v, x, y, z; — apprécier les niveaux du sommet et des mêmes angles, et les indiquer par des horizontales h, i, j, k; — la rencontre des lignes d'écartement v, x, y, z, et des horizontales de niveau h, i, j, k, fixe la position du sommet et des divers angles; — il ne reste plus qu'à achever le tracé.

<u>Les prises de mesures</u> qui viennent d'être indiquées doivent être faites avec le crayon tenu de front, elles peuvent être vérifiées ensuite à l'aide du viseur tenu vertical et de front, comme le montrent les f. 133 et 134.

<u>Pour terminer la construction</u>, si la pyramide

est régulière, il faut faire fuir dans une même direction, vers un point de fuite commun, celles des arêtes de sa base qui peuvent être parallèles.

Exercices:

x 1º _ Auge, f. 135. _ Nous observons que l'auge (pyramide tronquée renversée) placée au-dessous de l'horizon, laisse voir son ouverture; _ que les épaisseurs du haut et les côtés visibles de la base, forment 2 faisceaux de parallèles dirigées dans 2 sens opposés, et que ces parallèles horizontales fuyantes semblent s'élever vers l'horizon, f. 135. _

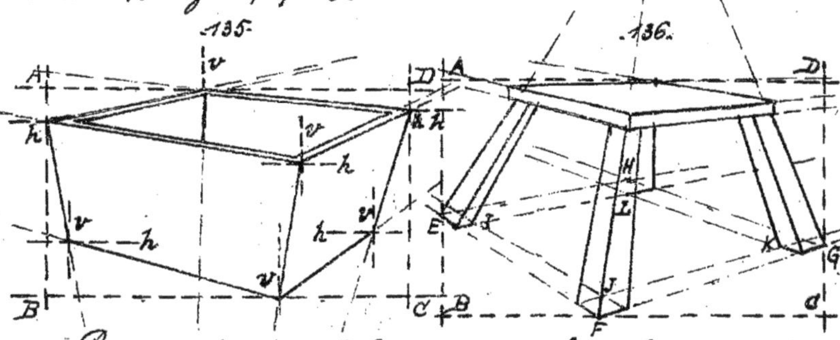

Pour construire, il faut : _ évaluer les proportions de l'ensemble et placer le rectangle enveloppant A B C D; _ apprécier la position en largeur des angles de l'ouverture et de la base, et la fixer sur le dessin par des verticales imaginaires v; _ évaluer le niveau des mêmes angles et l'indiquer par des horizontales h; _ la rencontre des verticales v et des horizontales h précise les différents angles. _ Pour achever la mise en place, il faut bien orienter les diverses parallèles vers leur point de fuite respectif, bien diriger les arêtes obliques descendantes vers un point commun qui serait le sommet de la pyramide renversée, proportionner les épaisseurs selon leur apparence. _

— 2º **Support, f. 136.** — <u>Nous voyons</u> que le support, placé au dessous de l'horizon, laisse voir le dessus de la tablette supérieure ; — que les épaisseurs de la tablette et les côtés du carré EFGH dans lequel sont inscrites les extrémités des 4 pieds, sont des parallèles horizontales fuyantes, s'élevant dans deux directions opposées vers deux points de fuite situés sur l'horizon.

<u>Il faut :</u> apprécier les proportions générales et construire le rectangle enveloppant ABCD ; — préciser la position en largeur et le niveau des angles de la tablette supérieure, des angles du carré circonscrit à la base EFGH ; fixer par la rencontre de verticales et d'horizontales la position de ces divers angles ; — tracer la tablette et son épaisseur, figurer le carré EFGH en observant la direction perspective des parallèles ; — placer l'arête externe de chacun des 4 pieds et indiquer l'épaisseur de ceux-ci (observer que les épaisseurs externes s'appuient sur le carré extérieur EFGH, et les épaisseurs internes sur un second carré IJKL orienté à l'intérieur du premier ; diriger les pieds et leurs arêtes vers un point commun qui serait le sommet de la pyramide complétée).

<u>Faire dessiner par les mêmes procédés :</u>
— 3º Une sellette. — 4º Un tréteau ....

Chapitre XV –

Perspective du Cône –

Il est inutile d'insister davantage, à propos du cône, sur les procédés d'observation et de mise en place répétés tant de fois au sujet des solides précédents.

Faire déterminer, comme toujours, le rectangle enveloppant, préciser la position en largeur et hauteur des points D, E, F, G, H, I qui fixeront le tracé du solide et effectuer ce tracé, f. 137. —

Dessins d'élèves :

— Le premier, f. 138, montre une lessiveuse ; il prouve une observation attentive de la part de son auteur. La construction est bonne, les ellipses exactes et les génératrices latérales symétriques. Le rendu est suffisant ; il gagnerait s'il était en couleur au lieu d'être simplement au crayon ordinaire. — Mais le dessin

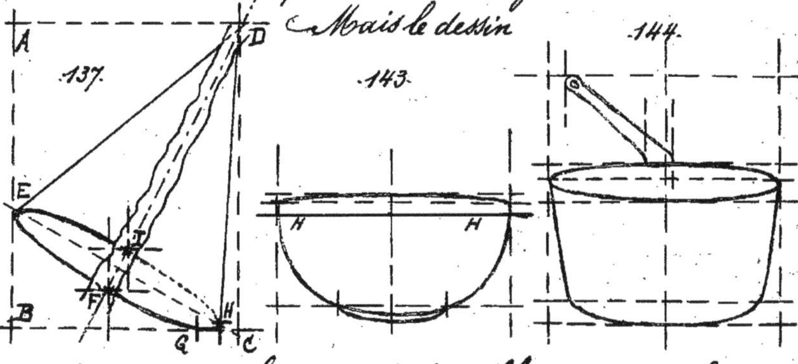

est trop petit sur l'espace disponible : c'est une faute à faire éviter aux élèves.

— Voici maintenant un pot à fleur, f. 139 ; il montre aussi de bonnes qualités d'observation, de construction et de rendu. Le dessinateur a bien indiqué la position de la ligne d'horizon, et la déformation en sens contraire des courbes du haut et du bas. De plus, ce qui ne gâte rien, il a joliment teinté, d'une nuance vraie, le pot qu'il a dessiné.

— La fig. 140 montre une casserole émaillée. Ce dessin est bon à tous points de vue : la mise en place, la coloration d'un bleu violet assez accentué, dénotent l'une et l'autre que l'auteur a bien observé et exprimé ce qu'il voyait.

— Le dessin d'une bouteille, f.141, et celui d'un vase décoratif, f.142, tous deux assez difficiles font montre des mêmes qualités. Ils sont bien construits et leur facture dénote une certaine habileté. Cette bouteille et ce vase sont colorés avec vérité: sur la première la transparence et les reflets sont bien exprimés, il en est de même sur le second qui laisse voir aussi des filets et ornements dorés justement interprétés.

Exercices:

x. 1º **Plateau en bois**, f.143. <u>L'examen du modèle</u> montre qu'il est traversé par la ligne d'horizon à une faible distance de son ouverture; il en résulte que la demi-ellipse, très voisine de l'horizon, est très peu accentuée, proche de la ligne droite.

Pour construire;
– évaluer les grandes proportions et tracer le rectangle enveloppant; – apprécier le niveau des extrémités du diamètre supérieur et tracer la demi-ellipse; – placer sur l'axe, le point de passage qui est en même temps le point le plus bas, de la courbe enveloppante marquant la forme du plateau; faire les 2 moitiés de la courbe symétriques; – évaluer la largeur de la base, le niveau des extrémités du diamètre inférieur, et placer la base.

x. 2º **Casserole en fer blanc**, f.144. <u>On voit de suite</u> que cette casserole placée au-dessous de l'horizon laisse voir son ouverture; — que l'ellipse inférieure, la plus éloignée de l'horizon, offre la courbure la plus accentuée.

Placer le rectangle enveloppant l'ensemble y compris la poignée; — placer sur la hauteur totale le rectangle partiel limitant la casserole; — placer sur l'axe médian, les 2 points qui limitent, de l'avant à l'arrière, la profondeur de l'ellipse d'ouverture; — placer les extrémités du diamètre de cette ellipse, et la tracer; — observer la montée de l'ellipse inférieure, fixer les extrémités de son diamètre et la placer; — indiquer, dans la largeur de l'ensemble, l'espace occupé par la poignée et l'inclinaison de celle-ci; figurer cette poignée en observant son rétrécissement progressif dans le haut. ——

3º. Seau en bois. —

4º. Cuveau. ⁓⁓

Répéter les mêmes procédés d'examen et de construction

.145.   .146.

pour la mise en place de ces deux objets. — Observer que les ellipses inférieures doivent avoir une courbure de plus en plus marquée, en raison de leur plus grand éloignement de l'horizon; — que les planchettes se rétrécissent dans le bas et sont séparées par des joints orientés, comme les génératrices latérales, vers un point commun qui serait le sommet du cône renversé; — que les mêmes planchettes semblent de plus en plus étroites, en allant de celle du milieu qui est la plus large, à celles de gauche et de droite. ————

x. 5º **Abat-jour**. _ La difficulté la plus grande sera de bien construire la garniture métallique et les griffes de la partie supérieure ; l'abat-jour (cône tronqué renversé) n'offre pas de difficulté.

x. 6º **Broc à eau** . f 147 _ Après examen du modèle, déterminer les proportions et tracer le rectangle enveloppant ; — dans ce rectangle, en tracer un plus petit limitant la largeur de la cruche, et placer au milieu de ce dernier l'axe vertical de symétrie ; — apprécier le niveau et la largeur de la partie rétrécie au-dessous du bec, et placer la ½ ellipse vue à cet endroit ; — observer le relèvement des extrémités du diamètre de l'ellipse inférieure et la construire ; — placer de même la demi-ellipse qui est au-dessus de la précédente ; — évaluer la saillie du bec et l'indiquer ; — placer l'anse. _ Bien observer la forme du bec, la courbure et les attaches de l'anse.

<u>Faire dessiner :</u>

x 7º Un entonnoir _ x 8º Un arrosoir d'appartement. _ x 9º Un seau en zinc. _ x 10º Une terrine. _ x 11º Une bassine en zinc. _ x 12º Un verre ordinaire. _ x 13º Une cuvette. _ x 14º Une poêle à frire _ _ 15º Un verre à pied. _

Chapitre XVI.

Dessins divers.

x. Bêche — x Pioche — x Râteau — x Pelle —
x Plusieurs quilles — x Marmite en terre, pour pot
au feu — x Casserole en terre — x Cruche en grès —
x Pot en grès — x Pot à eau isolé —

Arrosoir de jardin — Tréteau — Groupe de livres —
Marchepied, — Trépied — Table — Pupitre à musi-
que — Chevalet à scier le bois — Carafe à facettes —
Soupière — Echelle double — Tableau sur chevalet
— Brouette — Lampe avec abat-jour — Armoire
ouverte — Ombrelle ouverte —

Des groupements divers pourront aussi être dessinés.
On pourra réunir : Un ou plusieurs verres et une
bouteille — Une assiette et un verre — Une soupière, son
couvercle et la cuiller de service — Un pot à eau et
sa cuvette, etc... Il est facile de trouver d'autres
combinaisons ; l'essentiel est qu'elles soient en rapport avec la force des élèves et qu'elles produisent
toujours des groupements harmonieux.

A titre d'indication, je donne (f. 148) le dessin
d'une fillette de 14 ans se préparant à l'examen du
Brevet élémentaire ; cette enfant a parfaitement
dessiné une bouteille et deux verres bien groupés.

Troisième partie.

Dessin géométral – Croquis coté –

Il y a une grande différence entre le dessin perspectif montrant les objets tels qu'ils apparaissent au dessinateur, mais non tels qu'ils sont, et le dessin géométral qui les représente selon leur forme réelle.

Par exemple le dessin perspectif d'une boîte la montre déformée, avec des lignes vues en raccourci, fig. 1, et nous constatons de suite que ce dessin ne suffit pas pour donner une idée exacte de la forme et des dimensions de la boîte. Et nous voyons aussi que pour obtenir cette représentation exacte, une seule figure ne peut suffire : la vue d'avant nous renseignerait peu sur les faces latérales, la vue de côté ne nous apprendrait presque rien sur la face d'avant ou celle de dessus. — Trois figures, parfois quatre, sont nécessaires pour renseigner complètement sur la forme et les dimensions d'un objet :

1º La vue par dessus ou plan : elle donne la forme de la face supérieure, avec ses dimensions en longueur et largeur. — 2º La vue de face ou élévation renseigne sur les mesures en longueur y haut. — 3º La vue de côté ou profil : elle fait voir la face latérale avec les mesures en hauteur et largeur. — 4º Le profil est parfois remplacé ou complété par la coupe qui montre certaines épaisseurs ou certaines parties intérieures de l'objet, sur lesquelles les vues précédentes ne renseigneraient qu'incomplètement.

Pour obtenir la coupe, on suppose l'objet scié horizontalement ou verticalement - f. 2 - et on dessine la coupure, f. 3;
la coupe est toujours recouverte de hachures.

On commence généralement un dessin par le plan ou vue
par dessus; on place toujours au-dessus de lui l'élévation
que l'on fait ensuite; on figure le profil à côté de l'élévation et au même niveau; la coupe se place comme le profil si elle doit le remplacer, ou à côté de lui si
elle doit le compléter, fig. 4 -

Le dessin peut être, à volonté, un croquis à vue et à main
levée, ou un dessin exact fait à l'aide des instruments spéciaux.

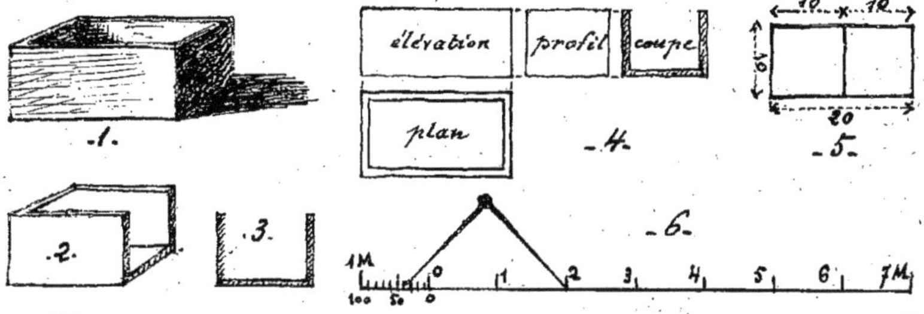

Le plus souvent on exécute d'abord le croquis, suffisant
dans beaucoup de cas; pour obtenir un dessin plus par-
fait, on reproduit ce croquis à une échelle déterminée,
selon la grandeur de l'objet et celle de la feuille disponible.

Quand on fait un croquis à vue et à main levée, il
faut bien observer les proportions de l'objet et les reproduire aussi exactement que possible, afin que le dessin obtenu
ne défigure pas trop la chose représentée.

Le croquis terminé on relève les mesures sur le modèle
et on les inscrit - (on les cote) - sur le dessin. Les cotes s'ins-
crivent sur des lignes pointillées spéciales, suivant la
direction des dimensions qu'elles indiquent; on les place
autant qu'on peut, en dehors des figures afin de ne pas

surcharger celles-ci; dans l'exemple donné - $f5$ -, la cote - 20 - placée dans le sens de la longueur du rectangle marque la mesure de cette longueur. Les lignes de cote sont terminées par des flèches, ou, si elles sont plusieurs placées bout à bout, séparées par des croisillons. _ Pour toutes les cotes d'un même dessin, il faut prendre la même unité de mesure; par exemple, sur un objet petit, les cotes seront toutes prises en millimètres. Ce serait une faute de coter certaines dimensions en millimètres et d'autres en centim.⁵ ou décimètres : il en résulterait des erreurs dans la lecture des mesures.

Quand on juge insuffisant le croquis à main levée, on en fait une reproduction très juste à l'aide des instruments usités : règle, équerre, compas. _ Il arrive rarement que ce dessin peut être de la grandeur exacte du modèle; souvent l'objet est trop grand, et il faut réduire sur le dessin, dans la même proportion, toutes les mesures relevées sur le modèle; ce dernier peut aussi être très petit, et il faut dans ce cas augmenter les proportions du dessin pour le rendre plus compréhensible : c'est cette proportion suivant laquelle les mesures doivent être augmentées ou diminuées que l'on appelle l'échelle du dessin _ Ainsi, dire qu'un objet est dessiné à l'échelle du dixième, c'est dire que ses dimensions réelles ont été réduites à leur 1/10ᵉ et rendues 10 fois plus petites sur le dessin; dire qu'il est dessiné à l'échelle du double, que toutes ses mesures ont été doublées, etc...

Les échelles les plus usitées sont :
l'échelle de moitié ou de 50 centimètres pour mètre ,-
________ du 1/5ᵉ ________ 20 ________
________ du 1/10ᵉ ________ 10 ________
________ du 1/20ᵉ ________ 5 ________
________ du 1/100ᵉ ________ 1 ________

L'échelle d'un dessin se place au bas de la feuille au dessous des figures. — On la construit en portant sur une ligne droite les mesures représentant les mètres et fractions de mètres. Ainsi pour construire une échelle de 1 cent. pour mètre ou de 1/100e, on marque sur cette échelle des divisions ayant toutes un centimètre — f.6 — et figurant chacune un mètre ; on laisse en dehors de l'échelle la 1ère division à gauche, pour en former le talon de l'échelle et le chiffre 0 point de départ des unités complètes est placé à la suite du talon : on compte donc les mètres à partir de ce chiffre 0. Le talon est divisé en fractions d'unité : ici en 1/10e de mètre représentés chacun par un millimètre) ; (sur ce talon, 1 millim. correspond donc à 100 millim. mesurés en grandeur réelle sur l'objet auquel s'applique l'échelle de réduction). — Sur l'échelle de la fig. 6, une grandeur de 2m40 comprend 2 divisions complètes — (2 c/m. correspondant à 2 mètres) — et 4 divisions du talon représentant 4 décim. ou 40 centimètres. — Pour rendre plus facile la lecture des mesures prises sur l'échelle, il est bon de noter les unités complètes en allant de gauche à droite à partir du 0, et en sens inverse, de droite à gauche, les fractions d'unité portées sur le talon à partir du même 0.

Exercices :

— 1° Brique pleine ; croquis et mise au net à l'échelle. —
— a — Le plan ou vue par dessus montre le rectangle supérieur formé par la longueur et l'épaisseur de la brique ; l'une de ces dimensions semble être environ le 1/4 de l'autre, il faut donc tracer à main levée un rectangle ayant sensiblement ces proportions, f.7.
— b — L'élévation ou vue de face se présente aussi

sous l'aspect d'un rectangle ; sa longueur est déjà indiquée sur le plan, et sa hauteur paraît être moitié de la long^r.

_ c _ <u>Le profil ou vue de côté</u> donne encore un rectangle dont les dimensions sont connues : la hauteur placée dans l'élévation, et l'épaisseur marquée sur le plan.

_ d _ <u>Bien mettre les 3 figures en correspondance exacte</u> par des lignes de projection ou de rappel. _ <u>Coter</u> sur le plan la long^r 220 millim. et l'épais^r 55 millim.; sur l'élévation, la hauteur 110 millim., la long^r figurant déjà sur le plan ; n'indiquer aucune cote sur le profil puisque ses mesures sont la répétition des précédentes.

Le croquis terminé, faire la mise au net à l'échelle de moitié ou de 50 cent^t pour mètre, c'est à dire en réduisant toutes les mesures réelles à leur moitié.

_ 2e **Briques creuses à 3, 4, 8 trous.** _ Les croquis _ f. 8 à 10) se mettent en place comme le précédent en ce qui concerne leurs grandes lignes d'ensemble ; puis on indique sur le plan et l'élévation, <u>par des lignes pointillées</u>, les cloisons cachées dans <u>la masse</u> derrière les parois de dessus et d'avant, et qui séparent les trous dont les briques sont percées ; le profil montre l'épaisseur de ces cloisons, avec la position et la forme des trous.

Faire la mise au net de ces croquis, tantôt à l'échelle de moitié, de 40 ou de 60 centimètres pour mètre. _

_ 3e **Assemblages à tenon droit, à enfourchement, à 2 tenons**, f. 11 à 13._ Le croquis de l'assemblage à enfourchement est semblable à celui de l'assemblage à tenon droit, sauf pour la coupe dans laquelle les 2 tenons du morceau vertical emboîtent le morceau horizontal.

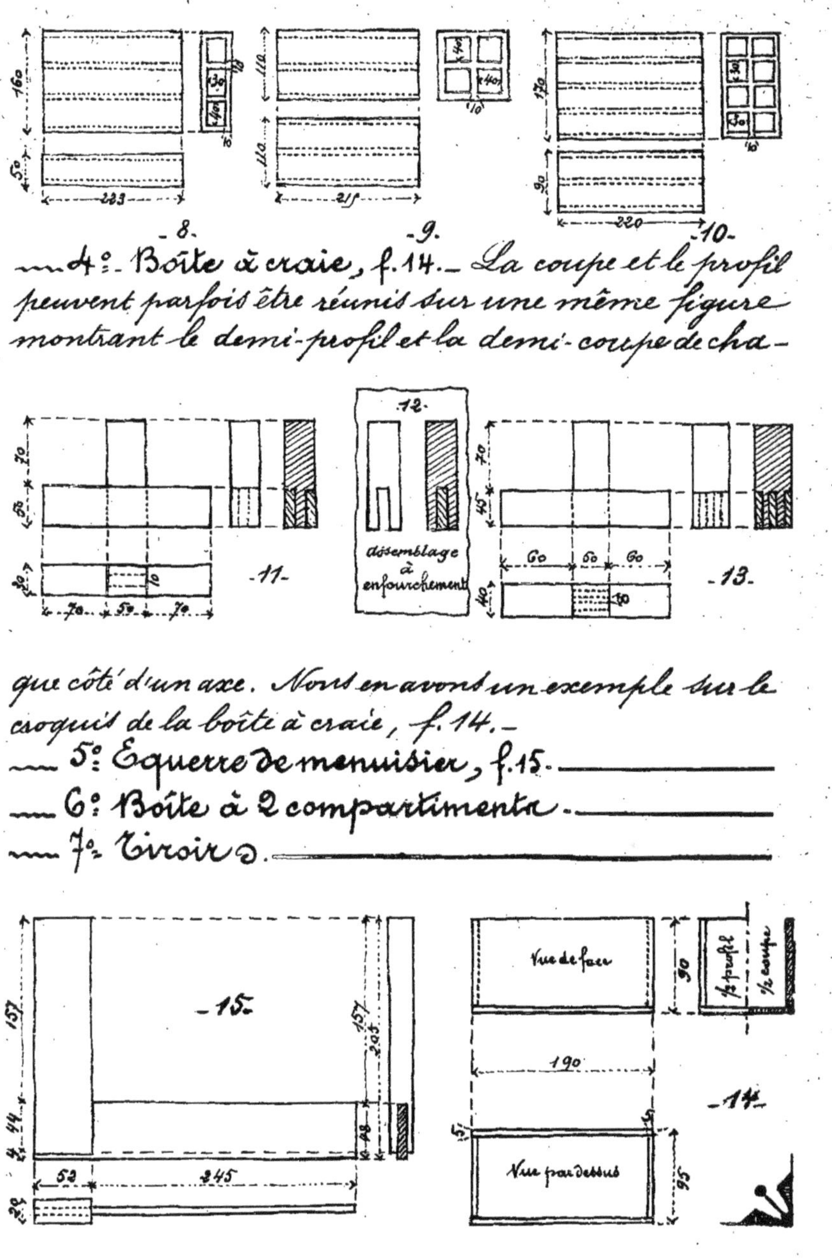

—4°. Boîte à craie, f.14.— La coupe et le profil peuvent parfois être réunis sur une même figure montrant le demi-profil et la demi-coupe de cha-

que côté d'un axe. Nous en avons un exemple sur le croquis de la boîte à craie, f.14.—

—5°. Equerre de menuisier, f.15.————————

—6°. Boîte à 2 compartiments.————————

—7°. Tiroir.————————

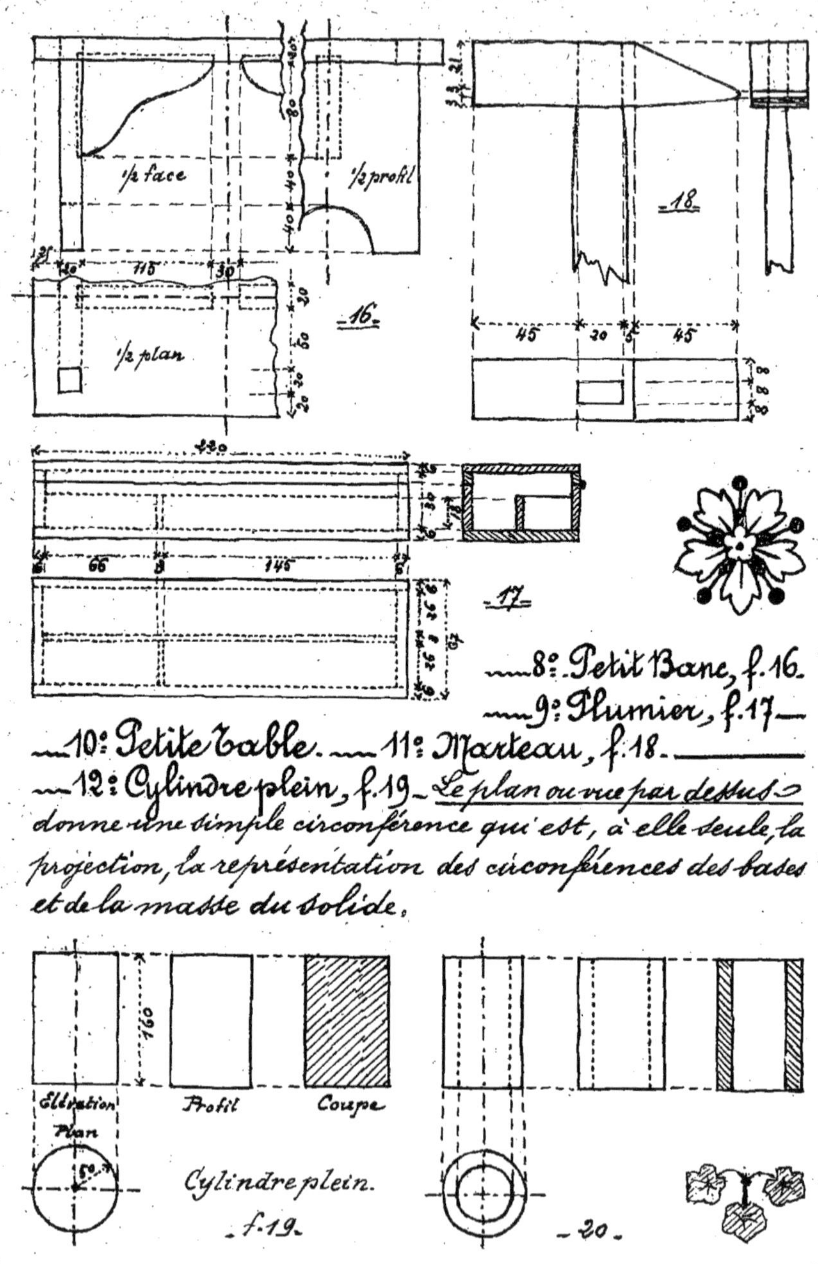

8° Petit Banc, f. 16.

9° Plumier, f. 17.

10° Petite Table. — 11° Marteau, f. 18.

12° Cylindre plein, f. 19 — Le plan ou vue par dessus donne une simple circonférence qui est, à elle seule, la projection, la représentation des circonférences des bases et de la masse du solide.

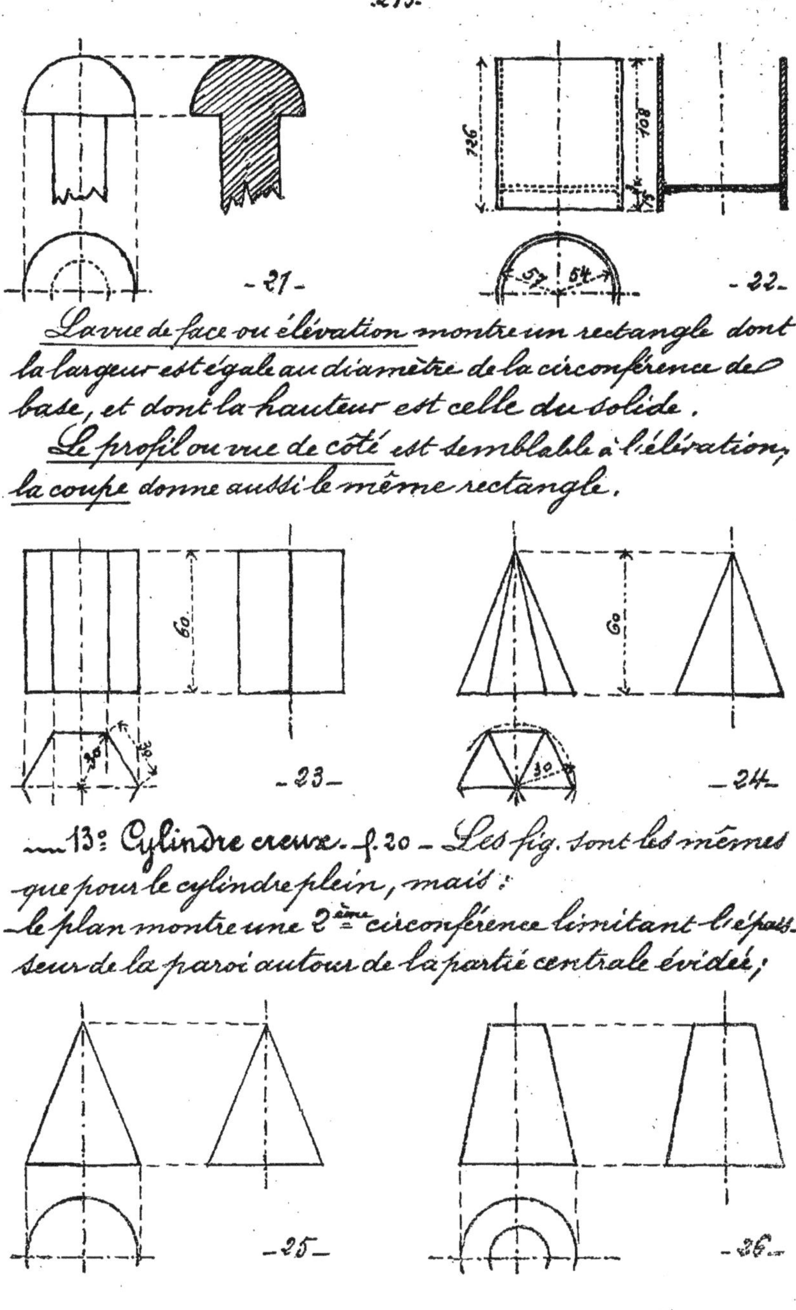

La vue de face ou élévation montre un rectangle dont la largeur est égale au diamètre de la circonférence de base, et dont la hauteur est celle du solide.

Le profil ou vue de côté est semblable à l'élévation, _la coupe_ donne aussi le même rectangle.

— 13º _Cylindre creux._ f. 20 — Les fig. sont les mêmes que pour le cylindre plein, mais :

— le plan montre une 2ᵉᵐᵉ circonférence limitant l'épaisseur de la paroi autour de la partie centrale évidée ;

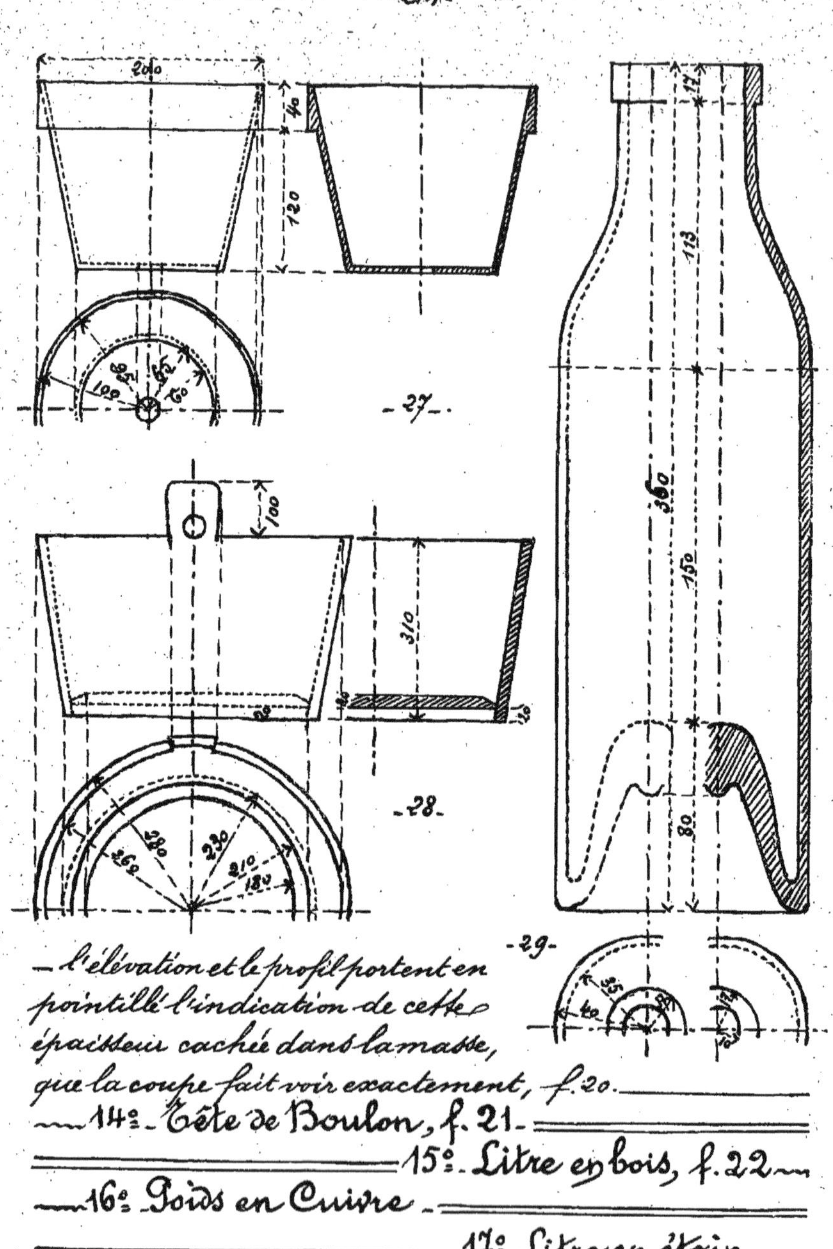

— l'élévation et le profil portent en pointillé l'indication de cette épaisseur cachée dans la masse, que la coupe fait voir exactement, f.20.

14º. Tête de Boulon, f. 21.

15º. Litre en bois, f. 22.

16º. Poids en Cuivre.

17º. Litre en étain.

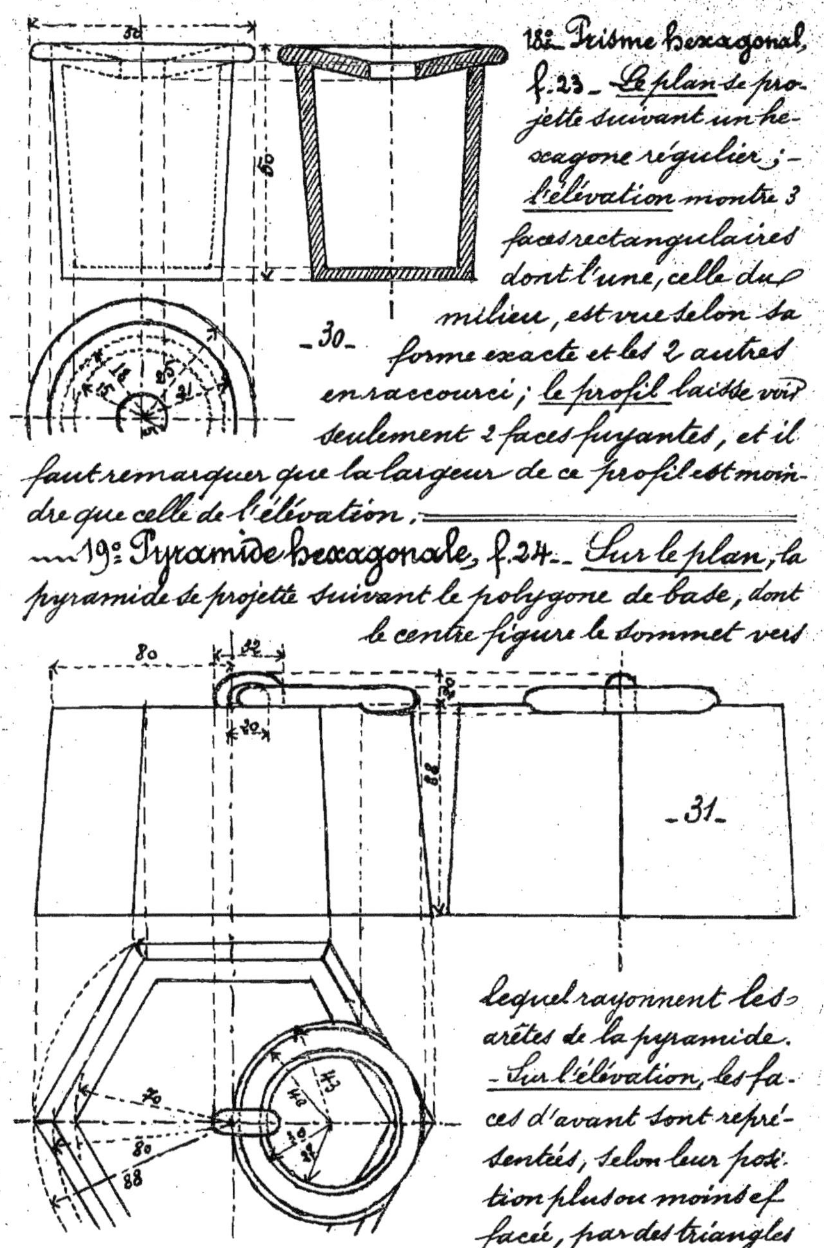

18. Prisme hexagonal,
f.23 - Le plan se pro-
jette suivant un he-
xagone régulier ; -
l'élévation montre 3
faces rectangulaires
dont l'une, celle du
milieu, est vue selon sa
forme exacte et les 2 autres
en raccourci ; le profil laisse voir
seulement 2 faces fuyantes, et il
faut remarquer que la largeur de ce profil est moindre que celle de l'élévation.

19. Pyramide hexagonale, f.24 - Sur le plan, la
pyramide se projette suivant le polygone de base, dont
le centre figure le sommet vers

lequel rayonnent les
arêtes de la pyramide.
- Sur l'élévation, les faces d'avant sont repré-
sentées, selon leur posi-
tion plus ou moins ef-
facé, par des triangles

vus plus ou moins en raccourci ; il en est de même sur le profil qui montre seulement 2 faces au lieu de 3 comme l'élévation.

20º. Cône, f.25. Le plan se projette suivant la circonférence dont le centre est la projection du sommet, l'élévation et le profil sont figurés tous deux par un même triangle ayant une largeur égale au diamètre de la base, et une hauteur qui est celle du cône.

21º. Cône tronqué, f.26. Le plan montre deux circonférences égales à celles des deux bases du cône ; l'élévation (il en est de même pour le profil) est un trapèze ayant ses 2 bases égales aux diamètres supérieur et inférieur ;

22º. Pot à fleur, f.27.

23º. Tinette, f.28.

24º. Litre en verre, f.29.

25º. Bouteille à encre.

26º. Arrosoir d'appartement.

27º. Seau en bois.

28º. Encrier à panse arrondie.

29º. Encrier de classe, f.30.

30º. Marmite cylindrique et couvercle.

31º. Poids en fonte, f.31.

32º. Bidon à encre.

33º. Broc à bière.

Table des Matières.

— Préface de Mᵉ Delavoix ——————————— page 1
— Introduction ——————————————— 13

— Première partie —
— Dessin, Invention, Composition —

I — Dessin à vue se rapportant aux horizontales, ver-
ticales, obliques, parallèles, ——————————— 21
II — Dessin à vue se rapportant à la division de la
droite en parties égales ——————————— 24
III — Dessin à vue, perpendiculaires et angles droits;
reproduction, évaluation et division des angles — 29
IV — Décalque de feuilles ——————————— 45
V — Initiation perspective et préparation méthodi-
que au dessin à vue ——————————— 47
VI — Carré ——————————————— 56
VII — Rectangle, losange, parallélogramme, trapèze, 67
VIII — Dessin de la feuille ——————————— 75
IX — Circonférence ——————————— 78
X — Polygones, rosaces, étoiles, combinaisons diverses 88
XI — Indications sur l'emploi des couleurs et la façon
d'obtenir les ombres d'un dessin ——————— 93
XII — Dessins divers ——————————— 97
XIII — Dessin d'une fleur ——————————— 101
XIV — Ellipse, ove, spirale, volute ——————— 103
XV — Notions spéciales sur l'emploi du point et
de la ligne dans l'ornementation ——————— 110
XVI — A propos des organes de la plante ——————— 112

XVII – Papillons et Insectes _______________ 127

XVIII – Dessins divers _______________ 130

XIX – Modelage _______________ 135

_______ Deuxième partie : _______

_______ Perspective d'observation. _______

– Avertissement _______________ 139

I – But et principe fondamental de la perspective 140

II – Lignes de front et fuyantes – Plans de front z fuyants 143

III – Tableau _______________ 144

IV – Directions apparentes de l'horizontale – La Verticale. _______________ 145

V – Plan d'horizon, – Ligne d'horizon _______ 147

VI – Direction perspective des parallèles de front, des parallèles fuyantes, des horizontales fuy- antes, des horizontales parallèles au rayon visuel 150

VII – Appréciation et reproduction des rapports – 154

VIII – Usage du viseur _______________ 159

IX – Carré _______________ 161

X – Procédés usités pour faciliter certaines constructions perspectives 167

XI – Perspective de la Circonférence _______ 175

XII – Perspective du Cube, du Parallélipipède, et des objets de formes analogues _______________ 181

XIII – Perspective du Cylindre _______________ 192

XIV – Perspective de la Pyramide _______________ 197

XV – Perspective du Cône _______________ 200

XVI – Dessins divers _______________ 205

_______ Troisième partie : _______

– Dessin géométral – Croquis coté _______ 206

Manufacture de Crayons
Gilbert & Cie
à Givet (Ardennes)
MAISON FRANÇAISE FONDÉE EN 1836
CRAYONS SPÉCIAUX POUR LE DESSIN
Crayons de Graphite GILBERT fins, gradués en six numéros;
Crayons extra-fins GRANDES ÉCOLES NATIONALES à mine extra-résistante;
Crayons extra-noirs, ARTISTIQUE, 6 B & 3 B; Crayons de COULEURS en 30 nuances.
Etuis de crayons de couleurs N° 31 conformes au nouveau programme de dessins.
CRAYONS CHINOIS : Crayons gradués N° 16
DÉPÔTS A PARIS
COMPᴵᵉ FRANÇAISE DE PLUMES (Bac), 62, rue d'Hauteville.
Etablissements J.-M. PAILLARD, 17, rue de Lancry.
MM. FOULON & QUANTIN, 20, rue Malher.
MM. HACHETTE & Cⁱᵉ, 79, Boulevard Saint-Germain.
MM. MARAIS & SIMON, 10, rue de Saintonge.
Cliché A. Watoa

BOURGEOIS Aîné

PARIS - 18, Rue Croix des Petits Champs, 18 - PARIS

CRAYONS RAPHAEL

Crayons sans Bois pour Ecoles

CRAYONS CHROMIDOR

Nouveauté - Qualité Supérieure

AQUARELLE

TABLETTES - TUBES - BOITES MÉTAL

Modèles Spéciaux pour l'Ecole Primaire

GOMME SOAP RUBBER

à **5** et **10** centimes

MODELAGE Pâte Plastique et tous Accessoirs

ENCRE DE CHINE LIQUIDE

Exigez " L'ENCRE BOURGEOIS "

CATALOGUE ILLUSTRÉ
GRATIS ET FRANCO

DEMANDEZ
Chez tous les PAPETIERS

Les Papiers à Dessin

Les Papiers à Calquer

Les Papiers Ingres

Les Bristols à Dessin

Portant la Marque

MARQUE RECOMMANDÉE

www.ingramcontent.com/pod-product-compliance
Ingram Content Group UK Ltd.
Pitfield, Milton Keynes, MK11 3LW, UK
UKHW022203120726
13694UKWH00002B/383